知识本性
与怀疑论问题

阳建国　著

图书在版编目(CIP)数据

知识本性与怀疑论问题 / 阳建国著. -- 北京：社会科学文献出版社，2024. 12. -- ISBN 978-7-5228-4338-4

Ⅰ. B023；B083

中国国家版本馆 CIP 数据核字第 2024YP8593 号

国家社科基金后期资助项目

知识本性与怀疑论问题

著　　者 / 阳建国

出 版 人 / 冀祥德
责任编辑 / 袁卫华
责任印制 / 王京美

出　　版 / 社会科学文献出版社 · 人文分社 (010) 59367215
　　　　　地址：北京市北三环中路甲 29 号院华龙大厦　邮编：100029
　　　　　网址：www.ssap.com.cn
发　　行 / 社会科学文献出版社 (010) 59367028
印　　装 / 三河市龙林印务有限公司

规　　格 / 开 本：787mm × 1092mm　1/16
　　　　　印 张：14.5　字 数：201 千字
版　　次 / 2024 年 12 月第 1 版　2024 年 12 月第 1 次印刷
书　　号 / ISBN 978-7-5228-4338-4
定　　价 / 98.00 元

读者服务电话：4008918866

国家社科基金后期资助项目
出版说明

后期资助项目是国家社科基金设立的一类重要项目，旨在鼓励广大社科研究者潜心治学，支持基础研究多出优秀成果。它是经过严格评审，从接近完成的科研成果中遴选立项的。为扩大后期资助项目的影响，更好地推动学术发展，促进成果转化，全国哲学社会科学工作办公室按照“统一设计、统一标识、统一版式、形成系列”的总体要求，组织出版国家社科基金后期资助项目成果。

全国哲学社会科学工作办公室

目　录

导　论

哲学怀疑的对象包括外部世界的存在、他心知识、过去的实在性、归纳的证成等，相应就出现了各种不同的怀疑论，如外部世界怀疑论、他心怀疑论、过去怀疑论与归纳怀疑论。[①] 本书关注的是外部世界怀疑论（以下简称怀疑论）。它宣称我们不具有关于外部世界的任何知识，故又称全域（global）怀疑论或彻底（radical）怀疑论。怀疑论的魅力在于其基于一些颇具直觉吸引力的论证。关于这些论证的形式，在英美知识论中并没有一致的看法。丹西（Jonathan Dancy）在其《当代认识论导论》中将怀疑论论证概括为三种：缸中之脑（brain in a vat）论证（简称 BIV 论证）[②]、错误论证（the argument from error）和经验论证之证成（jusification）。[③] 莱莫斯（Noah Lemos）将怀疑论论证概括为四种：确实性论证（the certainty argument）、无误性论证（the infallibility argument）、错误论证、无知（ignorance）论证。[④] 瓦希德（Hamid Vahid）则认为，怀疑论问题主要有三种来源：标准问题（the problem of the criterion）、错误可能性问题和替代性假设（alternative hypotheses）的可能性，与之对应，就有三种怀疑论论证：标准论证、错误可能性论证和怀疑论假设论

① 参见 P. F. Strawson, *Skepticism and Naturalism: Some Varieties*, New York: Columbia University Press, 1985, pp. 2-3。

② 该论证由普特南（H. Putnam）在《理性、真理与历史》一书中提出。参见普特南《理性、真理与历史》，童世骏、李光程译，上海译文出版社，1997，第 11 页。

③ Jonathan Dancy, *An Introduction to Contemporary Epistemology*, Oxford: Blackwell, 1985, pp. 10-15.

④ Noah Lemos, *An Introduction to the Theory of Knowledge*, Cambridge: Cambridge University Press, 2007, pp. 134-141.

证。[①] 有必要说明的是，丹西所说 BIV 论证和莱莫斯所说无知论证实际上就是怀疑论假设论证。BIV 论证诉诸 BIV 这一特定的怀疑论假设的可能性，而无知论证正是诉诸这样一个前提：我们不知道怀疑论假设为假[②]。因此，三人都承认怀疑论假设论证是怀疑论论证的一种基本形式。事实上，当代英美知识论对怀疑论问题的讨论大多是围绕怀疑论假设论证而展开。至于具体的怀疑论假设论证，除了上面提到的 BIV 论证，还有两个经典的怀疑论假设论证：梦的论证和恶魔论证。这两个论证的提出者是笛卡尔（René Descartes）[③]，罗素（Bertrand Russell）[④] 和艾耶尔（Alfred Ayer）[⑤] 曾介绍并回应过这两个论证，但对之做出更为精致讨论的文献是斯特劳德的《哲学怀疑论的意义》[⑥] 和胡克威（Christopher Hookway）的《怀疑论》[⑦]。

怀疑论假设论证可以两种不同的形式来给出：基于闭合（closure）原理的闭合论证和不充分决定性（underdetermination）原理的不充分决定性论证。布鲁克勒（Anthony Brueckner）最先对这两种论证之间的关系进行了检视，随后科恩（Stewart Cohen）、弗戈（Jonathan Vogel）、普里查德（Duncan Pritchard）和瓦希德等人加入论战，从而形成了一场仔细考察怀疑论论证结构的运动。但遗憾的是，由布鲁克勒发动的这场检视怀疑论论证结构的运动并未就相关问题达成一致的结论。布鲁克勒认为闭合论证预设了不充分决定性

---

① Hamid Vahid, *Epistemic Justification and the Skeptical Challenge*, New York: Palgrave Macmillan, 2005, pp. 83-84.

② 参见 Noah Lemos, *An Introduction to the Theory of Knowledge*, Cambridge: Cambridge University Press, 2007, p. 141。

③ 笛卡尔：《第一哲学沉思集》，庞景仁译，商务印书馆，1986，第 14—21 页。

④ 罗素：《哲学问题》，何兆武译，商务印书馆，1999，第 11—19 页。

⑤ Alfred Ayer, *The Central Questions of Philosophy*, London: Weidenfeld and Nicolson, 1973, pp. 58-59.

⑥ Barry Stroud, *The Significance of Philosophical Scepticism*, New York: Oxford University Press, 1984, pp. 1-39.

⑦ Christopher Hookway, *Scepticism*, London: Routledge, 1990, pp. 49-58.

原理，因而怀疑论论证本质上是一种不充分决定性论证。[①] 科恩认为闭合论证和不充分决定性论证是两种独立的怀疑论论证，但又坚持认为，演绎闭合论证在逻辑上比不充分决定性论证更难以反驳，因而是一种更基本的怀疑论论证。[②] 普里查德承认演绎闭合论证和不充分决定性论证的相对独立性，但他认为弱演绎闭合论证才是最基本的怀疑论。[③] 弗戈的观点较为特殊。在他看来，如果认同外在主义知识论的主张，那么怀疑论论证本质上就是一种闭合论证；如果认同内在主义知识论的主张，那么怀疑论论证本质上就是一种不充分决定性论证。既然我们无法在外部主义知识论和内在主义知识论问题上达成共识，所以两种怀疑论论证都是必要的。[④] 这场论争的另一个遗憾是，它对怀疑论问题的实际解决影响甚微，除普里查德和瓦希德，大多数学者依旧只是把怀疑论问题归结为一种闭合问题。

如何回应怀疑论是当代英美知识论讨论怀疑论问题时的另一核心议题。对怀疑论的回应方式主要有三种：摩尔主义（Mooreanism）、德雷斯基-诺齐克路线（Dretske-Nozick line）和语境主义（contextualism）。在当代英美知识论中，“摩尔主义”其实是一个含混的概念。最狭义的理解是特指摩尔（G. E. Moore）本人的反怀疑论方案；最宽泛的理解是泛指任何维系闭合原理的反怀疑论方案，正是在这一意义上，作为语境主义的代表性人物之一的德罗斯（Keith DeRose）曾把语境主义称为语境化的摩尔主义；但更常见的一种理解方式是将语境主义与摩尔主义分离开来，用“摩尔主义”

① Anthony Brueckner, “The Structure of the Skeptical Argument,” *Philosophy and Phenomenological Research* 54(1994): 827-835.

② Stewart Cohen, “Two Kinds of Skeptical Argument,” *Philosophy and Phenomenological Research* 58(1998): 143-159.

③ Duncan Pritchard, “The Structure of Sceptical Arguments,” *The Philosophical Quarterly* 55(2005): 37-52.

④ Jonathan Vogel, “Skeptical Arguments,” *Philosophical Issues* 14(2004): 426-455.

这一标签来指代一种维系闭合原理的恒定主义[①]，它既包括摩尔本人的反怀疑论方案，也包括各种各样的新摩尔主义（Neo-Mooreanism）。本书在后一种意义上来界定摩尔主义。依据这一界定，对于任何一种反怀疑论方案，只要它满足如下两个条件：（1）坚持恒定主义的认知路线；（2）维系闭合原理，即可归于摩尔主义的范畴。在《捍卫常识》[②]《外部世界的证明》[③]《怀疑论的四种形式》[④]《确实性》[⑤]等一系列论文中，摩尔基于某些前理论（pre-theoretical）直觉的常识，并结合肯定前件式推理（*Modus Ponens*）来回应怀疑论。由于摩尔诉诸的不是某种知识理论，而是常识，故有时被称为常识论证。摩尔认为他提出的常识论证丝毫不逊于怀疑论者所提出的论证，摩尔的这一针锋相对的策略的确一定程度上压制了怀疑论者“嚣张”的气势。但正如普里查德在《知识论析取主义》一书中所指出的，摩尔的常识论证至少面临三大难题[⑥]：一是辩证不当性（dialectal impropriety）难题，即人们通常所说的乞题问题（begging the question），因为它只是简单地把怀疑论试图否定的命题作为无可争议的前提来论证其结论；二是僵局（impasse）难题，即认为摩尔的常识论证没有驳倒怀疑论，而只是与怀疑论打了个平手；三是会话不当性（conversational impropriety）难题，认为摩尔不能恰

---

① “恒定主义”对应的英文词是“invariantism”，也翻译为“不变主义”。恒定主义是指这样一种主张：知识归赋句的真值条件不依赖于归赋者的会话语境。

② G. E. Moore, “A Defence of Common Sense,” in G. E. Moore, *Philosophical Papers*, London: George Allen & Unwin Ltd, 1959, pp. 32-59.

③ G. E. Moore, “Proof of an External World,” in E. Sosa and J. Kim, eds., *Epistemology: An Anthology*, Malden: Blackwell Publishers, 2000, pp. 24-26.

④ G. E. Moore, “Four Forms of Scepticism,” in E. Sosa and J. Kim, eds., *Epistemology: An Anthology*, Malden: Blackwell Publishers, 2000, pp. 27-28.

⑤ G. E. Moore, “Certainty,” in E. Sosa and J. Kim, eds., *Epistemology: An Anthology*, Malden: Blackwell Publishers, 2000, pp. 29-32.

⑥ 在更早的一篇论文中，普里查德列出了摩尔的常识论证所面临的六大异议，即辩证不适当性异议、僵局异议、会话不适当性异议、无知识论支持异议、无诊断异议和证据怀疑论异议。参见 Duncan Pritchard, “How to be a Neo-Moorean,” in S. Goldberg, ed., *Internalism and Externalism in Semantics and Epistemology*, New York: Oxford University Press, 2007, pp. 68-99。

当地声称其结论，即不能恰当地声称自己知道怀疑论假设为假。[①]

与摩尔的常识论证不同，当代新摩尔主义基于某种特定的知识理论来反对怀疑论。代表性的新摩尔主义包括克莱因（Peter Klein）的肯定前件式可错主义[②]、索萨（Ernest Sosa）基于安全论的新摩尔主义[③]和普里查德的麦克道威尔式新摩尔主义（McDowellian Neo-Mooreanism）[④] 等。

反怀疑论的第二种方式被称为德雷斯基-诺齐克路线，其代表人物是德雷斯基（Fred Dretske）和诺齐克（Robert Nozick）。这一路线具有两个标志性特点：一是坚持恒定主义的知识论立场，二是反对闭合原理。正因此，英美知识论往往用德雷斯基-诺齐克路线来指称一种反闭合的恒定主义的反怀疑论路线。但需要指出的是，德雷斯基和诺齐克据以反对怀疑论的知识理论有所不同。德雷斯基依据的是相关替代论（relevant alternatives account）[⑤]，后将其发展为一种知识信息论[⑥]。诺齐克依据的是知识追踪（tracking account of knowledge）论或与虚拟条件知识论（subjunctive conditionals account of knowledge）[⑦]。反对者认为德雷斯基-诺齐克路线的问题在于其反

① D. Pritchard, *Epistemological Disjunctivism*, New York: Oxford University Press, 2012, pp. 114–115.

② 参见 Peter Klein, "Contextualism and the Real Nature of Academic Skepticism," *Philosophical Issues* 10(2000): 108–116; Peter Klein, "Closure Matters: Academic Skepticism and Easy Knowledge," *Philosophical Issues* 14(2004): 165–184。

③ 参见 Ernest Sosa, "How to Defeat Opposition to Moore," *Philosophical Perspectives* 13(1999): 141–153; Ernest Sosa, "Skepticism and Contextualism," *Philosophical Issues* 10(2000): 1–18。

④ 参见 Duncan Pritchard, "How to be a Neo-Moorean," in S. Goldberg, ed., *Internalism and Externalism in Semantics and Epistemology*, New York: Oxford University Press, 2007, pp. 68–99; Duncan Pritchard, "McDowellian Neo-Mooreanism," in A. Haddock and F. Macpherson, eds., *New Essays on Disjunctivism*, New York: Oxford University Press, 2008, pp. 283–310。

⑤ 参见 Fred Dretske, "Epistemic Operators," *Journal of Philosophy* 67(1970): 1007–1023; Fred Dretske, "Conclusive Reasons," *Australasian Journal of Philosophy* 49(1971): 1–22; Fred Dretske, "The Pragmatic Dimension of Knowledge," *Philosophical Studies* 40(1981): 363–378。

⑥ 参见 Fred Dretske, *Knowledge and the Flow of Information*, Oxford: Blackwell, 1981; "Information and Closure," *Erkenntnis* 64(2006): 409–413。

⑦ 参见 Robert Nozick, *Philosophical Explanations*, Boston: Harvard University Press, 1981。

怀疑论成本太高，因为它否定了具有高度直觉合理性的认知闭合原理[①]。德雷斯基的观点则正好相反，他认为面对怀疑论挑战，放弃闭合原理是一种代价最小的选择。[②] 反闭合异议还激发了人们对闭合原理本身的广泛讨论。有闭合原理的坚定捍卫者，如弗戈和费尔德曼（Richard Feldman）[③]；也有学者如布洛梅-提曼（Michael Blome-Tillmann）则站在了德雷斯基的一边，提出了一种修正的闭合原理，以协调德雷斯基和诺齐克的反闭合后果和我们能够通过演绎推理来扩展知识的直觉之间的冲突。[④] 霍桑（John Hawthorne）认为，德雷斯基-诺齐克路线的反怀疑论成本比预期的还要大，因为它会导致具有更大合理性的知识分配（distribution）原理失效。[⑤] 此外，克里普克（Saul Kripke）的"红色谷仓反例"[⑥] 被认为是对德雷斯基-诺齐克知识论的一个致命反驳。亚当斯（Fred Adams）和克拉克（Murray Clarke）近期回应了克里普克的"红色谷仓反例"，在他们看来，如果忠实于诺齐克的知识分析，

---

① Richard Fumerton, "Nozick's Epistemology, "in Luper-Foy Steven, ed. , *The Possibility of Knowledge: Nozick and His Critics*, Totowa, NJ: Rowman & Littlefield, 1987, pp. 163–181; Laurence Bonjour, "Nozick, Externalism, and Skepticism, "in L. Luper-Foy, ed. , *The Possibility of Knowledge: Nozick and His Critics*, Totowa, NJ: Rowman & Littlefield, 1987, pp. 297–313; Keith DeRose, "Solving the Skeptical Problem, "*Philosophical Review* 104(1995): 1–52; Stewart Cohen, "Contextualism, Skepticism, and the Structure of Reasons, " *Philosophical Perspectives* 13 (1999): 57–89; John Hawthorne, "The Case for Closure, "in Matthias Steup and Ernest Sosa (eds.), *Contemporary Debates in Epistemology*, Oxford: Blackwell, 2005, pp. 26–43; Duncan Pritchard, "How to be a Neo-Moorean, " in S. Goldberg, ed. , *Internalism and Externalism in Semantics and Epistemology*, New York: Oxford University Press, 2007, pp. 68–99.

② 参见 Fred Dretske, "The Case against Closure, "in Matthias Steup and Ernest Sosa, eds. , *Contemporary Debates in Epistemology*, Oxford: Blackwell, 2005, pp. 13–26; Fred Dretske, "Reply to Hawthorne, "in Matthias Steup and Ernest Sosa, eds. , *Contemporary Debates in Epistemology*, Oxford: Blackwell, 2005, pp. 43–46。

③ 参见 Jonathan Vogel, "Are There Counterexamples to the Closure Principle?"in M. D. Roth and G. Ross, eds. , *Doubting*, Boston: Kluwer Academic Publishers, 1990, pp. 13–27; Richard Feldman, "In Defense of Closure, "*The Philosophical Quarterly* 45(1995): 487–494。

④ 参见 Michael Blome-Tillmann, "A Closer Look at Closure Scepticism, "*Proceedings of the Aristotelian Society* 106(2006): 381–390。

⑤ John Hawthorne, "The Case for Closure, "in Matthias Steup and Ernest Sosa, eds. , *Contemporary Debates in Epistemology*, Oxford: Blackwell, 2005, pp. 26–43.

⑥ 在1980年的美国心理学协会（APA）的一个会议上，克里普克提出了"红色谷仓"这一著名的思想实验，但这一论文从未公开发表。

将信念形成方式引入知识分析之中，克里普克反例自然就会消除。①

英美知识论学者在反对德雷斯基-诺齐克路线的同时，对德雷斯基和诺齐克的知识理论进行修订，进而提出了一些建设性的替代性方案，那就是形形色色的语境主义和前面提到的新摩尔主义，这两种方案的比较优势在于它们都能避免德雷斯基-诺齐克路线的反闭合问题。

在当代西方知识论中，"语境主义"是一个极其笼统的概念，它泛指这样一种基本主张，即认为知识问题与语境有关。知识论中语境主义大体可分为两大阵营：一是作为一种知识理论的语境主义，它关涉的是知识的结构问题，实质上是一种证成理论，代表性理论有安尼斯（David Annis）的社会语境主义②和威廉斯（Michael Williams）的推论语境主义③；二是作为一种知识归赋理论的语境主义，严格说来，它不属于知识论范畴，而是属于语言哲学的范畴，它关涉的是包含"知道"谓词的知识归赋语句或知识否认语句的语义问题，即真值条件或知识标准问题。语义学语境主义还可进一步分为两种：一是德罗斯④、

---

① 参见 Fred Adams and Murray Clarke, "Resurrecting the Tracking Theories," *Australasian Journal of Philosophy* 83(2005):207-221。

② 参见 David Annis, "A Contextual Theory of Epistemic Justification," *American Philosophical Quarterly* 15(1978):213-219。

③ 参见 Michael Williams, "Epistemological Realism and the Basis of Scepticism," *Mind* 97(1988):415-439; Michael Williams, "Contextualism, Externalism and Epistemic Standards," *Philosophical Studies* 103(2001):1-23。

④ 参见 Keith DeRose, "Knowledge, Context, and Social Standards," *Synthese* 73(1987):3-26; Keith DeRose, "Solving the Skeptical Problem," *Philosophical Review* 104(1995):1-52; Keith DeRose, "Relevant Alternatives and the Content of Knowledge Attributions," *Philosophy and Phenomenological Research* 56(1996):193-197; Keith DeRose, "Knowledge, Assertion, and Lotteries," *Australasian Journal of Philosophy* 74(1996):568-580; Keith DeRose, "Contextualism: An Explanation and Defense," in J. Greco and E. Sosa, eds., *The Blackwell Guide to Epistemology*, Oxford: Blackwell, 1999, pp. 187-205; Keith DeRose, "Now You Know It, Now You Don't," *Proceedings of the Twentieth World Congress of Philosophy* 5(2000):91-106; Keith DeRose, "Assertion, Knowledge and Context," *Philosophical Review* 111(2002):167-203; Keith DeRose, "Single Scoreboard Semantics," *Philosophical Studies* 119(2004):1-21; Keith DeRose, "The Ordinary Language Basis for Contextualism, and the New Invariantism," *The Philosophical Quarterly* 55(2005):172-198; 或参见 Keith DeRose, *The Case for Contextualism*, New York: Oxford University Press, 2009。

科恩[①]和刘易斯（David Lewis）[②] 的归赋者（attributor）语境主义，它认为是归赋者（即说某人知道某事的那个人）所处的会话语境决定了知识标准；二是霍桑[③]和斯坦利（Jason Stanley）[④] 的主体语境主义，它认为是认知主体所处的会话语境决定了知识标准[⑤]。此外，有些学者认为知识的语境敏感性来自知识要素的语境敏感性，这样就出现各种关于知识要素的语境主义。如在前面所列的知识语境主义中，安尼斯的社会语境主义、威廉斯的推论语境主义、科恩的归赋者语境主义也是一种证成语境主义；有一定影响的知识要素语境主义还有里伯（Steven Rieber）的解释语境主义[⑥]、尼塔（Ram Neta）的证据语境主义[⑦]、伯克（Antonia Barke）的认知语境主义和格列柯（John Greco）的德性语境主义等。

---

① 参见 Stewart Cohen, "Knowledge and Context," *Journal of Philosophy* 83(1986): 574-583; Stewart Cohen, "Knowledge, Context, and Social Standards," *Synthese* 73(1987): 3-26; Stewart Cohen, "How to be a Fallibilist," *Philosophical Perspectives* 2(1988): 91-123; Stewart Cohen, "Contextualism, Skepticism, and the Structure of Reasons," *Philosophical Perspectives* 13 (1999): 57-89; Stewart Cohen, "Contextualism and Skepticism," *Philosophical Issues* 10 (2000): 94-107; Stewart Cohen, "Knowledge, Assertion, and Practical Reasoning," *Philosophical Issues* 14(2004): 482-491; Stewart Cohen, "Knowledge, Speaker and Subject," *The Philosophical Quarterly* 55(2005): 199-212。

② 参见 David Lewis, "Scorekeeping in a Language Game," *Journal of Philosophical Logic* 8 (1979): 339-359; David Lewis, "Elusive Knowledge," *Australasian Journal of Philosophy* 74 (1996): 549-567。

③ 参见 John Hawthorne, *Knowledge and Lotteries*, New York: Oxford University Press, 2004。

④ 参见 Jason Stanley, "On the Linguistic Basis for Contextualism," *Philosophical Studies* 119 (2004): 119-146。

⑤ 主体语境主义只承认认知主体所处的会话语境影响知识标准，但否认归赋者语境影响知识标准。因此，在当代认识论中，它曾一度被称为主体敏感的恒定主义（Subject-Sensitive Invariantism，SSI）或新恒定主义（Neo-Invariantism）。

⑥ Steven Rieber, "Skepticism and Contrastive Explanation," *Noûs* 32(1998): 189-204. 由于里伯认为所谓解释实际上是一种对比性解释（contrastive explanation），所以也称对比主义（Contrastivism），对比主义的代表人物还有谢弗（Jonathan Schaffer），参见 Jonathan Schaffer, "Contextualism to Contrastivism," *Philosophical Studies* 119(2004): 73-104; Jonathan Schaffer, "Contrastive Knowledge," in Gendler and Hawthorne, eds., *Oxford Studies in Epistemology*, New York: Oxford University Press, 2005, pp. 235-271。

⑦ Ram Neta, "Contextualism and the Problem of the External World," *Philosophy and Phenomenological Research* 66(2003): 1-31.

在上述语境主义流派中，归赋者语境主义影响最大，它是知识论语境主义运动的发动者和主力军，也是当代最具影响力的反怀疑论方案之一。因此，本书把它作为打靶的目标。但为了表述的简洁，笔者将和该理论的倡导者一样，用“语境主义”来特指这一理论（事实上，英美知识论中，归赋者语境主义经常被简称为语境主义，而没有加上“归赋者”这一限定词）。在本书中，如果没有特别标明，笔者所说的“语境主义”就是归赋者语境主义。

英美知识论学者在 2002 年和 2004 年曾召开过两次以“语境主义”为主题的国际学术会议，与会论文分别发表在《哲学研究》（*Philosophical Studies*）第 119 期（2004 年）和《哲学季刊》（*The Philosophical Quarterly*）第 55 期（2005 年）。《哲学研究》第 103 期（2001 年）和《认知》（*Erkenntnis*）第 61 期（2004 年）则是两期语境主义的专辑，后者还以《知识论中的语境主义》[①] 为书名公开出版过。讨论语境主义的论文集还有《哲学中的语境主义：知识论、语言和真理》[②]《为语境主义辩护》[③] 等。此外，《当代知识论论争》[④] 亦对语境主义做了专题讨论。

与前面两种反怀疑论路线不同，语境主义主张将怀疑论问题理解为一种怀疑论悖论，并要求以一种既能维系日常知识又能维系闭合原理的方式来解决这一悖论。语境主义者给出的策略是抛弃恒定主义的立场，坚称知识标准具有语境敏感性，准确地说是知识归赋句的真值条件随归赋者语境的变化而变化。当然，语境主义者在语境如何决定知识标准的问题上看法不一，据此可以区分三种形态的语境主义：虚拟条件语境主义（以德罗斯为代表）、相关替代论语境

① Elke Brendel and Christoph Jäger, *Contextualisms in Epistemology*, Berlin: Springer, 2005.

② Gerhard Preyer and Georgeds Peter, *Contextualism in Philosophy: On Epistemology, Language and Truth*, New York: Oxford University Press, 2005.

③ Keith DeRose, *The Case for Contextualism*, New York: Oxford University Press, 2009.

④ Matthias Steup and Ernest Sosa, eds., *Contemporary Debates in Epistemology*, Oxford: Blackwell, 2005.

主义（以刘易斯和早期的科恩为代表）和步步为营的语境主义（bootstrapping contextualism）（以后期的科恩为代表）。为捍卫语境主义，其支持者或诉诸日常知识归赋中存在的语境敏感现象①，或将“知道”谓词与一些常见索引词（indexical）和程度性形容词进行类比②。但反对者认为，语境主义并非对日常知识归赋中的语境敏感现象的唯一解释，甚至都不是最佳解释。③ 另一些反对者对类比论证也提出了疑问，如卡佩伦（Herman Cappelen）和雷波尔（Ernie Lepore）质疑了索引词类比论证④，德雷斯基和斯坦利质疑了程度性

① 体现这种语境敏感性的经典案例莫过于德罗斯的“银行案例”［参见 Keith DeRose, “Contextualism and Knowledge Attributions,” *Philosophy and Phenomenological Research* 52 (1992): 1］和科恩的“航班案例”［参见 Stewart Cohen, “Contextualism, Skepticism, and the Structure of Reasons,” *Philosophical Perspectives* 13(1999): 58］。这些案例的基本特征是：当所涉及的议题对说话者无关紧要时，特别是认知主体不能排除的某种不寻常的可能性没有被提及时，我们似乎能够正确地声称主体具有知识；但是，在所涉及的议题对说话者至关重要时，特别是认知主体不能排除的某种不寻常的可能性被提及之后，我们若声称主体具有知识，则似乎是不正确的。在归赋者语境主义看来，把“知道”谓词看作语境敏感谓词（即认为知识归赋的真值条件对归赋者语境敏感）是对这些案例的最好解释。

② 索引词类比论证参见 Stewart Cohen, “How to be a Fallibilist,” *Philosophical Perspectives* 2 (1988): 101; Keith DeRose, “Contextualism and Knowledge Attributions,” *Philosophy and Phenomenological Research* 52(1992): 920–921。程度性形容词类比论证参见 Stewart Cohen, “Contextualism, Skepticism, and the Structure of Reasons,” *Philosophical Perspectives* 13 (1999): 60。

③ 对日常知识归赋中的语境敏感现象，除了语境主义和怀疑论解释，还存在很多种温和恒定主义的解释。如“主体敏感恒定主义”（SSI）解释［参见 John Hawthorne, *Knowledge and Lotteries*, New York: Oxford University Press, 2004; Jason Stanley, “On the Linguistic Basis for Contextualism,” *Philosophical Studies* 119(2004): 119–146］、语用论恒定主义解释［参见 Patrick Rysiew, “The Context-Sensitivity of Knowledge Attributions,” *NOÛS* 35 (2001): 477–514; Jessica Brown, “Adapt or Die: The Death of Invariantism?” *The Philosophical Quarterly* 55(2005): 263–85; Tim Black, “Classic Invariantism, Relevance and Warranted Assertability Manoeuvres,” *The Philosophical Quarterly* 55 (2005): 328 – 336］、凸显效应（effects of salience）解释［参见 Timothy Williamson, “Contextualism, Subject-Sensitive Invariantism and Knowledge of Knowledge,” *The Philosophical Quarterly* 55(2005): 213–235］和信念阈值的语境敏感性解释［参见 Kant Bech, “Conversational Impliciture,” *Mind and Language* 9(1994): 124–162］。

④ 参见 Herman Cappelen and Ernie Lepore, “Context Shifting Arguments,” *Philosophical Perspectives* 17(2003): 25–50。

形容词类比论证[1]。这些质疑在一定程度上动摇了语境主义的日常语言基础。

语境主义受到的更大质疑涉及语境主义者对语境转换的动力学机制的说明，这一说明似乎有悖常识[2]，甚至会引发一系列的怪论，如“我先前确实知道，但我现在不知道”怪论[3]、认知怠惰悖论[4]等。此外，还有学者认为，语境主义对怀疑论让步太大，以至于在理智上不足以回应怀疑论。毕竟，在怀疑论语境中，我们确实不知道外部世界中的任何事实。[5]

综上所述，当代英美知识论就怀疑论论证的结构，对怀疑论问题的实质等问题展开了激烈的讨论，并发展了反对怀疑论的三种方式：摩尔主义、德雷斯基-诺齐克路线和语境主义。但正如前面所论及的，一方面，在怀疑论论证结构的问题上，知识论学界并没有形成统一的共识，进而导致人们在如何理解怀疑论问题的实质这一问题上出现分歧。另一方面，三大反怀疑论路线，不论是摩尔主义、德雷斯基-诺齐克路线，还是语境主义，都面临种种问题。本书试图重新审视怀疑论论证，在辨明其论证结构的基础上，阐明怀疑论问题的实质，并以之统摄对反怀疑论路线的分析（第一章）。然后详述从知识的本质这一角度来克服怀疑论问题的各种尝试，包括德雷斯基-诺齐克路线、语境主义和摩尔主义，同时考虑现有的各种尝试所

① 参见 Jason Stanley, “On the Linguistic Basis for Contextualism,” *Philosophical Studies* 119 (2004): 130。

② 参见 Richard Feldman, “Contextualism and Skepticism,” *Philosophical Perspectives* 13(1999): 91-114; Wayne Davis, “Are Knowledge Claims Indexical?” *Erkenntnis* 61(2004): 115-139; Mylan Engel, “What's Wrong with Contextualism, and a Noncontextualist Resolution of the Skeptical Paradox,” *Erkenntnis* 61(2004): 203-231。

③ 参见 Palle Yourgrau, “Knowledge and Relevant Alternatives,” *Synthese* 55(1983): 175-190。

④ 参见 Frank Hofmann, “Why Epistemic Contextualism Does Not Provide an Adequate Account of Knowledge: Comments on Barke,” *Erkenntnis* 61(2004): 233-240。

⑤ 参见 Michael Brady and Duncan Pritchard, “Epistemological Contextualism: Problems and Prospects,” *The Philosophical Quarterly* 55(2005): 161-171; Duncan Pritchard, “Two Forms of Epistemological Contextualism,” *Grazer Philosophische Studien* 64(2002): 19-55。

面临的各种异议，这些异议表明这些尝试要么不成功，要么没有击中怀疑论的要害（第二、三、四章）。最后为基于安全论的新摩尔主义提供某种辩护，消除克里普克式反例的威胁，并解释怀疑论的直觉合理性（第五章）。下面将简述各章内容。

第一章基于对怀疑论论证结构的分析，对怀疑论问题的实质进行诊断，并勾勒出反怀疑论的三种可能路径。第一节介绍哲学史上三个经典的怀疑论假设论证：梦论证、恶魔论证和缸中之脑论证；第二、三节分析当前学界公认的两种一般论证模式：不充分决定性论证和闭合论证，阐明这两种论证之间的逻辑关系；第四节对怀疑论问题进行诊断，明确怀疑论问题的实质，勾勒出反怀疑论的可能路径。本章将辩护这样一种观点：一方面，在不充分决定性原理与闭合原理之间，并不存在所谓蕴涵关系；另一方面，闭合论证确实蕴涵不充分决定性论证，但反过来并不成立。因此，就可驳斥性而言，不充分决定性论证是一种更为根本的怀疑论论证；不过，鉴于闭合原理具有的高度直觉合理性，就说服力而言，闭合论证仍不失为一种独立的怀疑论论证。因此，怀疑论问题既是一种不充分决定性问题，也是一种闭合问题。当然，由于不充分决定性论证是一种更为根本的怀疑论论证，所以可基于该论证来分析反怀疑论的可能路径。本章的结论是，反怀疑论的可能路线不外乎三种：反对认知闭合的恒定主义（德雷斯基-诺齐克路线）、承认认知闭合的恒定主义（摩尔主义），以及承认认知闭合的语境主义。

第二章考察德雷斯基-诺齐克路线。第一、二节将依次介绍德雷斯基和诺齐克的反怀疑论方案，第三节讨论德雷斯基-诺齐克路线所面临的问题，特别是，该路线将面临反闭合这一致命的异议，因此不太可能是一种成功的反怀疑论路线。

第三章考察语境主义的反怀疑论路线。第一节讨论语境主义的基本要义，它涉及三个一般性论题：语境主义者如何看待怀疑论问题、语境主义者如何反怀疑论（就其一般策略而言）、语境主义者如何论证语境主义。第二节讨论三种具体的语境主义的反怀疑论路线，即德罗斯的虚拟条件语境主义、刘易斯以及科恩早期支持的相关替代论语境主义、科恩后期支持的步步为营的语境主义。第三节讨论对语境主义反怀疑论路线的三种异议：理智不充分性异议、语境动力学异议和日常语言基础异议。本章将力图表明，语境主义实际上是德雷斯基-诺齐克路线的一种变体，与后者相比，它的比较优势在于它既能维护我们关于日常命题的知识，又能克服德雷斯基-诺齐克路线的反闭合问题。但其代价是引入了“知识归赋的真值条件对归赋语境敏感”这一高度反直觉的主张。如果能够在恒定主义的框架内发展一种能弥补德雷斯基-诺齐克路线缺陷的反怀疑论路线，我们似乎就没有理由接受语境主义的这种极端主张。

第四章考察既有的摩尔主义。第一节讨论摩尔本人的反怀疑论论证，在此不仅会介绍摩尔的论证，而且会分析摩尔的反怀疑论路线的比较优势，讨论其存在的问题，以便为发展一种能克服古典摩尔主义缺陷的新摩尔主义指明方向。第二、三、四节分别讨论三种主流的新摩尔主义，即克莱因将理由结构与相关替代论相结合的新摩尔主义、普里查德的麦克道威尔式新摩尔主义和索萨基于安全性条件的新摩尔主义。本章将逐一指出这三种新摩尔主义的问题，尤其是索萨知识安全论所面临的克里普克式反例问题以及如何解释怀疑论论证的直觉合理性问题。

第五章为基于安全论的新摩尔主义提供辩护。辩护集中在如何破解困扰新摩尔主义的两大难题：一是如何消除克里普克式反例的威胁；二是如何解释怀疑论的直觉吸引力。第一节力图消除克里普克式反例对知识安全论的威胁，从而夯实新摩尔主义的知识论基础。第二节借鉴赖肖、布朗和布莱克等人为温和恒定主义辩护时所采用的语用策略，用会话适当性条件的语境敏感性来解释摩尔主义如何能解释怀疑论的直觉合理性的问题。

第一章　怀疑论问题诊断：基于其论证结构的分析

如导言中所述，怀疑论的魅力在于其提出的怀疑论论证。哲学史上比较经典的怀疑论论证是笛卡尔的梦论证、恶魔论证和普特南的 BIV 论证。关于这些论证的本质，学界颇有争议。有人认为它们在本质上是一种闭合论证，另一些人则认为它们在本质上是一种不充分决定性论证。为澄清怀疑论论证的结构，布鲁克勒首次检视了这两种论证之间的关系，随后，科恩、弗戈、普里查德和瓦希德等人先后加入论战，从而形成了当代英美知识论中的一场仔细考察怀疑论论证结构的运动。不过遗憾的是，这场运动并未就怀疑论论证结构问题达成一致，它对怀疑论问题的实际解决似乎也影响甚微。除了普里查德，人们依旧只是把怀疑论问题归结为一种闭合问题，而对不充分决定性问题不太关注。本章首先介绍哲学史上三个经典的怀疑论论证，然后分析它们的一般论证模式，阐明不充分决定性论证和闭合论证的真实结构，继而讨论它们之间的关系，最后基于上述分析对怀疑论问题进行诊断，明确怀疑论问题的实质，阐明反怀疑论的可能路径，并对其做出一种类型分析。

第一节　三个经典的怀疑论假设论证

感觉经验有时候确实不可靠。在日常生活中，我们为感官所骗的例子不胜枚举：半截插入水中的筷子看起来是弯的，但实际上是直的；远处的宝塔看起来是圆的，但实际上是方的；杯中看起来是蛇影的东西实际上是挂在墙壁上的弓的倒影。但是，这些错误不会给我们造成特别的知识论困惑，因为我们可以进一步检验我们的知觉信念是否真实。将筷子拿出水面，我们看到筷子是直的；通过近距离地观察宝塔，我们看到宝塔是方的；通过注意到挂在墙壁上的弓，我们会发现杯中的影子是弓影而不是蛇影。尽管我们承认由先前经验所产生的知觉信念有误，但我们确信我们现在的信念是真的：我们确信筷子是直的，宝塔是方的，杯中的影子是弓影。

然而，笛卡尔的两个论证表明我们所有的知觉信念有可能都是错误的。我们不仅不能确定筷子是直的，宝塔是方的，杯中的影子是弓影，甚至筷子、宝塔、杯和弓的存在都是不确定的。笛卡尔的第一个论证是"梦论证"：

> 有多少次我夜里梦见我在这个地方，穿着衣服，在炉火旁边，虽然我是一丝不挂地躺在我的被窝里！我现在确实以为我并不是用睡着的眼睛看这张纸，我摇晃着的这个脑袋也并没有发昏，我故意地、自觉地伸出这只手，我感觉到了这只手，而出现在梦里的情况好像并不这么清楚，也不这么明白。但是，仔细想想，我就想起来我时常在睡梦中受过这样的一些假象的欺骗。想到这里，我就明显地看到没有什么确定不移的标记，也没有什么相当可靠的迹象使人能够从这上面清清楚楚地分辨出清醒和睡梦来，这不禁使我大吃一惊，吃惊到几乎能够让我相信我现在是在睡觉的程度。[①]

在笛卡尔看来，凭借感官他无法辨别他现在是清醒还是在做梦，因为他坐在炉火旁烤火和他梦见他坐在炉火旁烤火时的感觉经验可以完全相同。但如果他是在做梦，那么他的感觉经验就不过是一些虚幻的假象，因而感觉经验无法为知识提供确实的基础。笛卡尔的

① 笛卡尔：《第一哲学沉思集》，庞景仁译，商务印书馆，1986，第16页。

梦论证可概括如下：

(1) 我不能确定我现在不是在做梦。

(2) 如果我不能确定我现在不是在做梦，那么我的感觉经验就不能为我提供外部世界的知识。

因此，(3) 我的感觉经验不能为我提供外部世界的知识。

按照笛卡尔的观点，你能确定某事仅当你不可能出错。但是，你误以为你处于清醒状态这一可能性并非不存在，因为你不能排除你在做梦的可能性，所以你的感觉不可能为你提供外部世界的知识。

不过，即使你不能确定你不是在做梦，但你仍有可能知道某些更简单、更一般的东西，比如，“一般的物体性质和它的广延，以及具有广延性东西的形状、量或大小和数目都属于这一类东西；还有这些东西所处的地点、所占的时间，以及诸如此类的东西”[①]。为了说明这些更一般的东西也是可怀疑的，笛卡尔引入了第二个论证，即“恶魔论证”：

因此我要假定有某一个恶魔（原译文为妖怪）……这个恶魔的狡诈和欺骗手段不亚于他本领的强大，他用尽了他的机智来骗我。我要认为天、地、空气、颜色、形状、声音以及我们所看到的一切外界事物都不过是他用来骗取我轻信的一些假象和骗局。我要把我自己看成是本来就没有手，没有眼睛，没有肉，什么感官都没有，却错误地相信我有这些东西。[②]

依据恶魔假设，本来就没有天，没有地，没有带有广延性的物体，没有形状，没有大小，没有地点，可是由于恶魔的诱骗我会具

① 笛卡尔：《第一哲学沉思集》，庞景仁译，商务印书馆，1986，第17页。
② 笛卡尔：《第一哲学沉思集》，庞景仁译，商务印书馆，1986，第20页。

有关于这些东西的感觉。本来我没有手，没有眼睛，没有肉，什么感官都没有，可是由于恶魔的诱骗我会错误地相信我具有这样一些东西。既然我无法确定我的感觉经验不是由恶魔的欺骗所造成的，那么我们的知觉信念都是可疑的，都不是可靠的知识。笛卡尔的恶魔论证可概括如下：

> （1）我不能确定我的感觉经验不是由一个全知全能的恶魔引起的某种幻觉。
>
> （2）如果我不能确定我的感觉经验不是由一个全知全能的恶魔引起的某种幻觉，那么我的感觉经验就不可能为我提供外部世界的知识。
>
> 因此，（3）我的感觉经验不可能为我提供外部世界的知识。

长期以来，笛卡尔怀疑论一直是推动西方知识论发展的主要动力。但由于梦论证本身的局限性以及“恶魔”这一概念的非科学性，在对怀疑论问题的当代论争中，经常提到的怀疑论论证并不是笛卡尔的上述两个论证，而是一个现代版本的笛卡尔式的怀疑论论证：缸中之脑论证。该论证表明，不求助于超自然的神灵，亦能说明我们有全面受骗的可能，它源于普特南的BIV思想实验：

> 设想一个人（你可设想正是阁下本人）被一位邪恶科学家做了一次手术。他将此人的大脑（阁下的大脑）从身体上截下并放到一个营养缸中，以使其存活。脑的神经末端连在一台超级科学计算机上，这台计算机能使这个大脑的主人产生一切如常的幻觉。人群、物体、天空等，仿佛都存在，但实际上此人（即阁下）的所有经验都是那架计算机传输到神经末端的电子脉冲的结果。这台计算机十分聪明，此人若要抬起手来，计算机发出的反馈就会使他“看到”并“感到”手被抬起。不仅如

此，通过改变程序，那位邪恶科学家还可以使受害者“经验到”（即幻觉到）那位邪恶科学家所希望的任何情景或环境。他还可以清除脑手术后的痕迹，因而，该受害者会觉得自己一直处于这种环境之中。该受害者甚至还会以为他正坐着读书，读的就是这样一个有趣但荒诞之极的推测：一位邪恶的科学家把人脑从人体上截下，并将之放入能使之存活的营养缸中。神经末端据说与一台超级科学计算机相连，它能使这个大脑的主人产生如此这般的幻觉……①

依据BIV假设，尽管事实上我的周围没有人群、物体和天空，我没有手，没有眼睛，没有在写博士学位论文，但我会以为我的周围有人群、物体和天空，以为我有手，有眼睛，以为我在写博士学位论文。由于我无法排除我不是BIV的可能性，所以我所有的感觉经验有可能只是某种幻觉的结果，从而不能成为知识的来源。普特南的BIV论证可概括如下：

（1）我不能确定我不是BIV。

（2）如果我不能确定我不是BIV，那么我的感觉经验就不可能为我提供外部世界的知识。

因此，（3）我的感觉经验不可能为我提供外部世界的知识。

第二节　怀疑论论证的一般形式

关于上述怀疑论假设论证的一般形式，在当代英美知识论中，公认的有两种：一是不充分决定性论证，二是闭合论证。

---

① H. Putnam, *Reason*, *Truth and History*, New York: Cambridge University Press, 1981, pp. 5-6. 翻译时参阅了普特南《理性、真理与历史》，童世骏、李光程译，上海译文出版社，1997，第11页。

一　不充分决定性论证

对外部世界怀疑论问题的一种常见理解是把它理解为一种不充分决定性问题。令“O”表示任何一个我们通常认为我们自己知道的日常命题（ordinary proposition），如我坐在电脑前写博士学位论文、我有两只手等，“SH”表示一个恰当描述的怀疑论假设（skepticism hypothesis），如我梦见我坐在电脑前写博士学位论文、我是一个无手的 BIV 等，不充分决定性怀疑论的一般论证模式可大致表示如下：

（1）相对于 SH，S 的证据不更支持 O。[前提]

（2）如果相对于 SH，S 的证据不更支持 O，那么 S 不知道 O。[前提]

（3）S 不知道 O。[U1，U2]

代入具体的怀疑论假设和日常命题，即可得各种具体的不充分决定性论证。

1. 梦论证

（1）相对于“我梦见我在火炉边烤火”假设，我的证据不更支持“我在火炉边烤火”假设。

（2）如果相对于“我梦见我在火炉边烤火”假设，我的证据不更支持“我在火炉边烤火”假设，那么我不知道我在火炉边烤火。

因此，（3）我不知道我在火炉边烤火。

2. 恶魔论证

（1）相对于“事实上我没有手，但某个狡诈的恶魔使我产生我有手的幻觉”假设，我的证据不更支持“我在火炉边烤火”假设。

(2) 如果相对于“事实上我没有手，但某个狡诈的恶魔使我产生我有手的幻觉”假设，我的证据不更支持“我在火炉边烤火”假设，那么我不知道我在火炉边烤火。

因此，(3) 我不知道我在火炉边烤火。

3. BIV 论证

(1) 相对于 BIV 假设，我的证据不更支持“我有两只手”假设。

(2) 如果相对于 BIV 假设，我的证据不更支持“我有两只手”假设，那么我不知道我有两只手。

因此，(3) 我不知道我有两只手。

回到不充分决定性怀疑论的一般论证模式，前提（1）断言的是：相对于各种怀疑论假设，如梦的假设、恶魔假设和 BIV 假设等，我们的证据不更支持各种常识假设。换言之，我们的日常信念是由我们的证据不充分决定的。为了表述方便，我们不妨将前提（1）称为不充分决定性假定（the underdetermination assumption，UA）。(UA) 的合理性来自现象上的不可区分性论题或经验等价 (empirically equivalent) 论题，即怀疑论假设和常识假设在现象上是不可区分的，两者在经验上是等价的。前提（2）则是知识不充分决定性原理（the underdetermination principle for knowledge，UK）的一个特例。该原理可表述如下：

(UK) 对于所有的 S，φ，ψ，如果相对于与 φ 不相容的假设 ψ，S 的证据不更支持 φ，那么 S 不知道 φ。

因此，基于（UK）的不充分决定性论证的完整表述是：

（U_k1）相对于 SH，S 的证据不更支持 O。［前提］

（U_k2）对于所有的 S，φ，ψ，如果相对于与 φ 不相容的假设 ψ，S 的证据不更支持 φ，那么 S 不知道 φ。［前提］

（U_k3）如果相对于与 O 不相容的假设 SH，S 的证据不更支持 O，那么 S 不知道 O。［U_k2 的特例］

（U_k4）S 不知道 O。［U_k1，U_k3］

一般认为，证成（justification）是知识的必要条件，得出怀疑论结论的关键是要论证我们没有证成各种日常命题。不充分决定性论证的一般模式可改写如下：

（1）相对于 SH，S 的证据不更支持 O。［前提］

（2）如果相对于 SH，S 的证据不更支持 O，那么 S 没有证成 O。［前提］

（3）S 没有证成 O。［1，2］

（4）如果 S 知道 O，那么 S 证成 O。［前提］

（5）S 不知道 O。［3，4］

逐一分析该论证的诸前提，（1）即不充分决定性假定（UA）；（2）依赖于证成不充分决定性原理（the underdetermination principle for justification，UJ）：

（UJ）对于所有的 S，φ，ψ，如果相对于与 φ 不相容的假设 ψ，S 的证据不更支持 φ，那么 S 没有证成 φ。

（4）断言证成是知识的必要条件，简称为证成假定（the justification assumption，JA）。因此，基于（UJ）的不充分决定性论证的完整形式是：

(U_j1) 相对于 SH，S 的证据不更支持 O。[前提 UA]

(U_j2) 对于所有的 S，φ，ψ，如果相对于与 φ 不相容的假设 ψ，S 的证据不更支持 φ，那么 S 没有证成 φ。[前提 UJ]

(U_j3) 如果相对于与 O 不相容的假设 SH，S 的证据不更支持 O，那么 S 没有证成 O。[U_j2]

(U_j4) S 没有证成 O。[U_j1，U_j3]

(U_j5) 对于所有的 S，φ，如果 S 知道 φ，那么 S 证成 φ。[前提 JA]

(U_j6) 如果 S 知道 O，那么 S 证成 O。[U_j5]

(U_j7) S 不知道 O。[U_j4，U_j6]

若证成在本质上是证据性的，则得出怀疑论结论的关键是要论证我们的证据没有证成各种日常命题。不充分决定性论证的一般模式还可进一步改写如下：

(1) 相对于 SH，S 的证据不更支持 O。[前提]

(2) 如果相对于 SH，S 的证据不更支持 O，那么 S 的证据没有证成 O。[前提]

(3) S 的证据没有证成 O。[1，2]

(4) “S 的证据没有证成 O”即“S 没有证成 O”。[前提]

(5) S 没有证成 O。[3，4]

(6) 如果 S 知道 O，那么 S 证成 O。[前提]

(7) S 不知道 O。[5，6]

逐一分析该论证的诸前提，(1) 即不充分决定性假定（UA）；

（2）依赖于证据性证成不充分决定性原理（the underdetermination principle for evidential justification，UEJ）：

（UEJ）对于所有的 S，φ，ψ，如果相对于与 φ 不相容的假设 ψ，S 的证据不更支持 φ，那么 S 的证据没有证成 φ。

（4）断言证成在本质上是证据性的，简称为证据性证成假定（the evidential justification assumption，EJA）；（6）即证成假定（JA）。[①] 综上可知，基于（UEJ）的不充分决定性论证的完整形式是：

（U_{ej}1）相对于 SH，S 的证据不更支持 O。[前提，即 UA]

（U_{ej}2）如果相对于与 φ 不相容的假设 ψ，S 的证据不更支持 φ，那么 S 的证据没有证成 φ。[前提 UEJ]

（U_{ej}3）如果相对于与 O 不相容的假设 SH，S 的证据不更支持 O，那么 S 的证据没有证成 O。[U_{ej}2]

（U_{ej}4）S 的证据没有证成 O。[U_{ej}1，U_{ej}3]

（U_{ej}5）"S 的证据没有证成 φ" 即 "S 没有证成 φ"。[前提 EJA]

（U_{ej}6）"S 的证据没有证成 O" 即 "S 没有证成 O"。[U_{ej}5]

（U_{ej}7）S 没有证成 O。[U_{ej}4，U_{ej}6]

（U_{ej}8）如果 S 知道 φ，那么 S 证成 φ。[前提，即 JA]

（U_{ej}9）如果 S 知道 O，那么 S 证成 O。[U_{ej}8]

（U_{ej}10）S 不知道 O。[U_{ej}7，U_{ej}9]

由此可知，存在三种不同版本的不充分决定性论证：基于

① 普里查德已充分认识到基于（UEJ）的怀疑论论证需要证成假定和证据性证成假定。在《怀疑论论证的结构》一文中，他在依据证据性不充分决定性原理得出"S 的证据没有证成他对 e 的信念"的结论之后，特意在括号内写道："因而 S 没有证成他对 e 的信念，因而 S 知道 e。"随后他进一步指出，括号内的这两步推论包含了两个明显的假定："第一个假定是证成在本质上是证据性的，所以缺乏适当的证据蕴涵没有得到证成。第二个假定是证成是知识的必要条件。"参见 Duncan Pritchard, "The Structure of Sceptical Arguments, "*The Philosophical Quarterly* 55(2005):40。

(UK) 的不充分决定性论证、基于 (UJ) 的不充分决定性论证和基于 (UEJ) 的不充分决定性论证。在某种意义上，基于 (UJ) 的不充分决定性论证可算作对基于 (UK) 的不充分决定性论证的一种解释，基于 (UEJ) 的不充分决定性论证又可算作对基于 (UJ) 的不充分决定性论证，因而亦可被看作对基于 (UK) 的不充分决定性论证的一种解释。

实际上，我们也可以从 (UK)、(UJ) 和 (UEJ) 之间的关系来理解上面三个论证之间的这种解释性关系。如上所述，基于 (UK) 的怀疑论论证包含两个前提：(UA) 和 (UK)；基于 (UJ) 的怀疑论论证包含三个前提：(UA)、(JA) 和 (UJ)；基于 (UEJ) 的怀疑论论证包含四个前提：(UA)、(JA)、(EJA) 和 (UEJ)。令 $K_S(\varphi)$ 表示：S 知道命题 φ，上述三个论证可分别简化如下：

(1) $(UA) \wedge (UK) \rightarrow \neg K_S(O)$。

(2) $(UA) \wedge (UJ) \wedge (JA) \rightarrow \neg K_S(O)$。

(3) $(UA) \wedge (UEJ) \wedge (JA) \wedge (EJA) \rightarrow \neg K_S(O)$。

显然，(UA) 为三个论证所共享，证成假定 (JA) 与证成不充分决定性原理 (UJ) 蕴涵知识不充分决定性原理 (UK)，证据性证成假定 (EJA) 与证据性证成不充分决定性原理 (UEJ) 蕴涵证成不充分决定性原理 (UJ)。因此，基于 (UJ) 的怀疑论论证蕴涵基于 (UK) 的怀疑论论证，基于 (UEJ) 的怀疑论论证蕴涵基于 (UJ) 的怀疑论论证，进而也蕴涵基于 (UK) 的怀疑论论证。

需指出的是，从最新的知识论研究成果来看，学界似乎对证成假定 (JA) 并无争议，有争议的只是证据性证成假定 (EJA)。诚然，为回应盖蒂尔问题 (the Gettier problem)，知识外在论者 (externalist) 曾经否认知识的证成条件。然而，在与知识内在论者 (internalist) 的交锋中，人们逐渐发现，知识外在论者并未真正否定知识的证成条件，他们只是否认内在证成是知识的必要条件。《斯坦福哲学百科》的《知识的分析》条目区分了内在主义的证成和外在主义的证成。按照内在主义的证成概念，只有某种内在于认知主体的状态才能证成一个信念。那究竟什么样的状态才能被称为内在于认知主体的状态，有的内在论者认为只有主体经验中的那些直接可及或内省上可及的特征才可以，有的内在论者则认为只要是认知主体的内在状态就可以。柯尼（Earl Conee）和费尔德曼（Richard Feldman）那样的内在论者甚至认为证成完全是主体的证据问题。但按照外在主义的证成概念，认知主体之外的因素也可以与证成相关，例如，可靠性论者就认为得到证成的信念是那些由可靠的认知过程形成的信念。①

由上可知，知识内在论者和知识外在论者都承认知识的证成条件，不同的是，知识内在论者强调的是内在证成条件，而知识外在论者强调的是外在证成条件。因此，只要我们不对“证成”概念做某种狭隘的内在论的理解，那么证成假定（JA）在学界就是普遍承认的。就此而言，基于（UK）的怀疑论论证与基于（UJ）的怀疑论论证是等价的。因此，基于（UJ）的怀疑论论证可进一步简化为：

$$(UA) \wedge (UJ) \rightarrow \neg K_S(O)$$

二　闭合论证

对怀疑论问题的另外一种理解方式是把它理解为一种闭合问题。最经典的闭合论证是德罗斯概括的无知论证（the argument from ignorance），其一般模式可以大致表示如下：

---

① 参见 Jonathan Jenkins Ichikawa and Matthias Steup, “The Analysis of Knowledge,” http://plato.stanford.edu/entries/knowledge-analysis, First published Tue. Feb. 6, 2001; substantive revision Tue. Mar. 7, 2017。

(1) S 不知道¬SH。[前提]

(2) 如果 S 知道 O，那么 S 知道¬SH。[前提]

(3) S 不知道 O。[1, 2][①]

代入具体的怀疑论假设和日常命题，即可得各种不同的闭合论证。

1. 梦的论证

(1) 如果我知道我在火炉边烤火，那么我知道我不是在做梦。

(2) 我不知道我不是在做梦。

(3) 我不知道我在火炉边烤火。

2. 恶魔论证

(1) 如果我知道我在火炉边烤火，那么我知道我没有为恶魔所骗。

(2) 我不知道我没有为恶魔所骗。

(3) 我不知道我在火炉边烤火。

3. BIV 论证

(1) 如果我知道我有两只手，那么我知道我不是 BIV。

(2) 我不知道我不是 BIV。

(3) 我不知道我有两只手。

为了理解闭合论证的结构，同样需要分析其一般论证模式中的两个前提：(1) 与 (2)。如前所述，(2) 依赖于知识闭合原理（CK）：

(CK) 对于所有的 S，φ，ψ，如果 S 知道 φ，且 S 知道 φ 蕴涵 ψ，那么 S 知道 ψ。

但怀疑论者如何来捍卫前提（1）呢？怀疑论者的一种可能答复

① 参见 Keith DeRose, "Solving the Skeptical Problem," *Philosophical Review* 104(1995): 1。

是求助于诺齐克的知识追踪论或德雷斯基的相关替代论。但怀疑论者的这种答复并不明智。因为这两种知识论都否定了闭合论证所依赖的知识闭合原理，而且，这两种知识论会直接导致反怀疑论的结论。因此，怀疑论者不能用这种方式来捍卫前提（1）。

另外，怀疑论者可以接受布鲁克勒的建议，依据证成不充分决定性原理来证明前提（1）。布鲁克勒从证成不充分决定性原理的一个特例开始：

（*）如果相对于 SH，S 的证据不更支持¬SH，那么 S 没有证成¬SH。

结合如下假定：

（**）相对于 SH，S 的证据不更支持¬SH。

即可得：

（C）S 没有证成¬SH。①

再结合证成假定，怀疑论者就可得出“S 不知道¬SH”的结论。不过怀疑论者的这一策略亦非明智之举，因为它会使闭合论证成为一种多余的论证：它需要求助于两条认知原理，即不充分决定性原理和闭合原理，而如前所述，仅凭不充分决定性原理，怀疑论者即可得出怀疑论的结论。

也许，值得我们重视的是科恩提到的另一个论证：

① 参见 Anthony Brueckner, “The Structure of the Skeptical Argument,” *Philosophy and Phenomenological Research* 54(1994): 830。

> 假设用E来表示我的证据。既然关于怀疑论假设SH（原文为SK，下同——引者注）的一个极其明显的事实是：如果SH为真，那么它可以解释E为何为真。那么在注意到这一点之后，该证据还如何能证成¬SH呢？最起码这是很莫名其妙的。因此，很难拒绝接受（2D）（即我的证据没有证成¬SH——引者注）。[①]

从所引段落来看，科恩试图从“SH为真可以解释E为何为真”直接得出“E没有证成¬SH”的结论。然而，这一推论是有问题的，因为前者在逻辑上并不蕴涵后者。实际上，科恩自己也意识到了这一点。为此，他在注释中补充说，我们可以认为这一推论需要求助于另外一条普遍的认知原理（Z）：

> （Z）对于所有的S，φ，如果φ能够解释S的证据，那么S的证据没有证成¬φ。[②]

显然，原理（Z）可以缝合上述论证中存在的鸿沟。因为依据原理（Z），我们能够推出如下特称命题：如果SH能够解释S的证据，那么S的证据没有证成¬SH。结合“SH能够解释S的证据”这一事实，我们自然就能推出：S的证据没有证成¬SH。[③]

细加考究可能会发现，科恩在此是用“证据性证成”术语来刻画原理（Z），因此，准确地说，科恩这里列出的原理（Z）是（ZEJ）。但事实上，科恩必须承认（EJA）和（JA），否则，他得出的结论只是“S的证据没有证成¬SH”。只有结合（EJA）和（JA），

---

① Stewart Cohen, “Two Kinds of Skeptical Argument, ”*Philosophy and Phenomenological Research* 58(1998): 146.

② Stewart Cohen, “Two Kinds of Skeptical Argument, ”*Philosophy and Phenomenological Research* 58(1998): 146-147.

③ 需要指出的是，科恩本人并不认同以这样一种方式来证明S的证据没有证成¬SH。稍后笔者会反过来讨论科恩自己的观点。

他才能进一步推出“S 没有证成¬SH”和“S 不知道¬SH”。因此，科恩必须承认原理（Z）的另外两种形式（实际上也是如此）：

（ZK）对于所有的 S，φ，如果 φ 能够解释 S 的证据，那么 S 不知道¬φ。

（ZJ）对于所有的 S，φ，如果 φ 能够解释 S 的证据，那么 S 没有证成¬φ。

显然，认知原理（Z）的这三种形式之间的关系类似于不充分决定性原理的三种形式之间的关系，即（ZEJ）与（EJA）的合取蕴涵（ZJ），（ZJ）与（JA）的合取蕴涵（ZK）。

依据（ZK），我们当然很容易得出“S 不知道¬SH”的结论：

（1）对于所有的 S，φ，如果 φ 能够解释 S 的证据，那么 S 不知道¬φ。

（2）如果 SH 能够解释 S 的证据，那么 S 不知道¬SH。

（3）SH 能够解释 S 的证据。

（4）S 不知道¬SH。

因此，基于（CK）的闭合论证的完整表述是：

（C_K1）SH 能够解释 S 的证据。[前提]

（C_K2）如果 SH 能够解释 S 的证据，那么 S 不知道¬SH。[前提 ZK]

（C_K3）S 不知道¬SH。[C_K1，C_K2]

（C_K4）如果 S 知道 O，那么 S 知道¬SH。[CK]

（C_K5）S 不知道 O。[C_K3，C_K4]

与不充分决定性论证类似，闭合论证也可以用“证成”或“证据性证成”术语来建构。在此之前，我们不妨先介绍闭合原理的另外两种形式——证成闭合原理（the closure principle for justification，CJ）和证据性证成闭合原理（the closure principle for evidential justification，CEJ）：

（CJ）对于所有的 S，φ，ψ，如果 S 证成 φ，且 φ 蕴涵 ψ，那么 S 证成 ψ。

（CEJ）对于所有的 S，φ，ψ，如果 S 的证据证成 φ，且 φ 蕴涵 ψ，那么 S 的证据证成 ψ。

基于（CJ）的怀疑论论证的完整形式是：

（C_j1）SH 能够解释 S 的证据。[前提]

（C_j2）如果 SH 能够解释 S 的证据，那么 S 没有证成¬SH。[前提 ZJ]

（C_j3）S 没有证成¬SH。[C_j1，C_j2]

（C_j4）如果 S 证成 O，那么 S 证成¬SH。[前提 CJ]

（C_j5）S 没有证成 O。[C_j3，C_j4]

（C_j6）对于所有的 S，φ，如果 S 知道 φ，那么 S 证成 φ。[前提 JA]

（C_j7）如果 S 知道 O，那么 S 证成 O。[C_j6]

（C_j8）S 不知道 O。[C_j5，C_j7]

基于（CEJ）的怀疑论论证的完整形式是：

（C_{ej}1）SH 能够解释 S 的证据。[前提]

（C_{ej}2）如果 SH 能够解释 S 的证据，那么 S 的证据没有证

成¬SH。[前提 ZEJ]

($C_{ej}3$) S 的证据没有证成¬SH。[$C_{ej}1$，$C_{ej}2$]

($C_{ej}4$) 如果 S 的证据证成 O，那么 S 的证据证成¬SH。[前提 CEJ]

($C_{ej}5$) S 的证据没有证成 O。[$C_{ej}3$，$C_{ej}4$]

($C_{ej}6$) "S 的证据没有证成 O" 即 "S 没有证成 O"。[前提 EJA]

($C_{ej}7$) S 没有证成 O。[$C_{ej}5$，$C_{ej}7$]

($C_{ej}8$) 如果 S 知道 O，那么 S 证成 O。[前提 JA]

($C_{ej}9$) S 不知道 O。[$C_{ej}8$，$C_{ej}10$]

由于（C_k1）、（C_j1）、（$C_{ej}1$）是同一命题，所以可用（C1）来替代。如果只列出各个论证中的前提与结论，上述三个论证可分别简化如下：

$$[(C1)\wedge(CK)\wedge(ZK)]\rightarrow\neg K_S(O)$$
$$[(C1)\wedge(CJ)\wedge(ZJ)\wedge(JA)]\rightarrow\neg K_S(O)$$
$$[(C1)\wedge(CEJ)\wedge(ZEJ)\wedge(JA)\wedge(EJA)]\rightarrow\neg K_S(O)$$

由于（C1）为上述三个论证所共享，且（JA）与（CJ）的合取蕴涵（CK），（JA）与（ZJ）的合取蕴涵（ZK），所以基于（CJ）的论证蕴涵基于（CK）的论证；同样，既然（EJA）和（CEJ）的合取蕴涵（CJ），（EJA）和（ZEJ）的合取蕴涵（ZJ），所以基于（CEJ）的论证蕴涵基于（CJ）的论证，进而也蕴涵基于（CK）的论证。

同样，既然学界对证成假定（JA）实际上并无争议，那么基于（CJ）的论证实质上就等价于基于（CK）的论证，而且基于（CJ）的论证还可进一步简化如下：

$$(C1) \wedge (CJ) \wedge (ZJ) \rightarrow \neg K_S(O)$$

考虑表述的一致性，该论证亦可简化为：

$$(C1) \wedge (CJ) \wedge (ZJ) \rightarrow \neg J_S(O)$$

现在，到了讨论科恩自己承认的那个闭合论证的时候了。笔者在前面提到，科恩自己并不同意用一般原理（ZEJ）来证明“S的证据没有证成¬SH”。那么科恩自己的观点到底是什么呢？让我们来看科恩自己的表述：

> 引入原理（Z）（实为ZEJ，下同——引者注）来证明（D2）（即S的证据没有证成¬SH，下同——引者注）会导致这样一个问题：作为论证前提的原理（Z）并不比作为论证结论的（D2）具有更大的直觉合理性，因此，到底是原理（Z）证明了（D2），还是（D2）证明了原理（Z）呢？……一种可能情况是：通过一种反思均衡的过程，这个特殊声称和这个一般原理互为支持。[①]

不过，科恩马上表示自己并不认同这一解决方案，科恩赞成的是下面这种解释：

> 我认为（D2）的初始合理性并不依赖于我们能够准确而清晰地给出这个能据之推衍出它的一般原理。……（D2）的合理性来自证据性支持或证成这一概念。即使我们未能对这一直觉做出一般性的解释，这种合理性仍然存在。按照这种观点，

① Stewart Cohen, “Two Kinds of Skeptical Argument,” *Philosophy and Phenomenological Research* 58(1998): 147.

> （D2）的合理性非常类似于怀疑论论证的（子）结论的否命题（即我的证据证成 O）的合理性。我的证据证成 O 这一声称具有很大的直觉合理性。而且它的初始合理性并不依赖于我们能够清晰地给出能据之推衍出它的一般证成原理。这正好解释了我们为什么反对怀疑论论证。正因此，我们最好是把怀疑论问题看作一个悖论，看作一组不相容的但各自又具有极大直觉合理性的命题。①

从所引段落来看，科恩认为，追本溯源，（D2）的初始直觉合理性是来自证据性支持或证成这一概念，而与（Z）的直觉合理性无关。因此，即使不依赖于（Z），仅仅依据证据性支持或证成这一概念本身我们就可以说明（D2）的直觉合理性。但科恩的这一回应并不成功。原因有二：其一，我们在此追问的不是（D2）的直觉合理性问题，而是追问其成立的进一步理由，而这需要求助于一般认知原理（Z）；其二，科恩这样做实际上是回避了布鲁克勒的问题，布鲁克勒追问的是：S 为什么不知道¬SH 呢？而科恩的答复是：因为 S 的证据没有证成¬SH。但如果你进一步追问：为什么 S 的证据没有证成¬SH？科恩会说这是基于证据性支持或证成这一概念本身。但科恩忘了，命题“S 不知道¬SH”也具有同等程度的直觉合理性，实际上，科恩对布鲁克勒的回应只不过是换了个词，即将布鲁克勒所质疑的命题中的“知道”换成了“证成”而已。因此，科恩所强调的闭合论证只是一种用“证据性证成”或“证成”算子来替换“知道”算子的闭合论证而已。

① Stewart Cohen, “Two Kinds of Skeptical Argument,” *Philosophy and Phenomenological Research* 58(1998): 147.

第三节　两种怀疑论论证的关系

由于在关于怀疑论论证结构的当代论争中，人们基本上是从证成的角度来展开的，所以我们同样将从证成的角度来讨论这两种怀疑论论证的关系。对比一下基于（UJ）的怀疑论论证与基于（CJ）的怀疑论论证的简化形式：

基于（UJ）的怀疑论论证：$(UA) \wedge (UJ) \rightarrow \neg J_S(O)$。

基于（CJ）的怀疑论论证：$(C1) \wedge (CJ) \wedge (ZJ) \rightarrow \neg J_S(O)$。

可以看出，基于（UJ）的怀疑论论证依赖于两个前提，即（UA）和（UJ）；基于（CJ）的怀疑论论证依赖于三个前提，即（C1）、（CJ）和（ZJ）。显然，（C1）蕴涵（UA）。因为如果 SH 能够解释我们的所有证据，那么我们当然可以由此推出：相对于 SH，S 的证据不更支持 O。因此，我们的重点是检视（UJ）和（CJ）∧（ZJ）之间的关系。

一　（UJ）与（CJ）

关于这一问题，布鲁克勒认为（UJ）实质上（Virtually）等价于（CJ），科恩、普里查德和弗戈则认为（CJ）蕴涵（UJ），但反之不然。[①] 在笔者看来，他们的论证都存在一定的问题。实际上，（CJ）与（UJ）互不蕴涵。

在讨论（UJ）与（CJ）之间的关系之前，让我们先考虑一下（UJ）和（CJ）的另外一种等价表达式：

---

① 准确地说，科恩、普里查德和弗戈直接讨论的是（UEJ）和（CEJ）的关系。不过由于他们都承认证据性证成假定（EJA），所以会认为（UJ）和（CJ）之间也具有相同的关系。在随后涉及他们的讨论时，笔者会直接用“证成”概念替代他们所用的“证据性证成”概念。

（UJ′）对于所有的 S，φ，ψ，如果 S 证成 φ，φ 和 ψ 不相容，那么相对于 ψ，S 的证据更支持 φ。

（CJ′）对于所有的 S，φ，ψ，如果 S 证成 φ，φ 和 ψ 不相容，那么 S 证成¬ψ。

显然，（CJ′）和（UJ′）这两个假言命题具有共同的前件，但后件不同。其共同的前件是：S 证成 φ，φ 和 ψ 不相容。（UJ′）的后件是：相对于 ψ，S 的证据更支持 φ；（CJ′）的后件则是：S 证成¬ψ。因此，对（UJ′）与（CJ′）之间是否存在蕴涵关系的检视就演变成如下问题：在假定其共同前件的条件下，（CJ′）和（UJ′）能否相互推论出对方的后件。

先考察布鲁克勒对“（UJ）蕴涵（CJ）”的证明：

（1）如果 S 证成 φ，φ 和 ψ 不相容，那么相对于 ψ，S 的证据更支持 φ。[UJ′]

（2）S 证成 φ，φ 和 ψ 不相容。[CJ′的前件]

（3）相对于 ψ，S 的证据更支持 φ。[1，2]

（4）S 证成¬ψ。[2，3][①]

这一证明的可疑之处在其最后一步。正如科恩和普里查德所看到的，如果不预设（CJ′），我们怎么可能从（2）和（3）推衍出（4）呢？实际上，依据（2）和（3），我们可以得出的结论是：S 的证据没有证成 ψ。然而，这一结论并不蕴涵（4），即“S 证成¬ψ”。[②]

进一步考察“（CJ）是否蕴涵（UJ）”的问题。布鲁克勒和科

① 参见 Anthony Brueckner, “The Structure of the Skeptical Argument,” *Philosophy and Phenomenological Research* 54(1994): 832。

② 参见 Stewart Cohen, “Two Kinds of Skeptical Argument,” *Philosophy and Phenomenological Research* 58(1998): 151–152; Duncan Pritchard, “The Structure of Sceptical Arguments,” *The Philosophical Quarterly* 55(2005): 43。

恩都认为（CJ）蕴涵（UJ），两人的论证也颇为相似，其逻辑结构如下：

(1) 如果 S 证成 φ，且 φ 和 ψ 不相容，那么 S 证成¬ψ。[CJ′]

(2) S 证成 φ，且 φ 和 ψ 不相容。[UJ′的前件]

(3) S 证成¬ψ。[1，2]

(4) S 证成 φ，且 S 证成¬ψ。[2，3]

(5) 相对于 ψ，S 的证据更支持 φ。[4]①

在笔者看来，该论证同样不是一个有效论证，其错误也是出在最后一步，即（4）并不蕴涵（5）。要想从（4）推出（5），布鲁克勒和科恩需要把下述原理看作一条必然真理（necessary truth）：

(NT1) 对于所有的 S，φ，ψ，如果 S 证成 φ，且 S 证成¬ψ，那么相对于 ψ，S 的证据更支持 φ。

然而，将（NT1）看作一条必然真理是有问题的。因为（NT1）蕴涵如下荒谬的结论：我们要么接受怀疑论者的主张，要么只能以违背闭合原理的方式来反对怀疑论。这一论证过程可以表述如下：

(1) 如果 S 证成 φ，且 S 证成¬ψ，那么相对于 ψ，S 的证据更支持 φ。[NT1]

(2) 相对于 SH，S 的证据不更支持 O。[前提]

(3) S 不能既证成 O，又证成¬SH。[1，2]

① 参见 Anthony Brueckner, "The Structure of the Skeptical Argument," *Philosophy and Phenomenological Research* 54(1994): 832-834; Stewart Cohen, "Two Kinds of Skeptical Argument," *Philosophy and Phenomenological Research* 58(1998): 150-151。

结论（3）意味着，如果我们把（NT1）看作一条必然真理，那么，在对待怀疑论的问题上，只有三种方案可供选择：（A）S证成O，但没有证成¬SH；（B）S证成¬SH，但没有证成O；（C）S既没有证成O，也没有证成¬SH。

显然，在这三种方案中，只有（A）是反怀疑论的。因此，假如我们把（NT1）看作一条必然真理，那么，如果要采取一种反怀疑论的立场，我们就只能认可（A）方案。但（A）方案是一种反闭合的反怀疑论方案。因此，如果（NT1）是必然真理，那么任何一种维护闭合原理的反怀疑论方案在逻辑上都是不可能的。但事实上，在当代英美知识论中，人们提出了许多维护闭合原理的反怀疑论方案，如摩尔的反怀疑论方案、克莱因的反怀疑论方案、语境主义的反怀疑论方案等。尽管这些方案引来了人们的不少异议，但尚无任何理由表明它们在逻辑上是不可能的。相反，人们对德雷斯基-诺齐克式反怀疑论方案不满的一个重要原因恰恰在于它违背了闭合原理。因此，我们没有理由假定（NT1）为真。既然否定了（NT1），布鲁克勒和科恩自然就不能从"S证成φ，且S证成¬ψ"推出"相对于ψ，S的证据更支持φ"。

也许是因为"S证成φ，且S证成¬ψ"与"相对于ψ，S的证据更支持φ"之间的蕴涵关系不太明显，普里查德（Duncan Pritchard）对布鲁克勒与科恩的证明作了一定的修改。为此，他引入了原理（J）：

> （J）对于所有的S，φ，如果S证成φ，那么S没有证成¬φ。

普里查德的证明可概括如下：

> （1）如果S证成φ，且φ和ψ不相容，那么S证成¬ψ。［前提CJ′］

(2) S证成φ，且φ和ψ不相容。[前提，UJ′的前件]

(3) S证成¬ψ。[1，2]

(4) 如果S证成ψ，那么S没有证成¬ψ。[J]

(5) S没有证成ψ。[3，4]

(6) S证成φ，且S没有证成ψ。[2，5]

(7) 相对于ψ，S的证据更支持φ。[6][①]

然而，在笔者看来，该论证也不是一个有效论证，问题还是出在最后一步，即(6)并不蕴涵(7)。要想从(6)推衍出(7)，普里查德需要预设另外一条必然真理：

(NT2) 对于所有的S，φ，ψ，如果S证成φ，且S没有证成ψ，那么相对于ψ，S的证据更支持φ。

但将(NT2)视为必然真理会带来更大的问题。其一，(NT2)蕴涵怀疑论的结论。这一论证过程可以表述如下：

(1) 如果S证成O，且S没有证成SH，那么相对于SH，S的证据更支持O。[NT2]

(2) 相对于SH，S的证据不支持O。[前提]

(3) 并非：S证成O，且没有证成SH。[1，2]

(4) O与SH不相容。[前提]

(5) 并非：S证成O，且证成SH。[4]

(6) S没有证成O。[3，5]

这意味着，如果假定(NT2)为真，那么任何一种反怀疑论方

① 参见Duncan Pritchard, "The Structure of Sceptical Arguments," *The Philosophical Quarterly* 55 (2005): 42。

案都是自相矛盾的。

其二，进一步考究（NT2）与（UJ）的逻辑关系，我们会发现（NT2）在逻辑上蕴涵（UJ）。下面是由（NT2）推衍出（UJ）的过程：

(1) 如果S证成φ，且S没有证成ψ，那么相对于ψ，S的证据更支持φ。[NT2]

(2) 如果相对于ψ，S的证据不更支持φ，那么“S证成φ，且没有证成ψ”为假。[1]

(3) 相对于与φ不相容的假设ψ，S的证据不更支持φ。[UJ的前件]

(4) 相对于ψ，S的证据不更支持φ。[3]

(5) “S证成φ，且没有证成ψ”为假。[2，4]

(6) φ与ψ不相容。[3]

(7) “S证成φ且证成ψ”为假。[6]

(8) S没有证成φ。[5，7]

因此，假定（NT2），我们就可以由（UJ）的前件推出其后件。换言之，（NT2）蕴涵（UJ），即（UJ）是（NT2）的必要条件。故普里查德在由（CJ）推衍出（UJ）时实际上已经预设了（UJ），因而是一种循环论证。

综上所述，普里查德不能从“S证成φ，且S没有证成ψ”推衍出“相对于ψ，S的证据更支持φ”。

此外，弗戈也对闭合原理蕴涵不充分决定性原理做出过证明，尽管他直接讨论的是知识闭合原理与知识不充分决定性原理之间的关系，而且他对这些原理的表述与前面三人大不相同。为求讨论的一致性，在遵照其原始表述的同时，我们用证成闭合原理与证成不充分决定性原理重构了他的论证。按照弗戈的建议，证成不充分决定性原理可以表示如下：

(UJ_V) 对于所有的S，φ，ψ，如果S证成φ，且φ与ψ不相容，那么S能够非任意地（non-arbitrarily）拒绝ψ。[①]

弗戈进一步认为，“非任意地拒绝ψ”与“非任意地接受¬ψ”是一回事，故证成不充分决定性原理也可以表示为：

(UJ_V') 对于所有的S，φ，ψ，如果S证成φ，且φ与ψ不相容，那么S能够非任意地接受¬ψ。

为表明（CJ）蕴涵（UJ_V），弗戈进一步引入了下述假定：

（JN）如果S证成φ，那么S能够非任意地接受φ。

弗戈的论证可以概括如下：

（1）如果S证成φ，且φ和ψ不相容，那么S证成¬ψ。[CJ′]

（2）S证成φ，且φ和ψ不相容。[（UJ_V）的前件]

（3）S证成¬ψ。[1，2]

（4）如果S证成¬ψ，那么S能够非任意地接受¬ψ。[JN]

（5）S能够非任意地接受¬ψ。[3，4][②]

---

① 弗戈直接讨论的是知识不充分决定性原理，其原始表述是：“如果q是p的一个竞争性假说，那么一个人能够知道p仅当他（她）能非任意地拒绝q。”参见Jonathan Vogel，“Skeptical Arguments，” *Philosophical Issues* 14（2004）：432。笔者用“证成”算子替换了其中的“知道”算子，并对某些表述做了些不影响其意义的调整，由此得出符合其基本要旨的证成不充分决定性原理。

② 参见Jonathan Vogel，“Skeptical Arguments，”*Philosophical Issues*14(2004)：432-433。

这样，在假定（JN）的前提下，弗戈从（UJ_V）的前件和（CJ′）的合取推出了（UJ_V）的后件，即证明了（CJ）蕴涵（UJ_V）。

对弗戈提出批判的是瓦希德。[①] 在他看来，弗戈的论证利用了“非任意地接受或拒绝”一词含义的含混性，而一旦我们把该词的含义明确化，弗戈的论证就要么是一种多余的论证，要么是一种循环论证。瓦希德的论证思路如下：瓦希德首先澄清了“非任意地接受φ”这一短语的含义。在他看来，这一短语可有两种不同的含义：（1）有支持φ的理由或证据；（2）一个人的证据强到足以排除φ。然后，瓦希德表明，不论取哪种含义，弗戈的证明都是有问题的。

如果取第一种含义，即假设“非任意地接受φ”指的是“有支持φ的理由或证据”，由于该语境中的“接受”这一概念指的是一种信念态度，所以“非任意地接受φ”实际上就等同于“可证成地（Justitiably）相信φ”。现在再回想一下（CJ）所言：如果S证成φ，且φ和ψ不相容，那么S证成¬ψ。由于“S证成φ”等价于“S能够可证成地相信φ”，所以，（CJ）也可以表述为：如果S证成φ，且φ和ψ不相容，那么S能够可证成地相信¬ψ。而如前所述，弗戈假定“可证成地相信¬ψ”等同于“可证成地拒绝ψ”，所以在弗戈那里，（CJ）实际上等价于（UJ_V）。如此，弗戈依据（JN）来证明（CJ）蕴涵（UJ_V）是多余的。

如果取第二种含义，即假设“非任意地拒绝φ”指的是一个人的证据强到足以排除φ，那么弗戈的关键性假定（JN）就会变得有问题。因为在这种情况下，（JN）说的就是：如果S证成φ，那么S的证据能够排除¬φ。对“S的证据能够排除¬φ”可做两种可能的解读：一是指S的证据能够排除那些普通的¬φ替代项（即不包括怀疑论假设的替代项），二是指S的证据能够排除所有的¬φ替代项。如果采用第一种解读，那么从（CJ）和（JN）的合取并不能推出

① Hamid Vahid, *Epistemic Justification and the Skeptical Challenge*, New York: Palgrave Macmillan, 2005, pp. 134-135.

(UJ_V)，因为 (UJ_V) 并没有对目标命题的替代项做出这种限制，它可以包含怀疑论假设替代项。如果采用第二种解读，那么（JN）就等同于 (UJ_V)，弗戈的论证就是一个循环论证。

综上所述，（CJ）与（UJ）互不蕴涵。实际上，（CJ）与（UJ）之间的关系同样适用于（CK）与（UK）、（CEJ）与（UEJ），论证方法类似。因此，我们可以笼统地说，闭合原理与不充分决定性原理互不蕴涵，它们是两条独立的、具有高度直觉合理性的认知原理。

二 （UJ）与（ZJ）

（UJ）与（ZJ）之间的逻辑关系较为明显，即前者蕴涵后者，但反之不然。由于（ZJ）显然不蕴涵（UJ），所以我们关键是要证明（UJ）蕴涵（ZJ）。下面是由（UJ）推衍出（ZJ）的过程：

（1）φ能够解释S的证据。[ZJ的前件]

（2）φ与¬φ不相容。[必然真理]

（3）相对于φ，S的证据不更支持¬φ。[1]

（4）如果相对于φ，S的证据不更支持¬φ，那么S没有证成¬φ。[UJ]

（5）S没有证成¬φ。[2，3，4]

上述论证表明：在假定（UJ）的情况下，我们能够从（ZJ）的前件推出其后件，当然也就是证明了（UJ）蕴涵（ZJ）。

三 （UJ）与（CJ）&（ZJ）

依据前面的分析，我们已知：（UJ）蕴涵（ZJ），但反之不然，而（UJ）与（CJ）互不蕴涵。因此，我们首先可以排除（UJ）蕴涵[（ZJ）&（CJ）]的可能性。余下的工作就是要看[（ZJ）&（CJ）]是否蕴涵（UJ）了。在笔者看来，这种蕴涵关系是成立的。在证明这种蕴涵关系之前，我们先引入（ZJ）的一个等价表达式：

（ZJ′）对于所有的S，ψ，如果S证成¬ψ，那么ψ不能解释S的证据。

下面是由［（ZJ′）&（CJ′）］推衍出（UJ′）的具体过程：

（1）如果S证成φ，且φ和ψ不相容，那么S证成¬ψ。［（CJ′）］

（2）S证成φ，且φ和ψ不相容。［（UJ′）的前件］

（3）S证成¬ψ。［1，2］

（4）如果S证成¬ψ，那么ψ不能解释S的证据。［ZJ′］

（5）ψ不能解释S的证据。［3，4］

（6）φ能够解释S的证据。［2］①

（7）在φ和ψ之间，S的证据更支持φ。［5，6］

这样，在假定（CJ′）和原理（ZJ′）的条件下，我们能够由（UJ′）的前件推出其后件。因此，（ZJ′）&（CJ′）蕴涵（UJ′），自然也就证明了“（ZJ）&（CJ）蕴涵（UJ）”。

四　插入：评普里查德的弱闭合论证

普里查德认为，最基本的怀疑论论证是一种弱闭合论证（the weak closure argument，WCA）。该论证依赖于某种与不充分决定性原理在逻辑上等价（在他看来如此）的弱证成闭合原理：

（WCJ）对于所有的S，φ，ψ，如果S证成φ，且φ蕴涵ψ，

① 该推理步骤隐含下述必然真理：如果φ不能解释S的证据，那么S的证据不能证成φ。

那么S没有证成¬ψ。[1]

不过，在我看来，（WCJ）在逻辑上并不等价于（UJ），因为从前者根本推不出后者；事实上，如果不预设（UJ），仅仅基于（WCJ）我们甚至无法得出怀疑论的结论。

我们先考察从（WCJ）推不出（UJ）的问题。普里查德证明（WCJ）蕴涵（UJ）的方法与前面极为类似。为此，他也利用了（WCJ）的另外一种等价表达式：

（WCJ′）对于所有的S，φ，ψ，如果S证成φ，且φ与ψ不相容，那么S没有证成ψ。

普里查德关于（WCJ）蕴涵（UJ）的证明可以概括如下：

（1）如果S证成φ，且φ与ψ不相容，那么S没有证成ψ。[WCJ′]

（2）S证成φ，且φ与ψ不相容。[（UJ′）的前件]

（3）S没有证成ψ。[1，2]

（4）S证成φ，但S没有证成ψ。[2，3]

（5）相对于ψ，S的证据更支持φ。[4][2]

但是，如前所述，在这一论证中，普里查德只有预设（UJ）才能由（4）推论出（5），因而不是一个有效的论证。

再看一下普里查德基于（WCJ）用反证法得出怀疑论结果的过程：

---

① Duncan Pritchard, "The Structure of Sceptical Arguments," *The Philosophical Quarterly* 55 (2005): 47.

② 参见 Duncan Pritchard, "The Structure of Sceptical Arguments," *The Philosophical Quarterly* 55 (2005): 48。

(1) 对于所有的S，φ，ψ，如果S证成φ，且φ蕴涵ψ，那么S没有证成¬ψ。[前提，即WCJ]

(2) 如果S证成O，那么S没有证成SH。[1]

(3) S证成O。[假设，反证法]

(4) S没有证成SH。[2，3]

(5) S证成O，且S没有证成SH。[3，4]

(6) 相对于SH，S的证据更支持O。[5]

(7) 相对于SH，S的证据不更支持O。[前提]

(8) S没有证成O。[6，7][1]

基于前面所说的理由，普里查德只有预设（UJ）才能由（5）推论出（6）。因此，弱闭合论证仍然要求助于不充分决定性原理。由于我们已经表明不充分决定性论证不需要求助于任何其他的认知原理，所以对笛卡尔怀疑论而言，不充分决定性论证仍然是一种最根本的怀疑论论证。

如前所述，基于（UJ）的怀疑论论证依赖于两个前提，即（UA）和（UJ）；基于（CJ）的怀疑论论证依赖于三个前提，即（C1）、（CJ）和（ZJ），且（C1）蕴涵（UA）。同时我们也证明了"（CJ）和（ZJ）蕴涵（UJ），但反之不然"或"（CK）和（ZK）蕴涵（UK），但反之不然"。因此，闭合论证蕴涵不充分决定性论证，但反之不然。换言之，不充分决定性论证是闭合论证的必要但非充分条件，对不充分决定性论证的任何驳斥，必然会导致对闭合论证的驳斥。

---

① 参见 Duncan Pritchard, "The Structure of Sceptical Arguments," *The Philosophical Quarterly* 55 (2005): 47-48。

第四节 怀疑论问题的实质与反怀疑论的可能路径

一 怀疑论问题的实质

由不充分决定性论证是一种更根本的怀疑论论证，我们能否推论说怀疑论问题仅仅是一种不充分决定性问题，而与闭合问题无关呢？答案是否定的。

首先，论证的可驳斥性（refutability）不等于其说服力（cogency）。前者关涉前提的正确性（correctness），后者关涉前提的直觉合理性（intuitive plausibility）。也许，在传统的论证性哲学模式下，一个论证的多余与否更多的是看其可驳斥性的强度，即其前提是否具有正确性；但在一种诺齐克所说的解释性哲学模式下，一个论证是否多余则更多的是取决于它的说服力，即取决于其前提是否具有直觉合理性。而一个论证具有说服力可以独立于其正确性而存在，尤其在人们没有认识到其前提不正确的情况下更是如此。更为特别的是，在难以驳斥的论证的前提的直觉合理性不是很强，而易驳斥的论证的前提具有很强的直觉合理性时，后者不仅不是多余的，而且甚至会是我们接受前者的关键性理由。比如，当我们单独考虑不充分决定性论证时，假设（注意是假设）我们并不认为其前提有多大的合理性，或者至少其合理性不足以抵抗它与我们的日常知识声称的冲突，那么它就没有造成真正的怀疑论威胁。但如果进一步假设我们认为闭合论证的前提是相当合理的，其合理性足以抵抗它与我们的日常知识声称的冲突，那么我们就有理由接受闭合论证的前提，并进而接受不充分决定性论证的前提。此时，不充分决定性论证的说服力就完全取决于闭合论证的说服力。在这种情况下，不是不充分决定性论证而是闭合论证造成了真正的怀疑论威胁（不充分决定性论证倒成了一种多余的论证）。当然，事实上，不充分决定性论证的前提具有高度的直觉合理性，且足以抵抗它与我们的日常知识声称的冲突，但闭合论证的前提同样具有高度的直觉合理性，也都足以抵抗它与我们的日常知识声称的冲突，因而没有哪个论证是多余的。因此，即使我们消除了不充分决定性论证的威胁，我们仍然会感受到闭合论证所带来的怀疑论压力，以至于不得不直面闭合问题；同样，在解决了闭合问题之后，我们仍然需要考虑不充分决定性问题。[①]

其次，对不充分决定性论证的驳斥有时候会导致闭合问题。由于（ZJ）或（ZK）和证成闭合原理（CJ）或（CK）蕴涵证成不充分决定性原理（UJ）或（UK），当我们以拒斥不充分决定性原理（UJ）或（UK）的方式来反对怀疑论时，就必然会要求我们要么拒斥（ZJ）或（ZK），要么拒斥证成闭合原理（CJ）或（CK），因而同样会面临闭合问题。

因此，怀疑论问题既是一种不充分决定性问题，也是一种闭合问题。要成功地反对怀疑论，既要消除不充分决定性论证所带来的知识论困惑，也要消除闭合论证所带来的知识论困惑。

二　反怀疑论的可能路线

由于闭合论证蕴涵不充分决定性论证，所以我们可以立足于不充分决定性论证来分析反怀疑论的可能路线。让我们从不充分决定性论证的简化形式开始：

$$(UA) \wedge (UK) \rightarrow \neg K_S(O)$$

由该简化形式可明显看出，不充分决定性论证依赖于两个前提：

① 笔者上面的论证基本上是循着科恩的思路而展开的，但由于科恩对两种怀疑论论证的关系的看法与笔者正好相反，所以他论证的论题也与笔者相反，他要论证的是：对闭合论证的任何驳斥必然会导致对不充分决定性论证的驳斥并不意味着不充分决定性论证是多余的。

不充分决定性假定（UA）和不充分决定性原理（UK）。因此，要避免得出怀疑论的结论，要么否定（UA），要么否定不充分决定性原理（UK）。否定（UA）怀疑论假设与我们的经验并不相容，因而我们的经验对常识命题的支持力度要超过其对怀疑论假设的支持力度，怀疑论假设并不能解释我们所具有的经验证据。由于我们在怀疑论情形中的经验与我们在正常情形中的经验在现象上不可区分，因此这一策略需进一步断言，经验和现象经验不是一回事，在真实的知觉经验中，其内容既有现象的成分，也有知觉对象的成分。至此，我们可以看到，（UA）预设了一种合取论（conjunctivism）的知觉理论，而否定（UA）则意味着抛弃这种传统的知觉理论，转而接受一种析取论（disjunctivism）的知觉理论。因此，可将否定（UA）的反怀疑论路径称为析取论路径，而将承认（UA）——否定不充分决定性原理（UK）——的反怀疑论路线称为合取论路径。需要注意的是，对（UK）的拒斥可有程度上的差别，由此可区分两种拒斥方式：一为强拒斥，二为弱拒斥。强拒斥认为，不论在何种语境中，（UK）都是不成立的；弱拒斥则认为，（UK）的成立与否依赖于语境，在怀疑论语境中，（UK）成立的，但在日常语境中，（UK）不成立。由于（ZK）∧（CK）蕴涵（UK），所以不论是弱拒斥还是强拒斥（UK），都必然会导致否定（ZK）∧（CK）。一般说来，由图 1-1 可知，在四种可能的反怀疑论路径中，除了第三种反怀疑论路径（从左至右排序）反对闭合原理之外，其他反怀疑论路径都承认闭合原理。在这三种承认闭合的反怀疑论路径中，有两种——图 1-1 中的第一种和第二种反怀疑论路径——都是在恒定主义的框架内来反对怀疑论，因而可归入同一类型；另外一种（即图 1-1 中的第四种反怀疑论路径）则是在非恒定主义（语境主义）的框架内来反对怀疑论。这样，依据对“恒定主义还是语境主义？”“承认闭合还是反闭合？”这两个问题的不同回答，我们可以区分三种不同的反怀疑论路径（见图 1-2）。

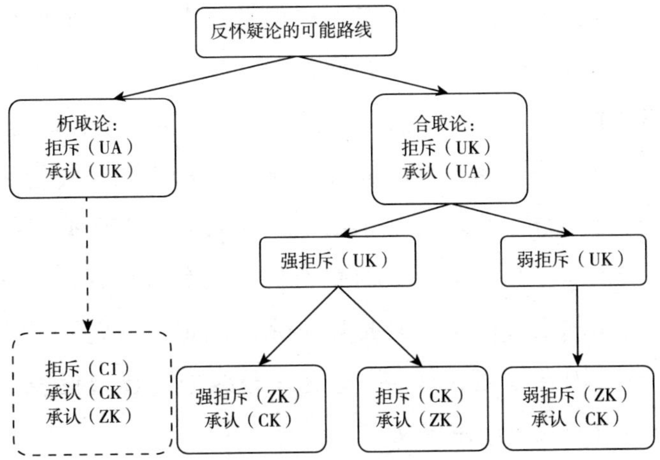

图 1-1　反怀疑论路线

注：对于反驳不充分决定性论证和闭合论证而言，析取论路线都无须所谓二阶策略来补充，因为仅仅否定不充分决定性假定就够了。但如前所述，鉴于闭合原理的直觉合理性，它仍然需要回应闭合论证所带来的问题。为显示这一区别，谨以虚线框标出。

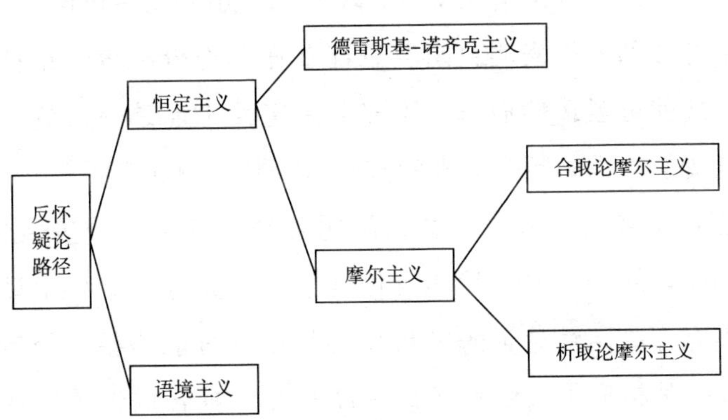

图 1-2　反怀疑论路径的类型

其一，反闭合的恒定主义。其特点是：承认不充分决定性假定（UA），并以“承认（ZK），反对闭合原理（CK）”的方式来拒斥不充分决定性原理（UK）。不难看出，这种反怀疑论路线正好对应前面提到的德雷斯基-诺齐克路线。

其二，承认闭合的恒定主义。这正是本书意义上的摩尔主义路线。此路线又分为两类：基于合取论的摩尔主义和基于析取论的摩尔主义。基于合取论的摩尔主义的特点是：承认不充分决定性假定，以“强拒斥（ZK），承认闭合原理（CK）”的方式来强拒斥不充分决定性原理（UK），摩尔的常识论证、克莱因基于证据路径的新摩尔主义、索萨基于知识安全论的新摩尔主义等，均可归入此类。基于析取论的摩尔主义的特点是拒斥不充分决定性假定，承认不充分决定性原理、闭合原理和（ZK），这一路线中的典型代表是普里查德的麦克道威尔式新摩尔主义。

其三，承认闭合的非恒定主义，即语境主义。其特点是：承认不充分决定性假定（UA），弱拒斥不充分决定性原理（UK）；承认闭合原理（CK），以弱拒斥的方式将（ZK）语境化。如前所述，语境主义是当代英美知识论中极具影响的反怀疑论路线，且流派众多，比较重要的理论包括刘易斯、科恩和德罗斯等人所倡导的归赋者语境主义、威廉斯的推论语境主义、霍桑和斯坦利的主体语境主义等。

以上各节的分析表明：闭合论证蕴涵不充分决定性论证，但反之不然。故就可驳斥性而言，不充分决定性论证是一种更根本的怀疑论论证。但考虑到闭合原理的直觉合理性，就论证的说服力而言，闭合论证并非多余。因此怀疑论问题既是一种不充分决定性问题，也是一种闭合问题。但既然闭合论证蕴涵不充分决定性论证，故仍可基于不充分决定性论证来分析反怀疑论的可能路径。分析结果表明，存在一种析取主义的反怀疑论路径和三种合取论的反怀疑论路径。析取论路径是以“否定不充分决定性假定、承认不充分决定性原理”的方式来反对怀疑论，由于承认不充分决定性原理，故不会出现“要么否定闭合原理，要么否定（Z）”的问题，因而通常是一种承认闭合的恒定主义路线。合取论路径则通过否定不充分决定性原理来反对怀疑论，但由于否定不充分决定性原理，所以会面临“要么否定闭合原理，要么否定（Z）”的难题。对这一难题的不同解决造成了三种不同的合取论的反怀疑论路径：反闭合的恒定主义路径——德雷斯基-诺齐克路线、承认闭合的恒定主义路径——摩尔主义和承认闭合的非恒定主义路径——语境主义。

在后面的章节中，笔者将依次详述并评价德雷斯基-诺齐克路线、语境主义和现有的摩尔主义，并最终为基于安全论的新摩尔主义提供辩护。

第二章　德雷斯基-诺齐克路线

尽管诺齐克和德雷斯基同属一个反怀疑论派系，但两人反怀疑论的理论依据不同：诺齐克依据的是知识追踪论，德雷斯基依据的是相关替代论。不过，人们对这两种理论的批评却大体相同，即基本上围绕闭合原理失效的问题而展开。因此，本章内容采用“先分后合”的原则来组织，第一节和第二节分述诺齐克和德雷斯基的反怀疑论方案，第三节讨论它们共同面临的问题。

第一节　诺齐克的反怀疑论方案

一　解释抑或论证：两种哲学模式的区分

诺齐克区分两种不同的哲学模式，即论证性（argumentative）哲学模式和解释性（explanatory）哲学模式：前者试图“论证”（argue）或“证明”（prove）事物是如何可能的，后者则试图“解释”（explain）事物是如何可能的。上述两种哲学模式对应两种不同的哲学活动，即哲学论证（argumentation）与哲学解释（explanation）。不过严格说来，纯粹的哲学论证似乎很少，很多哲学论证或多或少会混杂一些解释性成分。哲学目的上的差异直接导致了这两种哲学模式的另外两个方面的区别：一是两者所寻求的解释性假设不同；二是它们所指向的对象不同。

为了说明第一个区别，诺齐克将哲学解释与哲学论证中的一个经典论证——先验论证做了比较：

> 哲学家们有时提出一些混杂解释性考量的论证或证明，如

> 先验论证。哲学解释和先验论证都是从我们认可的一个命题 p 出发，继而寻求在引起 p 时发挥作用的解释性假说 q。然而，先验论证寻求的是作为 p 的先决条件的 q，没有 q，p 就不可能为真。因而，它的目的也就在于此，它要论证 q 的真实性；q 必定为真，因为 p 为真，而且 p 不可能为真，除非 q 为真。先验论证始于"p 是如何可能的"这样一个问题，但是，既然它的目标是要证明某种东西，那么它发现的 q 不仅必须解释 p 的可能性（作为 p 的一组充分条件中的一部分），而且必须是 p 的一个必要条件。但如果我们关注的只是解释 p 是如何可能的，那么一种充分条件就够了。①

不难看出，哲学论证是要论证事物是如何可能的，故需寻求事物得以可能的充要条件；而哲学解释只是要解释事物是如何可能的，故只需寻求事物的充分条件。

关于第二个区别，诺齐克认为，哲学解释是向我们自己解释事物是如何可能的，它涉及的是我们自身的信念系统的一致性问题，因而"是我的信念系统的内部事务机构（belief system's bureau of internal affairs）的一项任务"②；哲学论证是要向对方（他人）证明事物是如何可能的，是一种"强制性活动"（coercive activity），是一种"不管人们相信某事与否都试图让他相信"的活动，因此不是我的信念系统的内部事务机构的一项任务，而是"我的信念系统的对外关系机构（foreign relations department）的一项任务"③。

在诺齐克看来，怀疑论者试图提出一些论证向我们证明我们不知道关于世界的任何东西，因而属于论证性模式。哲学史上大多数的反怀疑论方案也属于论证性模式，他们试图向怀疑论者证明我们

① Robert Nozick, *Philosophical Explanations*, Boston: Harvard University Press, 1981, p. 15.

② Robert Nozick, *Philosophical Explanations*, Boston: Harvard University Press, 1981, p. 15.

③ Robert Nozick, *Philosophical Explanations*, Boston: Harvard University Press, 1981, p. 15.

(包括怀疑论者) 确实知道怀疑论者所怀疑的东西。在诺齐克看来，作为一种强制性的说服活动，哲学论证不是一种友好的待人方式。就此而言，怀疑论者没有友好地对待我们，他试图通过提出怀疑论论证来说服我们；以往的反怀疑论者同样没有友好地对待怀疑论者，因为他们试图提出一个反怀疑论论证来说服怀疑论者。诺齐克不想以彼之道还诸彼身，它采用的是一种解释性模式，它试图向自己解释：在面对怀疑论挑战时，人类知识是如何可能的。为此，他写道：

> 考虑一下怀疑论的哲学问题，作为一个驳斥怀疑论者的问题，作为一个向怀疑论者证明他确实知道他怀疑他知道的那些东西的问题，或者作为一个向他证明你确实知道他否认你知道的那些东西的问题，这已经有人提出，也有人对它进行了仔细的探讨。我对怀疑论的关注是不一样的，在哲学中它是一种解释性活动。
>
> 我的目的不是要驳倒怀疑论，不是要证明他错了，不是要说服他，不是要举出必然会使其信服（如果他是理性的话）的各种论证或理由。[①]

由于诺齐克的关注点是解释而非论证，所以对他而言，反驳怀疑论是无关紧要的。但诺齐克强调，不反驳怀疑论并不意味着他不重视怀疑论问题。相反，诺齐克强调：“在某种程度上，我比某些仅仅着手于说服怀疑论者的人要更严肃地对待怀疑论者所说的东西。”[②]何以如此呢？因为怀疑论者所指出的怀疑论假设的可能性也是我所认可的，它也是我自己的信念系统的一部分，不过，这些东西似乎与我自己的信念系统中的其他信念相冲突。因此，如何消除这一冲突，使我自己的信念恢复一致，使怀疑论者所说的那些我也认可的

① Robert Nozick, *Philosophical Explanations*, Boston: Harvard University Press, 1981, p. 15.

② Robert Nozick, *Philosophical Explanations*, Boston: Harvard University Press, 1981, p. 15.

东西能够与我认可的其他东西相适应，就成了对怀疑论问题的一种解释性回应的重要问题。显然，要解决这一冲突，我必须严肃地对待怀疑论，因为正是怀疑论创造了这一问题。[①]

在该书专门论述怀疑论的章节中，诺齐克特意重申了他在对待怀疑论问题上的这种哲学解释的立场。他说：

> 我们的目标不是要去反驳怀疑论，不是要去证明或者甚至去论证它是错的……。我们在这里的任务是要解释：如果我们确实认可怀疑论者所说的某些东西（譬如，在逻辑上我可能是在做梦或我可能是一个漂浮在缸中的大脑），那么知识是如何可能的。在这样做时，我们无须使怀疑论者信服，而且我们可以引入可能会被他们拒斥的各种解释性假设。对于我们的解释任务和理解任务而言，关键是要找到那些可接受的或合理的假设，以此表明知识的存在可以和怀疑论者指出的那些逻辑可能性相安无事，因此在我们自己的信念系统中它们可以和谐共处。这些假设是去向我们自己解释知识是如何可能的，而不是去向他人证明知识是如何可能的。[②]

二　知识追踪论：诺齐克反怀疑论的知识论依据

面对怀疑论的挑战，诺齐克又如何解释知识的可能性呢？他依据的是知识追踪论。依据该理论，S 知道 p，当且仅当：

(1) p 为真；

(2) S 相信 p；

(3) 如果 p 为假，那么 S 就不相信 p；

---

① Robert Nozick, *Philosophical Explanations*, Boston: Harvard University Press, 1981, p. 16.

② Robert Nozick, *Philosophical Explanations*, Boston: Harvard University Press, 1981, pp. 197-198.

(4) 如果 p 为真，那么 S 就相信 p。[①]

需要指出的是，条件句（3）和（4）是虚拟条件句。虚拟条件句不同于真实条件句。真实条件句说的是一种实质蕴涵，是指“前件为真而后件为假在逻辑上是不可能的”；而虚拟条件句说的是一种虚拟蕴涵，表达的是一种反事实（counterfactual）关系：在某种可能的情况下，如果前件为真，那么后件也会为真。虚拟蕴涵依赖于一种“邻近的可能世界”的概念。邻近的可能世界是这样一种情境，它极似实际情境，但有某些细微的变化。说一个人在邻近的可能世界中将做某事，就是说，即使在与实际情境有些许变化的情境中，他也就仍会做某事。大致说来，虚拟条件句“p 虚拟蕴涵 q”为真，当且仅当：在那些邻近于现实世界的 p 为真的世界（记作 p-世界，相应地，p 为假的可能世界记作¬p-世界）中，q 为真。诺齐克的两个条件句可用可能世界的术语表述如下：

(3) 在最邻近的¬p-世界中，S 不相信 p。

(4) 在最邻近的 p-世界中，S 相信 p。

简言之，诺齐克认为，知识就是满足上述两种虚拟关系或反事实关系的真信念，这正是诺齐克的知识论被称为虚拟条件知识论的原因。诺齐克这里所说的两种虚拟关系反映的是 S 关于 p 是否为真的信念与 p 是否为真的事实之间的一种匹配（match）关系。其中（3）要求 S 关于 p 的信念能够与最邻近的¬p-世界中的事实（即¬p）相匹配，（4）则要求 S 关于 p 的信念能够与最邻近的 p-世界中

---

① 诺齐克对知识有一个更为精确的定义：S 通过方法 M 知道 p，当且仅当：（1）p 为真；（2）通过方法 M，S 相信 p；（3）如果 p 为假，且 S 通过方法 M 来决定是否相信 p，那么通过 M，S 不会相信 p；（4）如果 p 为真，且 S 通过 M 来决定是否相信 p，那么通过 M，S 会相信 p。参见 Robert Nozick, *Philosophical Explanations*, Boston: Harvard University Press, 1981, p. 197。

的事实（即 p）相匹配。换言之，诺齐克的知识定义要求，在最邻近于现实世界的 p-世界和最邻近于现实世界的¬p-世界中，S 关于 p 是否为真的信念能够追踪 p 是否为真的事实。因此，满足上述虚拟条件关系的信念即为追踪事实（truth-tracking）的信念，而知识就是能够追踪事实的真信念。盖因如此，诺齐克的知识论亦被称为知识追踪论（tracking account of knowledge）。

为进一步分析诺齐克的知识定义，有必要引入"邻近性"和"认知相关世界"（epistemologically relevant world）这两个概念。"邻近性"涉及的是可能世界之间的距离，而按照正统的可能世界理论，谈论可能世界的距离就是谈论它们的相似度（degree of similarity）[①]。相似度的取值介于 0 和 1 之间。一般说来，两个世界的相似度越大，其距离越近，反之则越远。特别地，两个世界的相似度为 0，即它们完全不相似，其距离为无穷远；相似度为 1，即它们完全相似，其距离为 0。

"认知相关世界"是德罗斯提出的一个概念。所谓认知相关世界，它指的是这样一种可能世界：为了让某认知主体 S 算得上具有知识，其关于 p 是否为真的信念必须与该世界中 p 是否为真的事实相匹配的世界。根据前面所说的诺齐克知识分析的两个虚拟条件句，"S 是否知道 p"的认知相关世界至少包括两个可能世界：一个是最邻近的 p-世界，另一个是最邻近的¬p-世界。在图 2-1 中，α 表示现实世界，W_p 表示最邻近于现实世界的 p-世界，$W_{\neg p}$ 表示最邻近于现实世界的¬p-世界，诺齐克知识分析中的认知相关世界则至少包括了 W_p 和 $W_{\neg p}$。

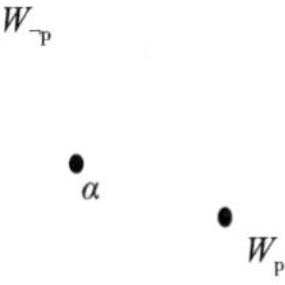

图 2-1　诺齐克知识分析中的认知相关世界

① 参见 David Lewis, *Counterfactuals*, Oxford: Blackwell, 1973, pp. 8-15; David Lewis, *On the Plurality of Worlds*, Oxford: Blackwell, 1986, p. 24。

诺齐克知识论分析的一个重要优点在于它能够处理各种盖蒂尔反例。以戈德曼（Alvin Goldman）引用的吉奈特（Carl Ginet）的假谷仓思想实验为例：

> 亨利带着他的儿子在乡下开车，为增长儿子的见识，亨利教儿子分辨映入眼帘的各种不同的事物。亨利说道，“那是一头奶牛”，“那是一台拖拉机”，“那是一口竖井”，“那是一个谷仓”，等等。亨利毫不怀疑他对这些事物的辨识能力，特别地，他毫不怀疑他最后提到的那个东西是一个谷仓，事实也的确如此。每一个被辨认的事物都有其各自的类型特征，而且每个事物都能被充分观察到，亨利有很好的洞察力，而且他有足够的时间去仔细合理地观察它们，因为没有什么交通问题使他分神。根据这些信息，我们会说亨利知道那个对象是谷仓吗？我们中的大多数人会毫不犹豫地这样说，只要我们不是在进行某种哲学思考的话。对比一下现在我们的倾向和我们被告知一个额外信息之后的倾向。假定我们被告知，亨利并不知道他进入的这个地方到处都是一些纸糊的谷仓仿制品，这些仿制品从路上看很像真的谷仓，但它们确实只是仿制品，它们没有后壁和内部空间，根本不能做谷仓来使用。它们建造得非常精妙，以至于旅游者都会误以为它们是谷仓。尽管亨利进入这一地段以来还没有遇到任何仿制品；而且他当时看到的对象确实是真的谷仓。但是，如果当时他看到的是一个仿制品，亨利也会误认为它是谷仓。如果加上这条新的信息，我们会强烈地要求收回亨利知道这个对象是谷仓这一声称。①

诺齐克的知识论很容易解释这一案例中亨利的知识缺乏问题。

① Alvin Goldman, “Discrimination and Perceptual Knowledge,” *Journal of Philosophy* 73(1976): pp. 772–773.

因为在这一案例中，亨利看到假谷仓的概率是很高的，“除了亨利看到一个假谷仓之外，其他方面不变”的可能世界是一个与现实世界最邻近的可能世界。因此，对于亨利是否知道他看见了一个谷仓而言，他看见一个假谷仓（其他方面不变）的可能世界是一个认知相关世界。按照诺齐克的知识定义，亨利知道他看见的是一个谷仓，仅当他的相关信念能够与所有认知相关世界中的事实相匹配。但显然，亨利不具有这样一种追踪事实的信念，因为在“除了亨利看到一个假谷仓之外，其他方面不变”这一认知相关世界中，他看到的是一个假谷仓，但他会错误地相信他看到的是一个真谷仓。

诺齐克的知识论亦能解释此案例中我们先前认为亨利知道他看到的是谷仓这一强烈的直觉（简称为知识直觉）。依据这种解释，该案例中我们先前具有的知识直觉来源于如下事实：在正常情况下，亨利的确知道他看到的是谷仓。为说明这一点，我们不妨设想这样一种正常情形：亨利驱车经过的是一个正常地带，在这里没有人会无缘无故地盖一些假谷仓。亨利辨识能力很强，他指着前面的一个谷仓，信心十足地告诉儿子那就是一个谷仓。在这种情况下，似乎没有人会否认亨利知道他看到了一个谷仓。依据诺齐克的知识论，在这种情况下，亨利确实知道他看到的物体是谷仓。因为在正常情况下，假谷仓这种替代项是一种低概率事件，出现假谷仓几乎是不可能发生的。既然出现假谷仓的可能世界与现实世界相距遥远，它就不是一个认知相关世界。因此，尽管亨利的相关信念不能与该世界中的事实相匹配，但亨利仍然知道他看见的物体是谷仓，只要他的相关信念能够追踪所有认知相关世界中的事实。事实也确实如此。因为亨利具有超强的辨识能力，如他能把谷仓和奶牛、竖井、拖拉机等物体辨别开来，在他看到这些不是谷仓的物体的时候，他不会错误地相信他看见了谷仓；在他看到一个谷仓时，他会相信他看见的物体是谷仓。因此，在亨利经过的是一个正常地带的情况下，他确实知道他看到的物体是谷仓。

三 对怀疑论的诺齐克式回应

如前所述，诺齐克式反怀疑论方案的一个特点是：承认不充分决定性假定，强拒斥不充分决定性原理。按照这一方案，怀疑论者错了，事实上，我们能够知道各种日常命题，怀疑论错误的根源在于怀疑论者没有真正理解人类知识的本性，因而坚持了一条错误的认知原理，即不充分决定性原理。

依据诺齐克的知识论，我们很容易解释我们为什么能够知道各种日常命题。一种简单的答复就是，因为我们关于各种日常命题的信念是一种追踪事实的真信念。举个例子可能更能说明问题。以我相信我有两只手为例，首先，该信念是真的，我确实有两只手；其次，我也相信我有两只手；最后一点也是最为关键的一点是我关于我有两只手的信念能够追踪事实：在最邻近的“我有两只手”的可能世界中，我相信我有两只手；在最邻近的“我失去双手”的世界中，譬如由于某种交通事故我失去了双手，我就不会相信我有两只手。既然我关于我有两只手的信念满足诺齐克知识定义的所有条件，所以我知道我有两只手。

诺齐克的知识论何以会认为不充分决定性原理错了呢？回忆一下知识不充分决定性原理：

> (UK) 如果相对于与 φ 不相容的假设 ψ，S 的证据不更支持 φ，那么 S 不知道 φ。

显然，诺齐克不会认同该认知原理。为说明这一问题，我们先假定其前件为真，即假定：相对于 ψ 这样一种¬φ 可能性，S 的证据不更支持 φ。这样，在 φ 的相反可能性 ψ 为真的可能世界中，基于其可得的证据，S 仍然会相信 φ。即 S 关于 φ 的信念不能追踪 ψ 为真的可能世界中的 φ 为假的事实。依据诺齐克的知识定义，如果 ψ 为

真的可能世界是 φ 的认知相关世界，那么 S 当然不知道 φ。但是，如果 ψ 为真的可能世界不是 φ 的认知相关世界，那么 S 就仍有可能知道 φ。比如，只要 S 关于 φ 的信念能够与 φ 的认知相关世界中的相关事实相匹配（尽管 S 关于 φ 的信念不与 ψ 为真的可能世界中的事实¬φ 相匹配），那么 S 就知道 φ。回想一下亨利经过一个正常地带的情形。尽管亨利看到一个假谷仓时的视觉经验和看到一个真谷仓时的视觉经验是完全相同的，因而满足（UK）的前件。但在此情形中，假谷仓的可能世界并不是亨利是否知道他看到一个谷仓的认知相关世界，正如我们前面已经分析过的，依据诺齐克的知识论，亨利知道他看到的那个物体是谷仓。

由上可知，诺齐克的知识论之所以否认（UK），是因为存在这样一种可能性：φ 的某种相反可能性 ψ 为真的可能世界不是 φ 的认知相关世界。因此，诺齐克只会承认一种限制性的不充分决定性原理。对知识不充分决定性原理的一种诺齐克式修订可表示如下：

> （UK_N）对于所有的 S，φ，ψ，如果相对于与 φ 不相容的假设 ψ，S 的证据不更支持 φ，且 ψ-世界是 φ 的认知相关世界，那么 S 不知道 φ。在这里，φ 的认知相关世界包括最邻近的¬φ-世界和最邻近的 φ-世界（即与现实世界稍有不同的 φ-世界）。

显然，（UK_N）能避免得出怀疑论的结论。因为，尽管相对于 SH，S 的证据不更支持 O，但由于 SH-世界是一个离现实世界非常遥远的可能世界，它与现实世界的距离远大于最邻近的 O-世界和最邻近的¬O-世界与现实世界的距离，因而不是 O 的认知相关世界。比如，在 BIV 怀疑论中，对于我知道我有两只手而言，BIV 世界不是一个认知相关世界，因此，它并不要求我关于我是否有两只手的信念追踪事实到 BIV 世界。这样，尽管相对于 BIV 假设，我的证据不更支持我有两只手假设，但我仍然知道我有两只手，只要我关于我有两只手的信念能够追踪事实到所有的认知相关世界。

如前所述，否定（UK），必然会导致知识闭合原理（CK）失效或原理（ZK）失效。两者都具有高度的直觉合理性，从而导致了闭合问题。对于这一问题，诺齐克式反怀疑论方案给出的是一种反闭合的策略，即承认（ZK），否定（CK）。

先看（ZK）的情况。（ZK）断言，如果 φ 能够解释 S 的证据，那么 S 不知道¬φ。由于 φ 是¬φ 唯一的相反可能性，所以不论 φ 离现实世界有多远，它都是最邻近的¬(¬φ) -世界，因而必定是¬φ 的认知相关世界。如果 S 对 φ 的经验证据与 S 对¬φ 的经验证据完全相同，即满足条件“φ 能够解释 S 的证据”，那么在这一世界中，尽管事实是 φ，S 仍然会相信¬φ。换言之，S 关于¬φ 的信念不能与¬φ 的某个认知相关世界（即 φ-世界）中的事实相匹配，因此 S 不知道¬φ。怀疑论的例子能够更直观地说明此问题。SH 同样能够解释 O 的证据，实际上我们对它们的经验是完全相同的，比如在 BIV 思想实验中，我是 BIV 的经验与我不是 BIV 的经验是完全一样的；在假谷仓案例中，我看到假谷仓的视觉经验与我看到的不是假谷仓（即我看到真谷仓）的视觉经验也是一样的。在上述怀疑论情形中，我们都会错误地相信¬SH，比如，我们会相信我们不是 BIV，相信我看到的是一个真谷仓。概言之，我们关于¬SH 的信念不能与这些世界中的相应事实相匹配。而且对于我们知道¬SH 而言，SH 为真的可能世界是一个认知相关世界，所以我们不知道¬SH。

另外，诺齐克的知识论是如何否定（CK）的呢？（CK）断言，如果 S 知道 φ，且知道 φ 蕴涵 ψ，那么 S 知道（至少是能够知道）ψ。但依据诺齐克的知识论，S 知道 φ 的前提是 S 关于 φ 的信念能够与 φ 的所有认知相关世界中的相应事实相匹配；同样，S 知道 ψ 的前提是 S 关于 ψ 的信念能够与 ψ 的所有认知相关世界中的相应事实相匹配。显然，当 ψ 的认知相关世界集合是 φ 的认知相关世界集合的一个子集时，（CK）是成立的。但如果这种包含关系不成立，

（CK）就有可能失效。事实上，我们对¬SH 的认知情形就属于后种情况。按诺齐克的理论，普通命题 O 的认知相关世界包括最邻近的¬O-世界（$W_{\neg O}$）和最邻近的 O-世界（W_O），命题怀疑论假设为假¬SH 的认知相关世界至少包括 SH-世界（W_{sh}）（见图 2-2）。换言之，¬SH 的认知相关世界集合不是 O 的认知相关世界集合的一个子集，前者包括 SH-世界，而后者不包括 SH-世界。因而，即便 S 关于 O 的信念能够与 O 的认知相关世界中的相应事实相匹配（假定 S 知道 O），但它并不能与 SH-世界中的事实相匹配，在这一世界中，事实是¬O（更准确地说是 SH），但 S 相信 O，相信¬SH。由于 SH-世界是¬SH 的认知相关世界（按照诺齐克的理论），所以 S 不知道¬SH。

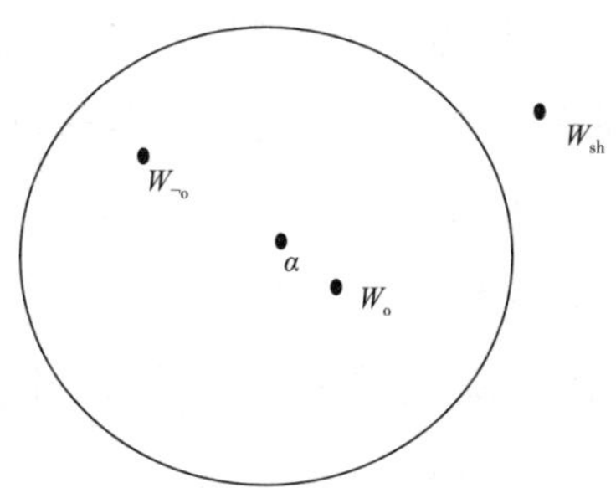

图 2-2　诺齐克的知识分析：普通命题与怀疑论命题的认知相关世界

进一步考虑两个具体的命题："我有两只手"和"我不是 BIV"。假定我关于我是否有两只手的信念能够与我有两只手的所有认知相关世界中的相应事实相匹配，因而我知道我有两只手；再假定我知道"我有两只手"蕴涵"我不是 BIV"。但这并不能担保我关于我不是 BIV 的信念能够与我不是 BIV 的所有认知相关世界中的相应事实相匹配。因为我不是 BIV 的认知相关世界超出了我有两只手的认知相关世界的范围，前者包含了 BIV-世界，后者则没有。也就是说，我关于我是不是 BIV 的信念不能追踪 BIV 世界中的事实：在 BIV 世界中，我是 BIV，但我相信我不是 BIV，因此我不知道我不是 BIV。反过来，“我不知道我不是 BIV”这一事实只是说明我的信念不能追踪事实到我不是 BIV 的认知相关世界（在这里是指 BIV-世界）。但由于这个世界不是我有两只手的认知相关世界，所以尽管我关于我是否有两只手的信念不能追踪事实到这一可能世界（在这一世界中，我没有两只手，但我相信我有两只手），但这并不能说明我不知道我有两只手。

因此，在诺齐克看来，（CK）失效的原因是被蕴涵命题的认知相关世界超出了被假定知道的命题的认知相关世界的范围，实际上，诺齐克承认的是一种修订版的知识闭合原理（CK_N）：

（CK_N）对于所有 S，φ，ψ，如果 S 知道 φ，S 知道 φ 蕴涵 ψ，且 ψ 的认知相关世界没有超出 φ 的认知相关世界的范围，那么 S 知道 ψ（在这里，φ 的认知相关世界的范围至少包括最邻近的 φ-世界和最邻近的¬φ-世界；同样，ψ 的认知相关世界的范围至少包括最邻近的 ψ-世界和最邻近的¬ψ-世界）。

第二节　德雷斯基的反怀疑论方案

一　相关替代论：德雷斯基反怀疑论的知识论依据

按照德雷斯基（Fred Dretske）的相关替代知识论，S 知道 p，当且仅当：

（1）p 是真的；
（2）S 相信 p；
（3）S 能够排除 p 的所有相关替代项。

显然，（3）是相关替代论不同于其他知识理论的地方。按照这一条件，S 知道 p 并不要求 S 排除 p 的所有替代项（即与 p 相反的可能性)，它只要求S排除p的所有相关替代项。德雷斯基不止一次地表达过他的这一知识论立场：

> 知道X是A就是在B、C、D这些相关替代项的框架内知道X是A。这一对比集加上“X是A”这一事实被用来定义当一个人知道X是A时他所知道的东西。[①]
>
> [知识是] 一种排除了（所知命题的）所有相关替代项的证据状态。[②]

在这里，有两个关键问题需要澄清：何种替代项是相关替代项？如何才算排除一个替代项？

对于第一个问题，相关替代论思想的开山鼻祖皮尔士（C. S. Peirce）是这样回答的：

> 确实，一个人可能在研究过程中会发现令他对其起初相信的东西产生怀疑的理由；但他此时之所以怀疑，是因为存在某个能让其产生怀疑的正面（positive）理由，而不是因为笛卡尔式的行为准则。在哲学中我们不要假装怀疑那些我们内心并不怀疑的东西。[③]

从所引段落来看，皮尔士认为，我们之所以会怀疑我们的背景信念中的某个信念，不是仅仅由于它有可能是错的，而是因为有某个正面的理由令我们怀疑它是错的。换言之，在皮尔士看来，“与p相反的可能性q有可能为真”并不能使q成为p的相关替代项，除非我们有支持q的某种正面理由。戈德曼（Alvin Goldman）和斯坦

---

① Fred Dretske, “Epistemic Operators,” *Journal of Philosophy* 67(1970): 1022.

② Fred Dretske, “The Pragmatic Dimension of Knowledge,” *Philosophical Studies* 40(1981): 367.

③ 转引自 Ernest Sosa, “Relevant Alternatives, Contextualism Included,” *Philosophical Studies* 119 (2004): 37。

因（Gail Stine）持有类似的观点，在他们看来，“一个替代项是相关的，仅当有某个理由认为它是真的”[1]。显然，这是对相关替代项的一种主观解读。[2]

德雷斯基对相关替代项的界定不一样，它是一种客观的解读方式。在他看来，“相关替代项是指这样的替代项，如果实际的事态没有发生，那么在目前环境中就有可能发生的替代项”[3]。“相关替代项与非相关替代项的区别不在于我们碰巧把它看作一种真实的可能性（不论合理与否），而在于客观情形中实际存在哪些可能性。”[4] 据此，可将德雷斯基对相关替代项的界定表示如下：

> （RA）某种与p相反的可能性q是p的相关替代项，仅当：如果p不是真的，那么q就会是真的。（也就是说，不会出现这种情况：如果p不是真的，q还会是假的。）

对于第二个问题，不同的相关替代论者同样持有不同的观点。特别地，在关于非相关替代项的排除问题上，这种分歧更加明显。斯坦因认为，不需要任何理由或证据，我们就知道所有不相关的替代项是错的，因为它们的完全非相关性确保我们知道它们是错的。斯坦因写道：

> 对于许多命题——尤其是在讨论的语境中，其否命题不是相关替代项的那些命题——我们知道它们是真的，而且，在通常的意义上，我们无须任何证据就知道它们（而不是它们的否

---

① Gail Stine, “Skepticism, Relevant Alternatives, and Deductive Closure, ”*Philosophical Studies* 29 (1976): 252.

② 这种主观解读最终滑向或导致了语境主义。实际上，斯坦因在一定程度上就是一位语境主义者。

③ Fred Dretske, “Epistemic Operators, ”*Journal of Philosophy* 67(1970): 1021.

④ Fred Dretske, “The Pragmatic Dimension of Knowledge, ”*Philosophical Studies* 40(1981): 377.

命题）是真的。[①]

联系到斯坦因对相关替代项的界定，我们可以推断，斯坦因至少认为，即便我们没有正面的理由认为某个替代项是真的，我们也能排除了它为真的可能性，即知道它是假的。

德雷斯基与斯坦因的观点不同，在他看来，尽管一个替代项是不相关的，但我们并不能据此来排除该替代项。在德雷斯基看来，排除一个替代项（不论其相关与否）需要一种决定性理由（conclusive reason）。斯托依普（Matthias Steup）将德雷斯基的"决定性理由"概念表述如下：

> （CR）R是一个支持p的决定性理由，依据定义就是：如果p是假的，那么R也会是假的（或者：如果p不是真的，R就不会是真的）。[②]

德雷斯基的赤膀鸭案例[③]有助于我们更好地理解他的相关替代论。假设某人看到水面上浮着一只看似赤膀鸭的鸟，基于此视觉证据他相信他看到的是一只赤膀鸭。进一步假定，这只鸟确实是赤膀鸭。但此人并不知晓的是，有一种西伯利亚鹡鹝，它与赤膀鸭看上去极为相似，其区别仅在于它们的腹毛颜色不同：前者的腹毛是红色的，而后者的腹毛不是红色的。但只有在鹡鹝飞行时，人们才能看到它的红色腹毛，并据此把它和赤膀鸭区别开来。换言之，西伯利亚鹡鹝浮在水面上的样子和赤膀鸭没什么两样。现在的问题是：这位观鸟人真的知道他看见的是一只赤膀鸭吗？

---

① Gail Stine, "Skepticism, Relevant Alternatives, and Deductive Closure," *Philosophical Studies* 29 (1976): 259.

② Fred Dretske, "Conclusive Reasons," *Australasian Journal of Philosophy* 49(1971): 1.

③ Fred Dretske, "The Pragmatic Dimension of Knowledge," *Philosophical Studies* 40(1981): 368-369.

首先我们来看一看这位观鸟人是否有决定性理由来排除这只鸟是鹇鹇的可能性。依据假定，观鸟人具有的证据是：他看到一只浮在水面上的鸟，它看起来像赤膀鸭。显然，这一证据并不满足德雷斯基对决定性理由的要求。因为如果那只鸟是鹇鹇，他仍然会具有相同的视觉证据。既然该证据不是一种能排除这只鸟是鹇鹇的决定性理由，当然就不能据此排除这只鸟是鹇鹇的可能性。

现在的关键就是看在这个案例中鹇鹇是不是赤膀鸭的相关替代项。依据德雷斯基对相关替代项的客观解读，鹇鹇是不是赤膀鸭的相关替代项，这得看周围有没有存在鹇鹇的可能性。如果世上根本就没有鹇鹇，那么鹇鹇当然就不是相关替代项，因而观鸟人知道他看见的是赤膀鸭。但问题是世上确实有一种西伯利亚鹇鹇。德雷斯基认为，如果由于某种地理原因，这种鹇鹇不可能从西伯利亚迁徙至此，那么鹇鹇仍然不是相关替代项，因此观鸟人还是知道他看见的是一只赤膀鸭。但如果西伯利亚鹇鹇能够迁徙到此（尽管它们目前没有迁徙到此），那么鹇鹇在此地出现就是一种真实的可能性，因而是一个相关替代项。依据假定，观鸟人并没有任何证据可以排除他看到的是一只迁徙过来的鹇鹇的可能性（不管这一可能性多小），因此他不知道他看见的是一只赤膀鸭。

二　对怀疑论的德雷斯基式回应

与诺齐克一样，德雷斯基式反怀疑论方案也会承认不充分决定性假定，强拒斥不充分决定性原理。相反替代论为什么会反对不充分决定性原理呢？我们先看不充分决定性原理的前件：相对于 ψ 这样一种¬φ 可能性，S 的证据不更支持 φ。在相关替代论者看来，这无非就是说，S 的证据无法排除 φ 的替代项 ψ，但问题是这并不蕴涵不充分决定性原理的后件：S 不知道 φ。因为在 ψ 不是 φ 的相关替代项时，S 知道 φ 并不要求 S 的证据排除 ψ。也就是说，在 ψ 不是 φ 的相关替代项时，不充分决定性原理就会失效。怀疑论情形正是如此，由于 SH 不是 O 的相关替代项，所以，尽管相对于 SH，S 的证据不更支持 O，但 S 仍然能够知道 O。这样，怀疑论者设想的怀疑论情形不仅不能否定我们的日常知识，相反，它是不充分决定性原理的一个反例。我们先以德雷斯基的斑马案例来加以说明：

> 如果你带着小孩去动物园看斑马，当他问你那是些什么动物时，你告诉他说它们是斑马。你真知道它们是斑马吗？当然，我们大多数人都会毫不犹豫地说我们确实知道。我们知道斑马长得像什么，而且，这里是一个城市动物园，在关有这些动物的围栏上挂有一个标签，上面清楚地写着“斑马”两个大字。然而，某只动物是斑马意味着（imply）它不是一只骡子，特别地，这也意味着它不是一匹被动物园管理人员巧妙伪装成斑马模样的骡子。你知道这些动物不是一只被动物园管理人员巧妙伪装成斑马模样的骡子吗？如果你试图回答“是”，那么想一下你有什么理由支持这一声称，你能够出示什么证据来支持这一声称。就有效性而言，你认为它们是斑马的证据是中立的，因为它并不更支持，它们（即那些动物——引者注）不是被巧妙伪装成斑马模样的骡子这一声称。你咨询过动物园的管理人员吗？你仔细检查过那些动物而发现没有这种欺骗吗？当然，你可以这样做，但是大多数情况下你不会这样做。你具有的（理由）无非是你信赖的某种一般的一致性，以及通过说，那几乎是不可能的，或者动物园的管理人员为什么要那样做呢？这些话来表达出的某些一般的规则性。确实，假如我们知道管理人员和动物园的情况，这种假设（如果我们可以这样叫的话）是非常不合理的。但是，这里的问题不是这种替代性假设是否合理的问题，也不是它比“关在围栏里的动物是真的斑马”具有更大或更小合理性的问题，而是你是否知道这种替代性假设是

错误的问题。我认为你不知道。[①]

在这个案例中，你具有的证据是：你在动物园里看见一只动物，它长有黑白相间的条纹，样子像马，你还看见围栏上挂着一个写有“斑马”字样的标签。于是你认为你看到的是一匹斑马。但是你有可能不是看见一匹斑马，而是一匹伪装巧妙的骡子，这个骡子身上画满了斑马一样的条纹，与真正的斑马看上去没什么两样，甚至即便你近距离观看，也没办法把它与真的斑马区分开来。因此，相对于伪装巧妙的骡子假设，你的证据不更支持斑马假设。这样，德雷斯基就构建了一种情形，它能使不充分决定性原理的前件得到满足。但德雷斯基认为，你仍然会知道你看到的是一匹斑马。

按照相关替代论，你知道你看到的是一匹斑马，仅当你能够排除所有的相关替代项。德雷斯基认为，“你看到的是一匹斑马”的相关替代项是指你有可能看到的是动物园内除斑马以外的其他动物，如骡子、大象、长颈鹿、驴子等。但没有包括你看到的是伪装巧妙的骡子这一替代项。为什么不包括最后这个替代项呢？因为这是一个正常的城市动物园，动物园不可能把骡子伪装成斑马，换言之，“你看到的是伪装巧妙的骡子”这种可能性不是一种真实的可能性。如果你看到的不是一匹斑马，那么你有可能会看到骡子、大象、长颈鹿、驴子等，但绝不会看到一匹伪装巧妙的骡子。因此，对于你知道你看到的是一匹斑马而言，你只要具有决定性理由来排除你看到的是骡子、大象、长颈鹿、驴子等的可能性就够了，而无须具有决定性理由来排除伪装巧妙的骡子的可能性。事实上，你的视觉证据能够成为你排除骡子、大象、长颈鹿、驴子这些可能性的决定性理由，因为如果这些可能性发生的话，比如，你看到的是一头驴子，那么你现在用来支持你看到的是一匹斑马的视觉证据就不会有，你

① Fred Dretske, “Epistemic Operators,” *Journal of Philosophy* 67(1970): 1015-1016.

看到的将是另外一种景象。因此，你知道你看到的是一匹斑马。

同样，对于你知道你有两只手而言，你是 BIV 的可能性也不是一种真实的可能性，因而不是相关替代项。真实的可能性是你因车祸而丧失了两只手，你生下来就是一个没有手的残疾人（对你深表同情），等等。这些可能性就构成了你有两只手的相关替代项。显然，你具有决定性理由来排除这些可能性。因为如果你在车祸中丧失了两只手，或你生下来就是一个没有手的残疾人，那么你具有的那些支持你有两只手的证据就不会出现。因此，你知道你有两只手。

由于这两种情形都满足不充分决定性原理的前件，但我们却得出了与该原理的后件相反的结论，所以不充分决定性原理是错误的。同时，我们也发现，这两种情形的一个共同特点在于：这些怀疑论假设都不是日常命题的相关替代项，正是这一特点导致了不充分决定性原理的失效。因此，德雷斯基认可的是一个修订版的不充分决定性原理：

> （UK_D）对于所有的 S，φ，ψ，如果相对于与 φ 不相容的假设 ψ，S 的证据不更支持 φ，那么 S 不知道 φ，仅当 ψ 是 φ 的相关替代项。

与诺齐克一样，德雷斯基同样以“承认（ZK），反对闭合原理”的方式来拒斥不充分决定性原理。下面我们来看相关替代论为何会承认（ZK），反对闭合原理。

先看（ZK）的情形。依据（ZK），如果 φ 能够解释 S 的证据，那么 S 不知道¬φ。显然，在（ZK）前件成立时，如在 SH 能够解释 S 的证据时，S 不可能具有能排除 SH 的决定性理由。因为如果 SH 能够解释 S 的证据，那么在 SH 为真的可能世界中，也会出现 S 目前所具有的证据。所以 S 具有的证据不是排除 SH 的决定性理由。由于在反对（UK）时我们已经结合具体的怀疑论假设讨论过这一问题，所以我们在此不再具体展开。现在的问题是，在 S 缺乏排除 φ 的决定性理由的情况下，S 是否知道¬φ？比如，S 缺乏排除 SH 的决定性理由，那 S 到底知不知道¬SH 呢？德雷斯基给出的是一个否定的答案，即 S 不知道¬SH。在他看来，说某人知道一个命题就是说他知道该命题的否命题是错的，因此，说 S 知道¬SH 就是说 S 知道 SH 是错的。既然 S 缺乏排除 SH 的决定性理由，所以 S 不知道¬SH。因此，依据德雷斯基的解释，在斑马案例中，你不知道你看到的不是一匹伪装巧妙的骡子；在 BIV 怀疑论中，我不知道我不是 BIV。综上分析，德雷斯基认为（ZK）是成立的。

然而，由于德雷斯基拒斥（UK），而且如前所述，（CK）和（ZK）的合取蕴涵（UK），所以承认（ZK）就意味着否定闭合原理（CK）。（CK）断言，如果 S 知道 φ，而且知道 φ 蕴涵 ψ，那么 S 知道（至少是能够知道）ψ。显然，由于 φ 蕴涵 ψ，所以 ψ 的替代项集合是 φ 的替代项集合的子集，但这并不意味着 ψ 的相关替代项集合是 φ 的相关替代项集合的子集。依据德雷斯基的知识论，S 知道 φ 只是确保了 S 具有排除 φ 的所有相关替代项的决定性理由。既然 ψ 的相关替代项集合有可能不是 φ 的相关替代项集合的子集，那么 S 知道 φ 就不能确保 S 具有排除 ψ 的所有相关替代项的决定性理由。因此，如果 ψ 的某个（些）相关替代项不属于 φ 的相关替代项，而且 S 也不具有排除 ψ 的这个（些）相关替代项的决定性理由，那么 S 就不知道 ψ。

在德雷斯基看来，怀疑论错误的根源在于其所依赖的认知闭合原理是错误的。闭合原理只适用于全穿透算子（full penetrating operator），而认知算子（如“知道”“证成”“有理由相信”等）属于半穿透（semi-penetrating）算子。德雷斯基的这一断言的基础就是上文提到的相关替代论。如前所述，依据相关替代论，S 知道一个命题，并不要求 S 排除该命题的所有替代项，而只要求 S 排除该命题的所有相关替代项。换言之，S 知道一个命题只意味着 S 具有排除所知命题的相关替代项的决定性理由，而并不意味着他具有排除那些不属于所知命题的相关替代项的替代项的决定性理由。因此，认知闭合原理只适用于由一个命题来否定其相关替代项的场合，而不适用于由一个命题来否定那些不属于相关替代项的替代项的场合。由此可见，德雷斯基赞同的是一种修正的知识闭合原理：

> (CK_D) 对于所有的 S，p，q，如果 S 知道 p，S 知道 p 蕴涵 q，且¬q 是 p 的相关替代项，那么 S 知道 q。[①]

由于怀疑论命题 SH 不是普通命题 O 的相关替代项，因此，依据（CK_D）并不能得出：如果 S 知道 O，那么 S 知道¬SH。比如，对于 BIV 怀疑论，“你有两只手”的相关替代项包括：你因车祸而丧失了两只手，你生下来就是一个没有手的残疾人（对你表示同情），等等，但不包括“你是一个无手的 BIV”这样的替代项。如果你知道你有两只手，那么你就必然具有决定性理由来排除这些相关替代项，但你并不一定具有（事实上你也不具有）排除 BIV 假设的决定性理由。因此，你不能依据（CK_D）得出：如果我知道我有两只手，那么我知道我不是 BIV。这一分析同样适用于伪装巧妙的骡子论证。在一个正常的城市动物园中，斑马的相关替代项是指动物园里除斑马以外的其他动物，如骡子、大象、长颈鹿、驴子等，但没有包括伪装巧妙的骡子这一替代项。因此，如果你知道你看到的是一匹斑马，那么你就必然具有排除这是一只骡子、大象、长颈鹿、驴子等相关替代项的决定性理由，如你看到的这只动物长有黑白相间的条

① 严格地说，应以如下方式来表述（CK_D）：对于所有的 S，p，q，如果 S 知道 p，S 知道 p 蕴涵 q，¬q 是 p 的相关替代项，S 基于“p 蕴涵 q”而由 p 推论出 q，且 S 基于这一推论而相信 q，那么 S 知道 q。

纹，样子像马，你还看见围栏上挂着一个写有“斑马”字样的标签（如果你看到的是上述动物，就不会有这些证据出现）；但你并不一定具有（事实上你也不具有）决定性理由来排除这是一匹伪装巧妙的骡子的可能性（如果你看到一匹伪装巧妙的骡子，同样会有这些证据出现）。因此，你不能依据（CK_D）得出：如果我知道我看到的是一匹斑马，那么S知道我看到的不是一只伪装巧妙的骡子。

实际上，这也是德雷斯基在否定了（CK）之后仍能心安理得的重要原因。斯托伊普（Matthias Steup）在评论德雷斯基的《反闭合事例》一文时这样写道：

> 毕竟，放弃闭合原理并不意味着我们绝不能运用蕴涵来扩展我们的知识存量。当我们知道p蕴涵q时，我们通常会具有支持p和q的决定性理由。在这种场合，我们能够从p推论出q。[①]

第三节 德雷斯基-诺齐克路线的问题

一 反闭合的代价太高

许多人认为，闭合原理具有高度的直觉合理性，拒斥闭合原理的反怀疑论方案代价太高。在他们看来，闭合原理表达了知识本性的某种深层要素：你怎么可能知道p，也知道p蕴涵q，但又不知道q呢？[②] 正因此，邦久（Laurence Bonjour）认为闭合原理失效是对任何隐含或包含闭合原理失效的理论的一种归谬论证（reductio ad

---

① Matthias Steup and Ernest Sosa, eds., *Contemporary Debates in Epistemology*, Oxford: Blackwell, 2005, p. 4.

② 更准确的表述是：你怎么可能既知道p，也知道p蕴涵q，也能依据这一已知的蕴涵关系推出q，并基于这一理由相信q，但又不知道q呢？

absurdum)[①]。德罗斯则把“虽然你不知道你不是一个无手的BIV，但你仍然知道你有一双手”描述为一个“糟糕透顶的合取”(abominable conjunction)。[②] 普里查德认为，拒斥闭合原理这一做法本身“似乎就是一种智力上的自我伤害，因而对我们处理怀疑论问题起不到任何抚慰作用”[③]。富摩顿（Richard Fumerton）和科恩在评论诺齐克的知识追踪论时明确表示：“诺齐克在关于经验知识的讨论中得出的最令人吃惊的、最具原创性的、最具辩证灵活性的结论大概就是：他把对其观点最具破坏性的一个异议（闭合原理失效）当作一个优点来看待，并加以接受。”[④] “正是追踪条件与闭合原理相矛盾这一事实为我们拒绝知识追踪论提供了理由。”[⑤] 显然，富摩顿和科恩的上述评论同样适用于德雷斯基，因为德雷斯基同样面临闭合原理失效的问题。

二　知识分配原理失效与克里普克反例

更为甚者，霍桑认为诺齐克和德雷斯基的知识理论会导致具有更大直觉合理性的知识分配（distribution）原理失效。霍桑将知识分配原理表述如下：

> (DK) 如果一个人知道p和q的合取，那么，只要他能[据此]推论出p，他就能知道（be in a position to know）p（而

① Laurence Bonjour, “Nozick, Externalism, and Skepticism, ”in L. Luper-Foy, ed. , *The Possibility of Knowledge*, Totowa, NJ: Rowman & Littlefield, 1987, pp. 297-313.

② Keith DeRose, “Solving the Skeptical Problem, ”*Philosophical Review* 104(1995): 28.

③ Duncan Pritchard, “How to be a Neo-Moorean, ”in S. Goldberg, ed. , *Internalism and Externalism in Semanticsand Epistemology*, New York: Oxford University Press, 2007, p. 76.

④ 转引自 Stewart Cohen, “Contextualism, Skepticism, and the Structure of Reasons, ”*Philosophical Perspectives* 13(1999): 64。

⑤ Stewart Cohen, “Contextualism, Skepticism, and the Structure of Reasons, ”*Philosophical Perspectives* 13(1999): 64.

且，只要他能［据此］推论出 q，他就能知道 q）。[①]

霍桑的论证思路是：尽管你不可能具有决定性理由来支持你不是 BIV 这一命题，但是你有可能具有决定性理由来支持“你头疼且你不是 BIV”[②] 这一合取命题，例如你头疼的各种症状就是支持这一合取命题的决定性理由。在最邻近的“你头疼且你不是 BIV”这一合取命题为假的可能世界中，如在“你不是 BIV，你也不头疼”的可能世界中，各种头疼的症状就不会出现。因此，在出现头疼症状时，依据德雷斯基的知识论，你知道“你头疼和你不是 BIV”这一合取命题。进一步假定你知道“你头疼且你不是 BIV”这一合取命题蕴涵“你不是 BIV”（这是一个显明的真理，一般人都能看出来）。依据知识分配原理，你就知道你不是 BIV。但依据德雷斯基的知识论，你不知道你不是 BIV，因为你缺乏支持它的决定性理由。因此，德雷斯基的知识论在否定闭合原理的同时，必然也会否定知识分配原理。

霍桑的这一反驳同样适用于诺齐克的知识追踪论。显然，你关于“你头疼且你不是 BIV”这一合取命题的信念能够满足知识的追踪定义：在最邻近的“你头疼且你不是 BIV”的可能世界中，你会出现各种头疼的症状，根据这些症状，你会相信该命题为真；而且，在最邻近的“你头疼且你不是 BIV”这一合取命题为假的可能世界中，如在“你不头疼且你不是 BIV”的可能世界中，各种头疼的症状就不会出现，你也不会相信你头疼，当然也不会相信“你头疼且

---

① John Hawthorne, “The Case for Closure, ”in Matthias Steup and Ernest Sosa, eds. , *Contemporary Debates in Epistemology*, Oxford: Blackwell, 2005, p. 31.

② 霍桑举的是另外一个例子：假设你基于你的知觉证据知道这个玻璃杯里装的是酒，而“这个玻璃杯里装的是葡萄酒”与“这个玻璃杯里装的是葡萄酒，且这个玻璃杯里装的不是某种颜色像葡萄酒的其他东西”是先天（a priori）等价的，所以如果你知道前一命题，那么你也知道后一命题。但德雷斯基只承认你知道前一命题，而不知道后一命题。参见 John Hawthorne, “The Case for Closure, ”in Matthias Steup and Ernest Sosa, eds. , *Contemporary Debates in Epistemology*, Oxford: Blackwell, 2005, pp. 31-32。

你不是 BIV”这一合取命题。因此，依据诺齐克的知识论，你知道“你头疼且你不是 BIV”这一合取命题。依据知识分配原理，你也知道你不是 BIV。但如前所述，你关于你不是 BIV 的信念并不能满足知识追踪定义中的敏感性条件，因此，按照诺齐克的知识定义，你不知道你不是 BIV。因此，诺齐克同样会反对知识分配原理。

其实，最早认识到诺齐克-德雷斯基知识论会导致知识分配原理失效的人并非霍桑，而是克里普克。在 1980 年的美国心理学协会的一个会议上，克里普克提出了“红色谷仓”这一著名的思想实验。尽管克里普克的相关论文没有正式发表，但人们普遍认为，对于任何一种反事实的知识分析（当然包括诺齐克的知识追踪论），克里普克的这一反对意见都是致命的。[①] 下面是从亚当斯（Fred Adams）和克拉克（Murray Clarke）合写的一篇论文中摘录下来的“红色谷仓”案例：

> 佩格看到一个红色谷仓。当时的情况是，在她所处的环境中，没有红色的假谷仓，但有很多其他颜色的假谷仓。佩格眼力很好，而且是在正常的光线下观察谷仓。根据诺齐克的知识条件（真、相信和两个追踪的条件：如果 p 不是真的，S 不会相信 p；如果 p 是真实的，S 会相信 p），佩格知道那是一个红色谷仓，但克里普克声称，诺齐克的理论会导致佩格不知道那是一个谷仓。因为她关于那是一个谷仓的信念不能满足诺齐克的追踪条件：如果那不是一个真谷仓，佩格也会相信它是一个谷仓。[②]

尽管克里普克没有明确地讲到知识分配原理，他只是说诺齐克

---

① 参见维基百科中的盖蒂尔问题词条，http://en.wikipedia.org/wiki/Gettier_problem。

② Fred Adams and Murray Clarke, “Resurrecting the Tracking Theories,” *Australasian Journal of Philosophy* 83(2005): 215.

的知识分析会面临这样一种荒谬的结果：佩格知道这是一个红色谷仓，但又不知道这是一个谷仓。但这显然是违背知识分配原理的。因为如果佩格知道这是一个红色谷仓，“这是一个红色谷仓”这一命题又等价于下面这个合取命题：“这个对象是红色的，并且是一个谷仓”，那么佩格当然知道“这个对象是红色的，并且是一个谷仓”这一合取命题；进一步假设她也知道该合取命题蕴涵“这是一个谷仓”；按照知识分配原理，她就应知道这是一个谷仓。但如前所述，按照诺齐克的知识分析，佩格不知道这是一个谷仓。

亚当斯和克拉克试图从诺齐克的那种精致的知识分析入手来消除红色谷仓反例。在他们看来，如果我们忠实于诺齐克的知识分析，将信念形成方式引入知识分析之中，那么在红色谷仓案例中，佩格就知道她看到的是一个谷仓，因而不会出现“佩格知道这是一个红色谷仓，但又不知道这是一个谷仓”的悖论问题。那佩格为什么会知道她看到的是一个谷仓呢？亚当斯和克拉克的答复如下：此案例中的佩格是运用一种“红色谷仓式的看”（the red barn look）来察觉信息的，其察觉到的信息既包括有一个红色的东西，也包括有一个谷仓。既然此案例中红色谷仓不可能是假的（按照克里普克的假定），那么这种“红色谷仓式的看”就会真实地传递上述信息，即有一个红色的东西，且有一个谷仓的信息。因为佩格是运用“红色谷仓式的看”来形成“这是一个红色谷仓”这一信念的，所以她满足诺齐克的追踪条件：如果在她面前没有出现一个红色谷仓，那么她就不会相信这里有一个红色谷仓；而如果在她面前出现一个红色谷仓，那么她就会相信这里有一个红色谷仓。而且，在没有出现红色谷仓，但佩格相信这里有一个谷仓的场合，她一定不是用“红色谷仓式的看”来形成这一信念的。基于此，亚当斯和克拉克认为，当佩格相信这是一个红色谷仓时，这种“红色谷仓式的看”是她关于这是一个谷仓的信念的产生方式的一部分。这一方式确保了佩格知道这一结构：它是红色的，且是一个谷仓。因此，与克里普克相反，亚当斯和克拉克认为佩格知道这是一个谷仓。

但说这种“红色谷仓式的看”是佩格关于这是一个谷仓的信念的产生方式的一部分，这似乎有点奇怪。在这里，更有理由相信佩格是通过一种“谷仓式的看”来产生“这是一个谷仓”这一信念的。为说明这一点，我们看一个修订的红色谷仓案例：

> 修订的红色谷仓案例：佩格看到一个红色谷仓。佩格眼力很好，而且是在正常的光线下观察谷仓。但与克里普克的案例不同，佩格知道在她所处的环境中，有很多假谷仓，但没有红色的假谷仓。

这两个案例的区别是很明显的。两者最大的区别在于佩格的信念形成方式在两个案例中是不一样的。在原始的红色谷仓案例中，佩格的信念形成方式是：佩格看到一个谷仓样的东西，因而相信这个东西是一个谷仓；同时她也看到一个红色的东西，因而相信这个东西是红色的；综合两种信息（也许是信念），佩格相信这是一个红色的谷仓。但在修订的红色谷仓案例中，佩格的信念形成方式是：佩格看到一个红色的对象，而且它很像谷仓，再结合红色谷仓不可能是假谷仓这一背景知识（信念），佩格推断并相信这是一个真谷仓，进而相信这是一个红色谷仓。两个案例的比较表明，亚当斯和克拉克对佩格是如何相信这是一个谷仓的解释是错误的。在克里普克的原始案例中，佩格确实是通过一种“红色谷仓式的看”来相信这是一个红色谷仓的，但她并非以这种方式来相信这是一个谷仓的，正如她不是以这种方式来相信这是一个红色的物体一样。事实上，佩格是通过一种“谷仓式的看”（借用亚当斯和克拉克的术语）来相信这是一个谷仓的，正如她是通过一种“红色的看”来相信这是一个红色的物体一样。而在修订的红色谷仓案例中，佩格是通过一种“红色谷仓式的看”来相信这是一个红色谷仓的，她也是通过这种“红色谷仓式的看”来相信这是一个红色谷仓的，但她是通过一种“红色的看”而不是通过一种“红色谷仓式的看”来相信这是一个红色物体的。因此，亚当斯和克拉克的这种辩护并不成功。[①]

三 德雷斯基和布洛梅-提曼对反闭合的协调是否成功

与上述支持闭合原理的人们相反，德雷斯基认为，面对怀疑论的挑战，放弃闭合原理是一种代价最小的选择。因为如果坚持闭合原理，我们只有两种选择：要么接受怀疑论的结论，要么承认我们知道某些我们不具有任何决定性理由的命题，如怀疑论假设为假的命题。在德雷斯基看来，第一种选择意味着我们一无所知，即便维护了闭合原理，那也是无意义的；第二种选择则会导致某种语词欺骗（verbal hocus pocus），我们一方面说我们知道某个命题，另一方面又说我们对它不具有任何决定性理由。因此，这两种选择都是不可接受的。[②] 德雷斯基进一步断言，相对于上面两种选择，否定闭合原理的代价要小得多。在他看来，闭合原理尽管在直觉上合理，但直觉上合理并不表明它就是正确的，闭合原理的直觉合理性是来自这样一个错觉，即认为我们对知识的扩展必须依赖闭合原理，似乎一旦否定闭合原理，我们就不能以推理的方式来扩展我们的知识。为此，德雷斯基提醒人们注意区分闭合原理与逻辑学中的肯定前件式推理（*modus ponens*）。他坦言，从形式上说，两者极为相似，但实际上两者是有区别的。从逻辑上讲，闭合原理要更强一些，因而否定闭合原理并不会否定肯定前件式推理。因此，即便否定了闭合原理，我们仍然能扩展我们的知识。德雷斯基认为，如果我们具有支持所推衍的命题的决定性理由，我们就能运用肯定前件式推理来

① 当然，这并不意味着知识追踪论无法消除克里普克反例。在第五章，笔者将论证克里普克式反例并不对知识安全论构成真正的威胁，这一结论也适用于同属反事实知识分析的知识追踪论。

② 参见 Matthias Steup, "Introduction," in Matthias Steup and Ernest Sosa, eds., *Contemporary Debates in Epistemology*, Oxford: Blackwell, 2005, pp. 1-12。

扩展我们的知识存量。此外，德雷斯基还认为不加限制的闭合原理本身就是可疑的。实际上，存在很多闭合原理的反例[①]，这些反例表明无限制地接受知识闭合原理是完全错误的。因此，德雷斯基认为放弃闭合原理是一种代价最小的明智选择。[②]

布洛梅-提曼（Michael Blome-Tillmann）为德雷斯基-诺齐克知识论的反闭合问题提供了进一步的辩护。为了使德雷斯基和诺齐克的反闭合策略能够和我们可通过演绎推理来扩展知识的直觉协调一致，布洛梅-提曼提出了一个修订的模态闭合（Revised Modal Closure）原理：

$$(RMC)((K_{xt}[p] \land K_{xt}[(p \to q)]) \land \neg(\neg Q \cap E \equiv \emptyset)) \to \Diamond(K_{xt}[q])$$ [③]

在这里，¬Q 表示所有¬q 世界的集合，E 表示所有被我们的经验和记忆消除的世界的集合，“¬Q∩E≡Ø”表示¬Q 和 E 的交集恒为空集。

依据（RMC），x 在时刻 t 能够知道 q，如果

（1）x 在时刻 t 知道 p；

（2）x 在时刻 t 知道 p 蕴涵 q；

（3）所有¬q 世界的集合与所有被 x 的经验和记忆消除的世界的集合并非恒为空集，即 x 的经验或记忆至少能消除部分¬q 世界。

① 关于这些反例，除了德雷斯基，布洛梅-提曼、弗戈等人也都有详细的论述。参见 Fred Dretske, “The Case against Closure,” in Matthias Steup and Ernest Sosa, eds., *Contemporary Debates in Epistemology*, Oxford: Blackwell, 2005, pp. 13-26; Michael Blome-Tillmann, “A Closer Look at Closure Scepticism,” *Proceedings of the Aristotelian Society* 106(2006); Jonathan Vogel, “Are There Counterexamples to the Closure Principle?” in M. D. Roth and G. Ross (eds.), *Doubting*, Berlin: Kluwer Academic Publishers, 1990。

② Fred Dretske, “The Case against Closure,” in Matthias Steup and Ernest Sosa, eds., *Contemporary Debates in Epistemology*, Oxford: Blackwell, 2005, pp. 13-26.

③ Michael Blome-Tillmann, “A Closer Look at Closure Scepticism,” *Proceedings of the Aristotelian Society* 106(2006): 389.

布洛梅-提曼认为，（RMC）的优点是显而易见的。它既允许我们在正常场合（the good cases）——在我们的经验或记忆至少能消除部分¬q世界的场合——通过演绎推理的方式来扩展我们的知识，又可避免在非正常场合（the bad cases）——在我们的经验或记忆不能消除任何¬q世界的场合——得出怀疑论的结论。

先看一看在正常场合下依据（RMC）来扩展我们的经验知识的一个例子。比如，我看到树上有一只鸟，我清楚地看到它的外形特征，特别地，我看到它的胸部羽毛略带红色，比照我关于知更鸟特征的记忆，我知道这是一只知更鸟；假如我也知道"这是一只知更鸟"蕴涵"这不是一只松鸦"；当然，我们看到松鸦时会有不同的感觉经验，比如松鸦胸部上的羽毛不是略带红色的。换言之，"我看到树上的那只鸟胸部羽毛略带红色"这种感觉经验消除了"这只动物是松鸦"的那个邻近的可能世界（图2-3左）。依据（RMC），我当然能推知：这不是一只松鸦。

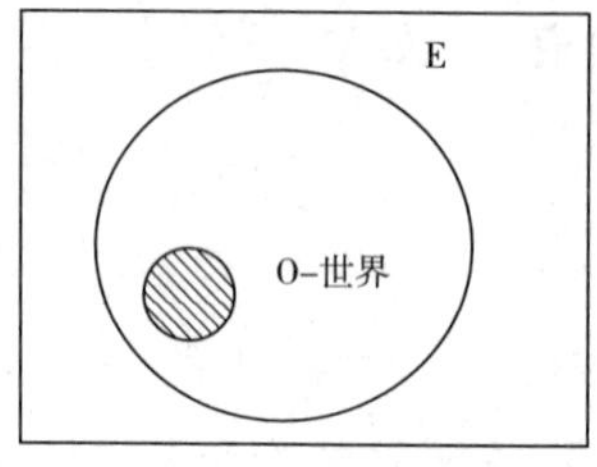

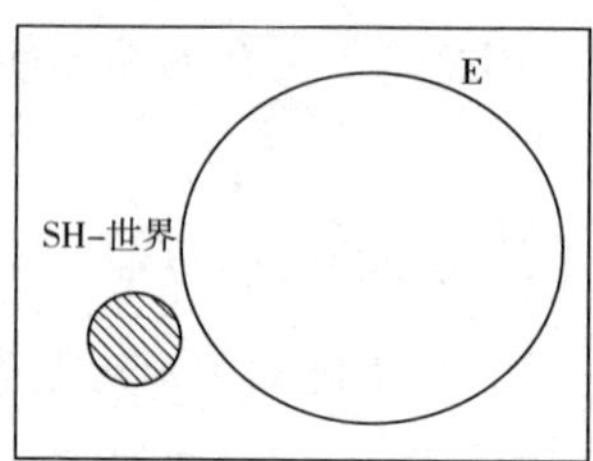

图2-3 两种认知情形的比较

同样，（RMC）也能够说明在数学和逻辑学中的知识扩展问题。因为数学的和逻辑的真理是必然的，不存在和这些真理相反的可能性，所以不存在我们的经验和记忆不能够消除的相反的可能性。因此，在数学和逻辑学领域，所有从知识恰当演绎出来的命题都是知识。

但依据（RMC），我们不能由"我知道O"推论出"我知道¬SH"。因为E与SH的世界没有交集（图2-3右），我的经验或记忆不能够消除 SH-世界。

诚然，(RMC) 能够使反闭合与我们可通过演绎推理来扩展知识的直觉协调一致，但它不能避免霍桑所说的知识分配原理失效的问题。如前所述，依据德雷斯基的知识论，你知道“你头疼且你不是 BIV”这样一个合取命题；如果进一步假设你知道“你头疼且你不是 BIV”蕴涵“你不是 BIV”，依据知识分配原理（DK），你也知道你不是 BIV。但依据（RMC），从你知道这样一个合取命题并不能推知你不是 BIV，因为（RMC）前件中的第三个条件没有得到满足，你的证据并不能消除你是 BIV 的可能世界。因此，(RMC) 会导致(DK) 失效。

四 德雷斯基的相关替代论是否必然导致反闭合

按照德雷斯基的观点，只有那些真实的可能性才是相关替代项，这是德雷斯基认为我们知道各种普通命题的重要理由，他正是依据怀疑论情形是一种非现实的可能性将怀疑论情形排除在普通命题的相关替代项之外。例如，伪装巧妙的骡子之所以不是斑马的相关替代项，我是 BIV 之所以不是我有两只手的相关替代项，其理由是这些可能性不是一种真实的可能性。但不明白的是，怀疑论情形的这种非现实性为何不能成为我们将之排除在¬SH 的相关替代项之外的理由。例如，因为伪装巧妙的骡子的可能性不是一种真实的可能性，所以它不是“你看见的不是一只伪装巧妙的骡子”的相关替代项；因为 BIV 的可能性不是一种真实的可能性，所以它不是“我不是 BIV”的相关替代项。显然，在判定“这是一匹斑马”和“这不是一只伪装巧妙的骡子”的相关替代项时，或在判定“我有两只手”和“我不是 BIV”的相关替代项时，我们的理由是一样的，即怀疑论情形（“这是一只伪装巧妙的骡子”或“我是 BIV”）是一种非现实的可能性。因此，如果前一种情形中的理由是充分的，因而我们知道各种普通命题——如你知道你看见的动物是一匹斑马，我知道我有两只手，那么后一种情形中的理由也是充分的，因而我们也知道怀疑论假设为假——如你知道你看见的动物不是一只伪装巧妙的骡子，我知道我不是 BIV。反之，如果后一种推理情形中的理由是不充分的，那么就没有理由认为前一种推理情形中的理由是充分的，因而会得出怀疑论的结论，即我们既不知道怀疑论假设为假，也不知道各种普通命题。

由是观之，如果忠实于德雷斯基对相关替代项的客观解读，那么他的知识论并不必然反对闭合原理，相反，它是支持闭合原理的。因此，他的反怀疑论方案要么不足以反对怀疑论，要么走向摩尔主义，而不是人们公认的德雷斯基-诺齐克路线。

本章的讨论表明，德雷斯基-诺齐克路线试图在恒定主义的框架内解决怀疑论问题，但它会导致闭合原理和知识分配原理失效。对诺齐克而言，造成闭合原理和知识分配原理失效的原因是其知识分析中的第一个追踪条件，它要求主体关于特定命题 p 的信念必须追踪¬p-世界中的事实，这样就会导致主体所知命题的认知相关世界与所知命题的逻辑蕴涵的认知相关世界之间的不一致，尤其是，当所知命题的逻辑蕴涵的认知相关世界涉及那些遥远的怀疑论世界时，闭合原理就会失效。当德雷斯基脱离其对相关替代项的客观解读而采用可能世界术语来界定相关替代项时，他也就遇到了诺齐克同样的问题，因而必然会导致闭合原理失效。

因此，避免闭合原理失效的关键就是要使一个命题的认知相关世界与其逻辑蕴涵的认知相关世界保持一致。这里有两种策略可供选择，一是将认知相关世界的范围固化，并将那些遥远的怀疑论世界排除在认知相关世界之外；二是将认知相关世界的范围语境化。前者是摩尔主义的策略，后者是语境主义的策略。让我们先考察语境主义对德雷斯基-诺齐克路线的改进。

第三章 语境主义的反怀疑论路线

鉴于语境主义流派众多，我们在导论中已明确本书讨论的语境主义是德罗斯、刘易斯、科恩等人所倡导的归赋者语境主义。本章首先从语境主义对怀疑论问题的基本诊断、语境敏感策略和语境主义的日常基础三个维度阐述语境主义反对怀疑论的一般策略；其次分别介绍三种具体形态的语境主义——虚拟条件语境主义、相关替代论语境主义和步步为营的语境主义；最后讨论语境主义所面临的若干问题，总结其优势与劣势。

第一节 语境主义反怀疑论的一般策略

一 怀疑论悖论：语境主义者对怀疑论问题的基本诊断

语境主义者没有直接回应不充分决定性论证和精致闭合论证，所以我们只能从他们对素朴闭合论证的诊断来推断他们会如何应对不充分决定性论证和精致闭合论证。语境主义者认为，素朴闭合论证所导致的怀疑论问题实质上是一种怀疑论悖论：单独看来，素朴闭合论证的两个前提和其结论的否命题都具有高度的直觉合理性，在直觉上，我们会同意如下三个命题：（P_1） S 不知道¬SH；（P_2）如果 S 知道 O，那么 S 知道¬SH；（P_3） S 知道 O。但是合起来看，这三个命题又具有逻辑上的不一致性。在语境主义者看来，要成功地解决这一悖论，至少必须满足如下三个条件。

第一，必须解释这一悖论产生的原因。必须解释：从两个高度合理的前提出发，为什么会得出一个难以置信的结论。因此，不能简单地求助于这三个命题中的两个命题来否定另一个命题。就此而言，怀疑论者依据（P_1）和（P_2）来否认（P_3）是武断的；但在同样的意义上，摩尔依据（P_2）和（P_3）来否认（P_1）的常识论证也是不可取的。①

第二，“我们需要以保存我们知道各种东西这一强烈直觉的方案来解决该悖论”②。换言之，我们必须提供一种非怀疑论的解决方案。

第三，语境主义者似乎赋予（P_2）或知识闭合原理更高的直觉合理性。他们认为，任何实质性违背闭合原理的反怀疑论方案都是不成功的。如前所述，在他们看来，相关替代论和知识追踪论之所以不令人满意，就在于它们破坏了闭合原理。

总之，语境主义者认为，任何一种令人满意的反怀疑论方案既要维系我们具有普通知识的信念，又要以维系闭合原理的方式来说明悖论产生的原因，它“必须解释怀疑论论证具有的不可否认的吸引力”③。

现在的问题是：语境主义者会如何看待精致闭合论证和不充分决定性论证。对于精致闭合论证，我们很容易找到答案。因为（P_1）是（ZK）的特例，（P_2）是（CK）的特例。因此，语境主义者同样会将其看作由（ZK）、（CK）以及（P_3）构成的一个悖论。那么如何看待不充分决定性论证所引发的怀疑论问题呢？回忆一下不充分决定性论证的简化形式：$[(UA) \wedge (UK)] \rightarrow \neg K_S(O)$。由于语境主义者认为（UA）必然是真的，所以，他们会将其理解为一种由（UK）与 $K_S(O)$ ——（P_3）——构成的悖论，而且，如果语境主义者一旦认识到［（ZK）&（CK）］蕴涵（UK），那么又会进一步将（ZK）与（CK）看成两个悖论性命题。

① 参见 Keith DeRose, "Solving the Skeptical Problem," *Philosophical Review* 104(1995): 2-3; Stewart Cohen, "Contextualism, Skepticism, and the Structure of Reasons," *Philosophical Perspectives* 13(1999): 63。

② Stewart Cohen, "Contextualism, Skepticism, and the Structure of Reasons," *Philosophical Perspectives* 13(1999): 63.

③ Stewart Cohen, "Contextualism, Skepticism, and the Structure of Reasons," *Philosophical Perspectives* 13(1999): 63.

二　知识标准的语境敏感性：语境主义的基本策略

依据语境主义，“S 知道 p”这种形式的知识归赋句或“S 不知道 p”这种形式的知识否定句的真值条件随着其被说出的语境变化而变化。下面是语境主义的代表人物对其主要观点的表述：

“S 知道 p”这种句子在不同的归赋语境中会具有不同的真值条件。[①]

[语境主义是]这样一种理论，它认为“S 知道 p”或“S 不知道 p”这种形式的句子的真值条件以某种方式随着说出这些句子的语境而变化。[②]

语境主义是这样一种观点……包含“知道”的句子以及类似句子的真值条件依赖于语境性决定的标准。正因如此，“S 知道 p”这种形式的句子在不同的语境中能够同时具有不同的真值。现在，当我说“语境”时，我意指“归赋”的语境。因此，一个包含知识谓词的句子的真值能够依靠说出这一句子的说话者的目的、意向、期望和预设等而改变。[③]

假设某个说话者针对某个主体 S 和某个命题 p 说：“S 知道 p。”同时另外一个说话者针对同一个主体 S 和同一个命题 p 说：“S 不知道 p。”两人中必定有一个说错了吗？按照我将称为“语境主义”的观点，两个说话者说的话可以同时为真。[④]

……一个知识归赋的真值是相对于归赋语境即说话者或会

---

① Stewart Cohen, “Skepticism, Relevance, and Relativity,” in B. McLaughlin, ed., *Dretske and His Critics*, Oxford: Blackwell, 1991, p. 23.

② Keith DeRose, “Contextualism and Knowledge Attributions,” *Philosophy and Phenomenological Research* 52(1992): 914.

③ Stewart Cohen, “Contextualism, Skepticism, and the Structure of Reasons,” *Philosophical Perspectives* 13(1999): 57.

④ Stewart Cohen, “Contextualism, Skepticism, and the Structure of Reasons,” *Philosophical Perspectives* 13(1999): 57.

话语境而被决定的。[①]

这里有两点值得注意：第一，语境主义强调的是知识归赋句或否定句的真值条件（知识标准）的语境敏感性。由于真值条件往往被看成语义内容的全部或一部分，所以它是一种语义语境主义（Semantic Contextualism）。事实上，语境主义者采用了一种元语言上升（Meta-Linguistic Ascent）或语义上升（Semantic Ascent）的策略。严格地讲，它不是断言：S在一个语境中知道p，但在另一个语境中不知道p。而是断言："S知道p"这个句子在一个语境中为真，但在另一个语境中为假。为此，科恩还曾特别强调，只是因为"这种元语言措辞在行文上过于烦琐"，他才"继续改为在对象语言上来讲。但是读者不要为此所误导"[②]。关于语境主义的这一特征，索萨的概述非常精辟。他说，通过元语言上升，语境主义改变了原有的知识论主题，它用"'S知道（或者不知道）p'这个句子是否为真"这一语言学或语言哲学问题置换了原有的"S是否知道p"这一知识论问题。第二，语境主义所说的语境是指归赋者的会话语境（conversational context），具体包括：说话者的意向（speaker intentions）、听者的期待（listener expectations）、会话预设（presuppositions of the conversation）和凸显关系（salience relations）等。因此，这里所说语境主义实际上是一种归赋者的会话语境主义，或简称为归赋者语境主义。这种归赋者语境主义不同于主体语境主义。主体语境主义也承认会话语境影响知识标准，但它认为是主体的会话语境而不是归赋者会话语境决定了知识的标准。为说明两者的区别，我们不妨看看下面两个谷仓案例的变体：

---

① Stewart Cohen, "Skepticism, Relevance, and Relativity," in B. McLaughlin, ed., *Dretske and His Critics*, Oxford: Blackwell, 1991, p. 22.

② Stewart Cohen, "Contextualism, Skepticism, and the Structure of Reasons," *Philosophical Perspectives* 13(1999): 65.

谷仓案例变体1：某位哲学教授在给学生上知识论课程时，举了这样一个例子：亨利驱车经过一个正常地带，在这里没有人会无缘无故地盖一些假谷仓。当然，亨利不知道这一点（事实上，他根本就不会想到这一可能性）。亨利的辨识能力很强，他指着路边的一个谷仓，信心十足地告诉儿子那是一个谷仓。这时，一个学生插话道："教授，亨利真的知道他看到的是谷仓吗？要知道，它有可能是一个假谷仓，从路上看起来它确实很像真的谷仓，但它们没有后壁和内部空间，根本就不能做谷仓来使用。"

谷仓案例变体2：亨利驱车经过一个正常地带，在这里没有人会无缘无故地盖一些假谷仓。当然，亨利不知道这一点（事实上，他根本就不会想到这一可能性）。亨利辨识能力很强，他指着路边的一个谷仓，信心十足地告诉儿子那就是谷仓。但亨利的儿子的想象力极为丰富，他反问道："这真的是谷仓吗？它有可能是一个假谷仓，从路上看起来它确实很像真的谷仓，但它们没有后壁和内部空间，根本就不能做谷仓来使用。"

按照德罗斯、科恩和刘易斯的语境主义，在谷仓案例变体1中，教授不能真实地声称亨利知道他看到的是真谷仓；但按照主体语境主义，教授可以真实地声称亨利知道他看到的是真谷仓。但在谷仓案例变体2中，归赋者语境主义者和主体语境主义者都会认为亨利不能真实地声称自己知道他看到的是真谷仓。

语境主义者认为，如果认识到知识标准的语境敏感性，我们就能成功地解决怀疑论问题。在他们看来，日常语境中的知识标准和怀疑论语境中的知识标准是不同的，前者往往较为宽松，后者则非常严格。按照这一说法，在日常语境中，S知道p并不要求S的证据能够排除与p不相容的所有可能性。因此，尽管相对于某个（些）与p不相容的命题，S的证据不更支持p，S仍有可能知道p，如果这个（些）命题正好就是那个（些）不需要排除的可能性的话。比较典型的就是与 p 不相容的怀疑论假设 SH，在日常语境中，当然，在怀疑论语境中，特别是在极端（radical）怀疑论的语境中，S 知道 p 会要求 S 的证据能够排除与 p 不相容的所有可能性，此时，如果相对于某个与 p 不相容的命题，S 的证据不更支持 p，S 就不知道 p。因此，在日常语境中，不充分决定性原理是不成立的；但在怀疑论（准确地说是极端怀疑论）语境中，不充分决定性原理是成立的。正如第二章所言，我们将对不充分决定性原理的这种拒斥称为弱拒斥。同样，在日常语境中，S 知道 p 甚至都不要求 S 的证据能够排除直接否定 p（¬p）的这种可能性（比如在¬p 发生概率很低的时候），在这种情况下，即使¬p 能解释 S 的证据，S 还是能够知道 p。当然，在怀疑论语境中，特别是极端怀疑论语境中，S 知道 p 会要求 S 的证据能够排除¬p 的可能性，此时，如果¬p 亦能解释 S 的证据，那么 S 就不知道 p。相对于某个与 p 不相容的命题，S 的证据不更支持 p，S 就不知道 p。因此，（ZK）的命运与不充分决定性原理的命运毫无二致，语境主义者同样是以弱拒斥的方式否定了（ZK）：在日常语境中不成立，在怀疑论（准确地说是极端怀疑论）语境中成立。

当然，对反对怀疑论而言，仅仅否定怀疑论论证所求助的认知原理是不够的，更重要的是要解释我们为什么知道各种日常命题。

按照语境主义的一般策略，相对于日常语境中的低认知标准，“我知道我有两只手”和“我知道我不是 BIV”这两个声称都为真；然而，相对于怀疑论语境中的高认知标准，这两个声称都为假。前者维系了我们具有日常知识的信念，说明了我们认为怀疑论结论违背直觉的原因；后者则解释了怀疑论论证的吸引力。而且，不论是在日常语境中，还是在怀疑论语境中，闭合原理都是成立的，造成闭合原理失效的假象的原因是：我们没有意识到在断言闭合原理的前件和后件时发生了语境的变换，因而没有意识到我们是相对于不同的标准来评价该原则的前件和后件。

这样，语境主义者为怀疑论问题提供了一个颇具说服力的解释，它既维系了我们具有日常知识的信念，又解释了怀疑论论证的吸引力，同时还维护了闭合原理。

三　语境主义的日常语言基础

语境主义者认为，知识标准的语境敏感性来源于日常语言中“知道”谓词的语境敏感用法。一般说来，归赋者语境主义对“知道”谓词的语境敏感用法的辩护有两种：一是诉诸日常知识归赋的语境敏感现象，二是常见语境敏感词类比论证。

1. 日常知识归赋的语境敏感现象

日常知识归赋的语境敏感性（Context-Sensitivity of Knowledge Attributions）是指，对于同一个认知主体S和同一个命题p，在不同的语境中，我们会做出不同的知识归赋：在“低”语境中，我们会认为“S知道p”；而在“高”语境中，我们会认为“S不知道p”。换言之，在直觉上，某个特定知识归赋的真假（真值）似乎依赖于知识归赋的语境。德罗斯的银行案例表明了知识归赋的这一特征：

> 银行案例A：在某个星期五下午，我与妻子开车回家。我们计划在回家的路上顺便去银行存钱。然而当我们驱车经过银行时，我们看到了和以往的星期五下午一样的情形，里面存款者排成一条长龙。尽管我们通常希望尽快把钱存进去，但这次把钱立刻存入银行并不是特别重要的事，因此我建议直接回家，等星期六上午再来存钱。妻子说：“银行明天可能不营业，许多银行在星期六是关门的。”我回答说：“不，我知道银行会营业。就在两周前的星期六我还去过那，它一直到中午才关门。”
>
> 银行案例B：正如在案例A中一样，在某个星期五下午，我与妻子开车去银行，看到了排长队的情况。我再次建议星期六上午再来存钱，因为在两周前的星期六上午我来过银行，它

一直营业到中午。不过这一次，我们刚刚开具了一张重要的大额支票。如果我们在下周一之前没有把钱存入我们的账户，那么就会被银行退票，而这会使我们陷入某种窘境。当然，银行在星期天不会营业。妻子提醒我注意这些事实。然后她问道："银行有时会改变营业时间，你知道银行明天会营业吗？"虽然我还是像以前那样确信银行明天会营业，然而我回答说："噢，不知道，我们最好进去弄清楚。"[①]

在银行案例A中，德罗斯认为他知道银行星期六营业，而且，在直觉上，德罗斯的这一断言是正确的（假定银行星期六真的营业），因为"他在两周前的星期六去过那，发现银行一直营业到中午"。然而，在银行案例B中，尽管德罗斯拥有同样的证据，但在经妻子提醒之后，他认识到在星期一之前把钱存入银行账户的重要性（它关系到他们刚开具的"一张重要的大额支票是否被银行退票"），也意识到"银行有可能改变营业时间"，此时，他不再断言他知道银行星期六营业。更重要的是，如果德罗斯此时仍然断言他知道银行星期六营业，那么他似乎是在做出一个错误的断言。因此，在直觉上，"我（德罗斯）知道银行星期六营业"这一断言的真值似乎依赖于德罗斯做出该断言时的语境：它在A语境中为真，在B语境中为假。德罗斯认为，既然在这对案例中，他用来支持星期六营业的证据是相同的，那么最好的解释就是两个案例预设了不同的知识标准：在银行案例A中，因为何时将钱存入银行账户无关紧要，他没有（也不会）考虑银行改变营业时间的可能性，所以预设的知识标准较低；但在银行案例B中，他妻子对把钱存入银行账户的重要性的强调和提到银行改变营业时间的可能性会导致他们预设更严格的知识标准。

---

① Keith DeRose, "Contextualism and Knowledge Attributions," *Philosophy and Phenomenological Research* 52(1992): 913.

为进一步理解科恩对知识归赋的语境敏感性的解释，我们再看看科恩自己举的航班案例：

> 玛丽和约翰在洛杉矶机场，他们准备乘坐某一趟去纽约的班机。他们想知道该班机是否停靠芝加哥。他们无意中听到有人在问一个叫史密斯的乘客，问他是否知道该班机会不会在芝加哥停留。史密斯看了一下旅行社给他的飞行线路表，回答道："我知道——它确实要在芝加哥停靠。"玛丽和约翰必须在芝加哥机场进行一项非常重要的商务活动。玛丽说："那个线路表可靠吗？它可能有打印错误，他们可能在最后几分钟改变了计划。"玛丽和约翰都一致认为史密斯并不真正知道飞机将停靠芝加哥。他们决定去航线咨询处核实。①

在科恩看来，史密斯关于他知道班机停靠芝加哥的断言和玛丽和约翰关于史密斯不知道班机停靠芝加哥的断言都是正确的。基于飞行线路表，史密斯能够断言他知道班机停靠芝加哥。因为班机是否停靠芝加哥对史密斯无关紧要，他不会考虑"线路表是否可靠""飞行计划是否临时改变"这样一些出错的可能性，因而，基于飞行线路表这一证据他知道班机停靠芝加哥。但是，对玛丽和约翰而言，准时抵达芝加哥关系到他们的一项重要的商务活动，这种实践重要性会使史密斯忽略的那些错误可能性变得凸显，从而使他们预设更严格的知识标准。此时，史密斯要知道班机停靠芝加哥，就必须排除上述出错的可能性。由于史密斯不具有这种认知立场，所以史密斯不知道班机停靠芝加哥。

对于这些案例，语境主义者总的看法是，知识归赋句的真值条件的语境敏感性导致其真值的语境敏感性，并进而导致了知识归赋

① Stewart Cohen, "Contextualism, Skepticism, and the Structure of Reasons," *Philosophical Perspectives* 13(1999): 58.

中的语境敏感现象。

在某种意义上，语境主义的这一论证还是比较粗糙。但德罗斯有一个更为精细的论证：

> 断言的知识说明有力地证明了语境主义：如果人们能够有保证地断言 p 时的标准和由“我知道 p”的真值条件组成的那些标准是相同的，那么，如果前者随着语境的变化而变化，那么后者亦然。简而言之：断言的知识说明和断言的语境敏感性会导致知识的语境主义。

按照布莱克（Tim Black）的概括，德罗斯的论证包括两个关键性前提：断言的知识解释（knowledge account of assertion，KAA）和断言的语境敏感性（context-sensitivity of assertion，CSA）。

（KAA）：断言的知识解释，即人们对 p 的认知立场好到足以有保证地断言 P，当且仅当人们知道 p。或者人们能够有保证地断言 p 时的标准和由“我知道 p”的真值条件组成的那些标准是相同的。

（CSA）：断言的语境敏感性，即为了有保证地断言 P，人们必须对 p 具有多好的认知立场，这依赖于语境。

这两个前提蕴涵知识论语境主义，即知识归赋的真值条件依赖于归赋语境。

一般来说，（CSA）争议不大，但对（KAA）的合理性则有待进一步说明。因此，德罗斯利用知识规则（the knowledge rule，KR）和唯一性声称（the uniqueness claim，UC）来为（KAA）提供辩护：

> （KR）：一个人对 p 的认知立场足以使其有保证地断言 p，人们必须知道 p。
>
> （UC）：知识规则是控制为了有保证地断言 p，人们必须具有多好的认知立场的唯一规则。

显然，(KR) 断言的是："S 知道 p" 是 "S 有保证地断言 p" 的必要条件；而 UC 断言："S 知道 p" 是 "S 有保证地断言 p" 的充分条件。两者的合取实际上就是断言："S 知道 p" 是 "S 有保证地断言 p" 的充要条件。

后面我们会看到，(UC) 是有争议的。正是通过否定 (UC)，赖肖 (Patrick Rysiew)、布朗 (Jessica Brown) 和布莱克对知识归赋的语境敏感现象做出了一种语用论恒定主义 (pragmatic invariantism) 的解释。

2. 常见语境敏感词类比论证

语境主义者将"知道"谓词与那些明显具有语境敏感用法的谓词进行类比来论证"知道"谓词的语境敏感用法，具体说来有两种：常见索引词论证和程度性形容词论证。常见索引词论证的基本逻辑是："知道"谓词和"我""这儿""现在"这样的索引词类似，正如后者的用法具有语境敏感性一样，"知道"的用法也具有语境敏感性。[①] 程度性形容词论证的基本逻辑是："证成"类似于"平坦的""富有的"这样一些程度性形容词，因为"证成"也是程度性术语，"语境将决定一个信念必须得到何种程度的证成才能算是得到了绝对证成"。而后者的用法具有语境敏感性，所以"证成"这一术语的用法也具有语境敏感性。由于证成是知识的构成要素，因而"知道"这一术语的用法也具有语境敏感性。[②]

值得注意的是，语境主义者只是主张把"知道"谓词看作语境敏感性谓词，并没有提出一种关于此类谓词的语义理论。不过，在他们看来，这不会影响我们声称"知道"谓词具有语境敏感性。因为，"即使对于那些（相对来说）毫无争议地认为其运用依赖于语境敏感标准的谓

---

① 参见 Stewart Cohen, "How to be a Fallibilist," *Philosophical Perspectives* 2(1988): 101; Keith DeRose, "Contextualism and Knowledge Attributions," *Philosophy and Phenomenological Research* 52(1992): 920-921。

② Stewart Cohen, "Contextualism, Skepticism, and the Structure of Reasons," *Philosophical Perspectives* 13(1999): 60.

词，例如平坦的，也很难准确地说出其标准是如何设定的"[①]。

第二节 语境主义的具体形态

尽管语境主义者提出的基本要义一致，但在语境如何决定知识标准的问题上看法不一，据此可区分三种形态的语境主义：虚拟条件语境主义、相关替代论语境主义和步步为营的语境主义。

一 虚拟条件语境主义

认知立场强度（strength of epistemic position）是虚拟条件语境主义的一个核心概念，只有在认知主体对特定命题的认知立场强度不低于知识所要求的认知立场强度时，认知主体才知道该命题。这里有两个问题需要解决：一是认知立场强度的测量问题；二是知识要求认知主体具有多强的认知立场的问题。关于第一个问题，虚拟条件语境主义的代表人物德罗斯给出这样的答案：

> 一个人对 p 具有强认知立场的一个重要成分是他/她关于 p 是否为真的信念能够与 p 是否为真的事实相匹配，这样一种匹配关系不仅能够在现实世界中成立，而且能够在距离现实世界充分邻近的世界中成立。[②]

由此可知，德罗斯认为，一个人对一个命题具有强认知立场，不只是要求信念与事实的匹配关系在现实世界中成立，还要在邻近于现实世界的可能世界中成立。这意味着认知立场的强弱取决于认知主体的信念能与多大范围内的可能世界中的相关事实相匹配。令

---

① Stewart Cohen, "Contextualism, Skepticism, and the Structure of Reasons," *Philosophical Perspectives* 13(1999): 61.

② Keith DeRose, "Solving the Skeptical Problem," *Philosophical Review* 104(1995): 34.

$M_S p$表示所有在其中认知主体S对p是否为真的信念能够与p是否为真的事实相匹配的可能世界的集合，那么，甲对命题p的认知立场不弱于乙对命题p的认知立场，当且仅当$M_{乙}p$是$M_{甲}p$的子集。

由于可能世界到现实世界的距离是以两者的相似度来衡量的，所以我们有理由假定下述随附性论题（theses of supervenience）：

> 对于任何两个非现实的可能世界*i*，*j*，如果*j*与现实世界的距离不超过*i*与现实世界的距离，那么，在*i*中，认知主体S对p是否为真的信念能够与p是否为真的事实相匹配，仅当在*j*中，认知主体S对p是否为真的信念能够与p是否为真的事实相匹配。

如果承认该假定，那么所有在其中认知主体S对p是否为真的信念能够与p是否为真的事实相匹配的可能世界$M_S p$就是一个以现实世界为中心，以最遥远的、在其中认知主体S对p是否为真的信念能够与p是否为真的事实相匹配的可能世界到现实世界的距离为半径的球域。球域的半径越大，S对p的认知立场就越强，反之则越小。极端地，球域的半径为0，说明只有在现实世界中，S对p是否为真的信念才与p是否为真的事实相匹配，S对p认知立场最弱。

用布洛梅-提曼的“相似性球域”（similarity sphere）[①]能更好地说明上述立场。令“$S\overset{d}{\underset{w}{}}$”来表示以现实世界*a*为中心，与可能世界*w*的相似度不低于*d*的所有可能世界的球域，图3-1展示了相似度不低于0.9、0.5、0.1的三个相似性球域。这样，S对p的认知强度，就可以用一个相似性球域的大小或半径来衡量，这个半径就是S关于p的信念与是否p的事实相匹配的那个最遥远的可能世界与现

① Michael Blome-Tillmann, “Contextualism, Safety and Epistemic Relevance,” *Philosophical Studies* 143(2009): 385.

实世界的距离。

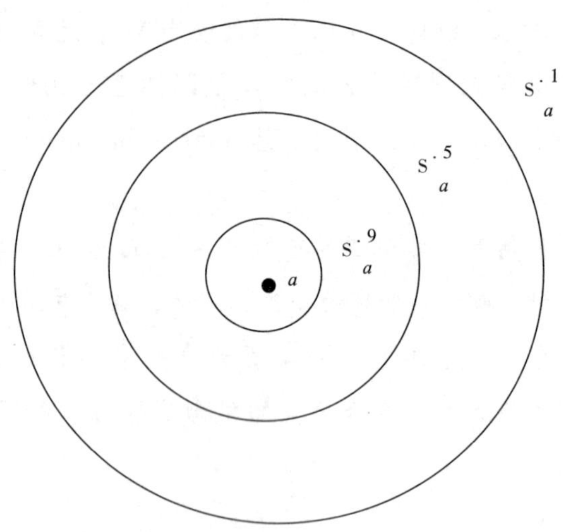

图 3-1 以现实世界（a）为中心的相似性球域

现在来考虑第二个问题，即知识要求认知主体对特定命题的认知立场必须有多强的问题。在德罗斯看来，知识要求主体的信念能够与所有认知相关世界中的相应事实相匹配，即主体的信念能够追踪事实到所有认知相关世界。这是与诺齐克相似的地方。但与诺齐克不同的是，德罗斯认为，与认知相关的可能世界的范围会随会话语境的变化而变化，会话语境通过敏感性规则（the Rule of Sensitivity）决定了认知相关世界的范围。德罗斯把敏感性规则表述如下：

> 当断言 S 知道（或者不知道）命题 p 时，知识标准（一个人知道一个命题必须具有多好的认知立场这一标准）往往会被提高，如果需要的话，它会达到这样一个程度，它要求 S 关于特定命题 p 的信念具有敏感性。①

---

① Keith DeRose, "Solving the Skeptical Problem," *Philosophical Review* 104(1995): 36.

那么，什么样的信念才具有敏感性呢？德罗斯认为，一个信念是敏感的，当且仅当它满足诺齐克知识分析中的第一种虚拟条件，他形象地称之为敏感性（sensitivity）条件：

> 如果人们关于p是否为真的信念对事实的追踪关系能扩展到最邻近于现实世界的非p世界，即在那些最邻近的非p世界中，他不会相信p，那么他关于p的信念就是敏感的。[①]

需要说明的是，很多人甚至包括德罗斯本人都错误地认为敏感性条件是虚拟条件语境主义对知识的要求，其实并非如此。实际上，对虚拟条件语境主义而言，敏感性条件是语境转换的机制，也是声称具有知识的必要条件，但它不是知识的必要条件。事实上，虚拟条件语境主义要求的知识条件是语境化的追踪条件。否则德罗斯就很难解释在日常语境中我们为什么知道怀疑论假设为假，因为这一信念显然不符合敏感性条件的要求，但它符合这一要求：对于日常语境的认知相关世界球域中的任何可能世界，我们关于怀疑论假设为假的信念都能够与该世界中的相关事实相匹配，在这些可能世界中，怀疑论假设为假，我们也相信怀疑论假设为假。

合二为一，德罗斯将敏感性规则进一步简述为：

> 当断言S知道（或者不知道）命题p时，如果必要的话，认知相关世界的范围会被扩大，它至少包括了最邻近的p为假的世界。[②]

依据敏感性规则，在日常语境中，由于我们只是断言我们知道各种日常命题，如我有两只手，所以知识标准只要求我的信念追踪

---

① Keith DeRose, "Solving the Skeptical Problem," *Philosophical Review* 104(1995): 34.

② Keith DeRose, "Solving the Skeptical Problem," *Philosophical Review* 104(1995): 37.

事实到最邻近的我没有两只手的世界，譬如我在一个偶然事故中失去了双手的世界。显然，我有两只手的信念和我不是 BIV 的信念都能够与该世界中的事实相匹配：在这些世界中，我没有两只手，我也不会相信我有两只手；我不是 BIV，我也相信我不是 BIV。因而，我知道我有两只手，我也知道我不是 BIV。

但是在怀疑论语境中，由于怀疑论者提出了我是否知道我不是 BIV 这一问题，依据敏感性规则，认知相关世界球域会被扩大，它至少包括了我是 BIV 的可能世界。换言之，为了知道命题 p，一个人关于 p 的信念必须追踪事实到我是 BIV 的可能世界。但显然，我有两只手的信念和我不是 BIV 的信念都不能与该可能世界中的事实相匹配。因为在那个世界中，我没有两只手，但我会相信我有两只手；我是 BIV，但我不会相信我是 BIV。因此，在怀疑论语境中，我不知道我有两只手，我也不知道我不是 BIV。令 S 表示普通语境中的相关认知世界球域，S^* 表示怀疑论语境中的认知相关世界球域，这两种语境中的认知相关世界球域如图 3-2 所示。

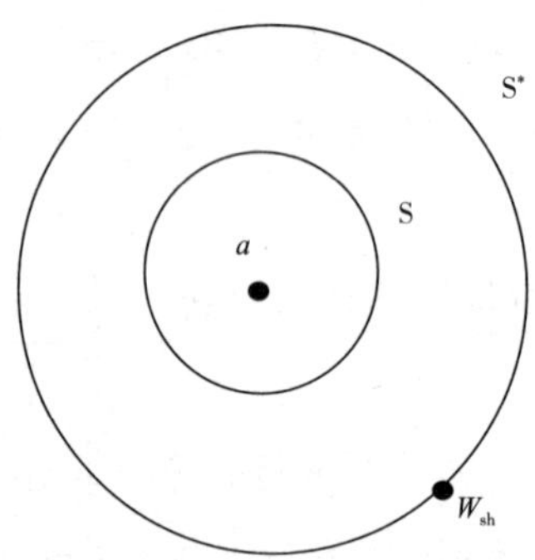

图 3-2 德罗斯的知识分析：两种语境下的认知相关世界球域

二 相关替代论语境主义

相关替代论语境主义的代表人物是刘易斯和早期的科恩。刘易斯认为，“S 知道命题 p 当且仅当 S 的证据消除了每一种非 p 的可能性——哈！——那些我们正在适当忽略的可能性除外”[①]。刘易斯所说的“我们正在适当忽略的可能性”（他又是称之为适当预设的可能性），正好对应于相关替代论所说的非相关替代项；而“那些我们正在注意到的或者被不适当忽略的可能性”则对应于相关替代项。哪些忽略是适当的呢？在“不可捉摸的知识”中，刘易斯提出了适当忽略的七条规则。

规则 1：现实性（actuality）规则。实际存在的可能性绝不能被适当忽略；实际存在的可能性总是相关替代项；任何错误的东西都不能被适当预设。

规则 2：相信规则。认知主体相信其存在的那些可能性不能被适当忽略，不论其信念正确与否。

规则 3：相似性（resemblance）规则。对于两种明显相似的可能性，如果其中一种可能性不能被适当忽略，那么另一种可能性也不能被适当忽略。

规则 4：可靠性（reliability）规则。通过感觉、记忆和证词所获得的信息是可靠的，尽管存在出错的可能性。即这些出错的可能性可被适当忽略。

规则 5：方法（method）规则。刘易斯讲到了两种方法规则（拆分开来就是八条规则），一是抽样的方法，他认为我们可以预设样本是有代表性的，即可以忽略样本与总体之间的差异；二是最佳解释推理，认为对证据的最好解释就是正确的解释。

规则 6：保守性（conservatism）规则。假设我们周围的那些人通常确实忽略某些可能性，且他们这么做是一种公共知识（common knowledge）（他们这么做，他们期待其他人这么做，他们期待其他人期待其他人这么做……）。那么，这些通常被忽略的可能性可以被

① David Lewis, “Elusive Knowledge,” *Australasian Journal of Philosophy* 74(1996): 554.

适当忽略。

规则 7：注意规则（the rule of attention）：如果一种可能性被注意到，那么这种可能性就不能被适当忽略。[①]

在这七条规则中，有四条禁令性规则（现实性规则、相信规则、相似性规则和注意规则）和三条许令性规则（可靠性规则、方法规则和保守性规则）。刘易斯认为，怀疑论者正是运用了第七条规则，即“注意规则”，通过引起我们注意那些通常被我们适当忽略的可能性，从而使之成为相关替代项。此时，如果我们的证据不能消除它们，那么怀疑论者就成功地创造了一个我们不能被算作知道者的语境。然而，这并不意味着在那些我们没有注意到怀疑论假设的语境中我们不能够声称知道那些日常命题。依据刘易斯所述，即使我们的证据不能消除那些可能性，我们仍然能够正确地被看作拥有知识，只要那些认为我们知道的人正在适当地忽略这些没有被消除的可能性。

在《如何成为一位可错主义者》一文中，科恩系统地提出了相关替代论语境主义主张。一方面，科恩继承了德雷斯基的相关替代论思想，认为知道某个命题只需排除其相关替代项；另一方面，他又不同于德雷斯基，在何为相关替代项的问题上与德雷斯基存在分歧，特别地，在相关替代项范围是否随语境变化的问题上有分歧。科恩认为，

> （对于 S 而言，）（命题 q）的某个替代项 h 是相关的，当且仅当 S 关于 h 的认知立场妨碍 S 知道 q。[②]

科恩进一步声称，用以判断一个替代项是否相关的标准（相关性标准）应该反映我们关于在何种条件下 S 知道 q 的直觉。由于

① David Lewis, “Elusive Knowledge,” *Australasian Journal of Philosophy* 74(1996): 549-567.

② Stewart Cohen, “How to be a Fallibilist,” *Philosophical Perspectives* 2(1988): 101.

我们的直觉既受到个人证据的内在条件的影响，也受到个人证据之外条件的影响，因此，相关性标准亦有两种——外在标准和内在标准。

科恩将相关性的外在标准（the external criterion of relevance）界定如下：

> （命题 q 的）某一替代项 h 是相关的，如果 h 对理由 r 和某些环境特征的条件概率足够高（在这里，语境决定了何种概率水平是足够的）。[①]

按照这一标准，在“谷仓案例”中，仅仅是假谷仓存在这一事实（不论 S 有没有假谷仓存在的证据）就足以使得 S 看见的是假谷仓这一命题成为相关替代项。同样，在“斑马案例”中，只要动物园中有很多巧妙伪装的骡子，那么，不论我有没有关于这一事实的证据，巧妙伪装的骡子就是一个相关替代项。如果动物园中有很多巧妙伪装的骡子，那么，就某一确定的概率度 d 而言，这可能是一只巧妙伪装的骡子而不是斑马。依据科恩，语境决定了使一个替代项成为相关替代项的概率度 d^*。这样，依据外在标准，如果 d 大于或等于 d^*，那么，在这种语境中，“这是一只巧妙伪装的骡子”就会是一个相关替代项。

关于相关性的内在标准（the internal criterion of relevance），科恩给出的答案是：

> （命题 q）的某一替代项 h 是相关的，如果 S 缺乏反对 h——例如相信非 h——的充分证据（理由）（在这里，多少证据才算充分是由语境来规定的）。[②]

---

① Stewart Cohen, "How to be a Fallibilist," *Philosophical Perspectives* 2(1988):102.

② Stewart Cohen, "How to be a Fallibilist," *Philosophical Perspectives* 2(1988):103.

科恩认为，内在标准和外在标准都具有语境敏感性。由于理由或证据并不蕴涵信念 p，所以 p 有正确和错误两种可能性。当我们强调错误的可能性时，它就会变得凸显，相关性标准就会改变。

由于彻底的怀疑论假设是超证据的，为解决怀疑论悖论，科恩进一步提出了“本质上合理的信念”（intrinsically rational/reasonable belief）这一概念。所谓本质上合理的信念，是指那些尽管得不到任何证据支持但我们仍然会认为它们在认知上合理的信念。在此基础上，科恩进一步修改了内在标准（amended version of the internal criterion，ICa）。

> 主体 S 相信命题 q 是合理的，仅当 S 具有充分的证据支持 q，或者 q 本质上是合理的。
>
> （ICa：）（命题 p 的）某个替代项 h 是相关的，如果对于 S 来说，否认 h（或者相信非 h）不是充分合理的，在这里，按照假定，合理性程度的充分标准是由语境来规定的。[①]

按照他的理论，一般情况下，我不是缸中之脑这一信念在本质上是合理的，因而我是缸中之脑这一替代项是不相关的，所以我知道我有手；根据闭合原理，我也知道我不是缸中之脑。

在怀疑论语境中，由于怀疑论者强调我们没有证据相信我不是缸中之脑这一事实，这样，怀疑论使我关注到错误的可能性，我是缸中之脑这一替代项是相关的，并且我不能排除这一替代项，因此，我们不知道各种日常命题。

三　步步为营的语境主义

科恩改进语境主义的动机源于其对相关替代论语境主义的失望。

① Stewart Cohen, “How to be a Fallibilist,” *Philosophical Perspectives* 2(1988): 113.

在“语境主义、怀疑论和理由的结构”一文中，科恩明确指出，语境主义与相关替代知识论的联姻是一个错误，“如果把语境主义与相关替代论机制分离开来，我们能够更清楚地提出语境主义”[①]。特别地，如果结合一种步步为营的理由结构，我们可以发展出一种更令人满意的反怀疑论的语境主义方案。

对相关替代项语境主义，最令其费心的异议有两个。其一，有证据支持“我不是一个 BIV”的信念。其二，科恩先前的解释会使他承认这样一种观点：我们能够对一些偶然事实具有一种先天（a priori）知识，特别地，我们能够对“我们不是 BIV”这一事实具有一种先天知识。按照他在“如何成为一个可错主义者”一文中提出的观点，仅仅基于“我们不是 BIV”这一信念的内在（intrinsic）合理性，我们就能够知道我们不是 BIV，这表明我们能够先天地知道我们不是 BIV，因而我们能够对一些偶然事实具有一种先天知识。正是这两个原因导致科恩极力主张把语境主义和相关替代知识论机制分离开来，并进而导向一种步步为营的语境主义。

科恩改进语境主义的另一动机是对虚拟条件语境主义的不满。在他看来，虚拟条件语境主义面临如下两个难题。

其一，虚拟条件语境主义会得出一个荒谬的结论：在我知道我有一只手的日常语境中，对于任何的自然法则，我只要坚定地相信它，我就能够知道它。因为，依据敏感性规则，我知道这些自然法则只要求我的信念追踪事实到我没有一只手的最邻近世界，而在这些世界中，这些自然法则是成立的，而且我会相信这些自然法则成立。

其二，虚拟条件语境主义最终会导致否认闭合原理的结果。为说明这一问题，科恩提出了如下思想实验：

① Stewart Cohen, “Contextualism, Skepticism, and the Structure of Reasons,” *Philosophical Perspectives* 13(1999): 85.

> 预定在下午六点进行一次抽奖活动。通常情况下，不进行抽奖活动，尤其是抽奖活动不在下午六点进行是很罕见的。但是发行彩票的人串通了一些目击抽奖过程的记者来选定彩票。他们计划不进行抽奖而只是简单地宣布某个同谋者的一张彩票中奖。但是他们知道有一位记者谨小慎微而且非常诚实。所以计划宣布抽奖活动在下午五点进行——（因为某种不可避免的原因）那位诚实的记者不可能参加的一个时间。然而，在最后一分钟，几位同谋者胆怯，因而取消了这一计划。他们按照预定在下午六点进行抽奖。①

科恩进一步假设某人第二天早上起来读报，依据相关报道他相信抽奖活动发生在昨天下午六点。按照德罗斯的观点，读报人知道抽奖活动在下午六点进行（假定不考虑导致抽奖活动不在下午六点进行的其他因素）。理由是：在抽奖活动不在下午六点进行（例如在下午五点进行）的最邻近世界中，读报人不会相信抽奖活动在下午六点进行，而是相信抽奖活动在下午五点进行，因为读报人对抽奖活动时间的信念来自报纸的报道，而报纸会报道抽奖活动在下午五点进行。

既然读报人知道抽奖活动在下午六点进行，按照闭合原理，他就应该知道在某时有一场抽奖活动。但是，按照德罗斯的观点，在这一案例中，读报人并不知道在某时有一场抽奖活动。因为，读报人知道在某时有一场抽奖活动要求其相关信念追踪事实到在某时没有一场抽奖活动这一最邻近的世界中，但在这一世界中，读报人会相信抽奖活动在下午五点进行，因为报纸会这样报道。而且，在这里，没有发生知识标准的转换，因为抽奖活动不在下午六点进行这一最邻近的世界正好就是在某时没有一场抽奖活动这一最邻近的世

① Stewart Cohen, "Contextualism, Skepticism, and the Structure of Reasons," *Philosophical Perspectives* 13(1999): 23.

界。基于此，科恩宣称，我们不能把闭合原理在此处失效归咎于知识标准的提高，而应该看作对闭合原理的一种实质性违背。

如果科恩放弃了相关替代论框架，那么他用什么来解决彻底怀疑论悖论呢？科恩认为：

> S知道p当且仅当：就某个合理度d而言，他的信念p在知识论上是合理的，在这里，认知合理性包括证据合理性和非证据合理性两部分，且这里的d是由语境来决定的。[①]

要理解这段话，我们得先弄清楚证据合理性和非证据合理性这两个概念。如果我们具有一定的证据支持某个日常信念，如我有一定的证据支持我有两只手的信念，那么，就某种证据合理度d_e而言，我有两只手的信念是证据性合理的；反之，如果我们没有任何证据支持某个日常信念，如我没有任何证据支持我有两只手的信念，那么我有两只手的信念就不具有任何证据合理性。虽然没有任何证据支持彻底怀疑论假设不成立的信念，但该信念具有一定程度的非证据合理性，即就某个非证据合理度d_{ne}而言，相信彻底怀疑论假设不成立（如我相信我不是BIV）是非证据性合理的。

科恩宣称："（相信彻底怀疑论假设是假的，如我相信我不是BIV）的非证据合理性是任何经验命题的全部合理性或者证成的一个组成成分。"[②] 延续前面的假设，我相信我有两只手的认知合理性就包括了我相信我有两只手的证据合理性和我相信我不是BIV的非证据合理性。因此，我们可以假设，就某一合理度d_*（d_*等于d_e加上d_{ne}）而言，我有两只手的信念在知识论上是合理的。科恩认为，如果要把一个信念算作知识的话，那么就某种合理度而言该信念必须

---

① Stewart Cohen, "Contextualism, Skepticism, and the Structure of Reasons," *Philosophical Perspectives* 13(1999): 76-77.

② Stewart Cohen, "Contextualism, Skepticism, and the Structure of Reasons," *Philosophical Perspectives* 13(1999): 86.

在知识论上是合理的，而这个合理度是“由说话者意向、听者的期望、会话预设、凸显性关系等组成的某个复杂函数来决定的”[①]。

科恩进一步宣称，在日常语境中，如果就证据合理度 d_e 而言，一个信念在知识论上是合理的，那么该信念在知识论上是充分合理的。显然，在日常语境中我能够知道我有两只手。因为就合理度 d_* 而言，我有两只手的信念在认知上是合理的，而 d_*（d_* 等于 d_e 加上 d_ne）要高于 d_e，所以就合理度 d_e 而言，我有两只手的信念在知识论上也是合理的。而且，因为我有两只手蕴涵我不是一个 BIV，所以在同样的日常语境中，对我知道我不是一个 BIV 而言，我不是一个 BIV 的信念是充分合理的。

但是，科恩断言，在怀疑论语境中，知识所要求的认知合理度被提高，一个信念在知识论上是充分合理的，仅当：就合理度 d_s（d_s 高于 d_*）而言，该信念在知识论上是合理的。这表明在怀疑论语境中，“对于我知道我有手而言，我有手的信念不是充分合理的”。[②] 即我相信我有一只手的证据合理性与我相信我不是 BIV 的非证据合理性的合取不再足以使我知道我有一只手。既然我不知道我有一只手，在同一语境中，我也就失去了知道我不是 BIV 的基础，因而，我不知道“我不是 BIV”。

科恩认为，他的这一解决方案的优势是明显的。首先，它解决了先天偶然知识的问题。按照这种新的语境主义我关于我不是 BIV 的知识部分地基于我的经验证据（我相信我有一只手的证据），因此它不是一种先天（a priori）知识。

其次，“我相信我不是 BIV”的非证据合理性在我之所以知道我有一只手中发挥了作用。因此，在推理中不存在一种奇怪的 MPF 结构。

同时，这种新语境主义的理由结构也不是一种循环结构。因为，

① Stewart Cohen, “Contextualism, Skepticism, and the Structure of Reasons,” *Philosophical Perspectives* 13(1999): 61.

② Stewart Cohen, “Contextualism, Skepticism, and the Structure of Reasons,” *Philosophical Perspectives* 13(1999): 77.

在这里，“我相信我不是 BIV”具有一定程度的非证据合理性，而这种合理性与它被我有一只手蕴涵无关。而且，仅仅凭借这一合理性也不足以使我知道我不是 BIV。它只有结合我的经验证据才足以使我知道我有一只手，并进而使我知道我不是 BIV。因此，在这个推理中，确实存在一种理由的结构，但不是一种循环结构，而是一种步步为营的理由结构。

总之，在科恩看来，这种新的语境主义观点解释了怀疑论论证的吸引力，同时保存了我们日常知识归赋的真，而且它保存了闭合原理但又避免了偶然的先天知识和 MPF 的理由结构的问题。

第三节　对语境主义反怀疑论路线的批判

自提出至今，语境主义一直饱受恒定主义的诘难。概括起来，主要包括如下三种类型的批评。一是理智不充分诘难。二是语境动力学诘难，又分为常识诘难、“我先前确实知道，但我现在不知道”怪论和认知怠惰悖论等三种诘难。三是日常语言基础诘难，这类诘难又分成两种，首先是质疑语境主义者提出的类比论证的有效性，如卡佩伦和雷波尔针对语境主义的常见索引词论证而提出的“去引号论证”，以及德雷斯基和斯坦利的反程度性形容词类比论证；其次是质疑语境主义是对日常知识归赋中的语境敏感现象的唯一解释或最佳解释。

一　理智不充分异议

许多人质疑语境主义反怀疑论的理智充分性，首要的问题是语境主义对怀疑论过于妥协。语境主义承认，依据低标准我们知道那些我们通常认为知道的日常命题，但依据高标准我们不知道这些日常命题。但倘若考虑到高标准在怀疑论论证语境中的适当性，语境主义就会给人造成这样一种感觉，即在宽松的日常会话语境中我们的确拥有知识，但严格说来，我们一无所知。这样，语境主义似乎最终会倒向怀疑论，特别地，它会倒向昂格尔早期支持的恒定主义怀疑论（绝对可靠主义）。在昂格尔那里，“知道”不是一个语境敏感性术语，而是一个绝对性术语：知识标准太高，以至于谁也无法满足它，因此严格说来，我们一无所知。[①]

当然，“语境主义对怀疑论的妥协大不大”取决于这种“高标准”知识在我们心目中的重要性。如果我们认为怀疑论者的标准有悖常理，那么当然不会介意我们能不能满足这一标准。但如果我们认为是否具有“高标准”知识自始至终是一个重要的问题，那么，既然语境主义已经在这个重要问题上做出了让步，我们是否具有“低标准”知识这个问题也就无关紧要了。

语境主义的理智不充分性的另一个表现是语境主义无法应对认知下降（epistemic descent）问题。不可否认的是，语境主义者明确给出了认知上升的动力机制，如科恩的相关性规则、德罗斯的敏感性规则。但遗憾的是，他们都没有明确地给出认知下降的动力机制，更糟糕的是，他们似乎也无法给出这样一种动力机制。语境主义面临的问题是：我们如何由怀疑论语境重返普通语境呢？难道离开哲学讨论的课堂我们就能重返低标准的普通语境吗？[②] 语境主义可能会争辩说，我们可以忽略或者忘记这些已经凸显出来的怀疑论可能性。但这些已经凸显出来的怀疑论可能性有如离弦之箭，一入人耳，有力难拔，很难想象仅靠忽略或忘记就能使我们重返日常语境。因此，如果语境主义不能认真对待并解决这些问题，那么我们一旦进入怀疑论语境，就将永远滞留在该语境之中，从而接受我们将不再（而且永远不再）具有知识的怀疑论主张。就此而言，语境主义确实是一种过于妥协的反怀疑论方案。

语境主义的第三种理智不充分性关涉语境主义的如下声称：在

① 参见 Michael Brady and Duncan Pritchard, “Epistemological Contextualism: Problems and Prospects,” *The Philosophical Quarterly* 55(2005): 165。

② 参见 Duncan Pritchard, “Contextualism, Scepticism, and the Problem of Epistemic Descent,” *Dialectica* 55(2001): 327-349。

低语境中我们知道怀疑论假设为假。首先，反对者认为，语境主义声称我们具有的这一知识是很奇异的，它是一种不可声称、不可思考的知识。因为依据语境主义的观点，当我们声称或思考这种知识时，由于想到或提及怀疑论假设的可能性，所以认知标准会被提高；而依据语境主义，在高标准下，我们不具有任何知识，所以我们不能正确地声称我们具有这一知识。正如恩格尔（Mylan Engel）所言，对于“我知道我不是BIV”这样一种知识，“我们既不能够断言，也不能思考。因为，一旦我们思考，知识标准就会被提高，我们就不再具有知识”[①]。其次，有人认为，如果我们明白“我们能够知道怀疑论假设为假”这一命题的含义，我们就没有必要认同语境主义。毕竟，“我们能够知道怀疑论假设为假”这一观点本身足以阻止怀疑论论证。普里查德认为，我们之所以认为我们不知道怀疑论假设为假，其理由与其说是我们不能完全满足知识的必要条件，不如说是不管怎样提高我们的认知立场，我们都不可能知道这一命题。因此，仅靠降低认知标准是不可能使我们知道怀疑论假设为假的。况且，如果怀疑论问题仅仅是我们不能够完全满足严峻的怀疑论认知标准的问题，那么即使降低认知标准能够使我们由无知到知，我们得出的结论也不是把“知道”看作一个语境敏感性术语，而是应该拒绝向严峻的怀疑论认知标准转换，坚持在任何语境中都采用更为宽松的日常认知标准来评价各种知识归赋语句的真值。[②]

二　语境动力学异议

1. 常识异议

按照语境主义的观点，只要有人提及怀疑论假设，我们就不能

---

① Mylan Engel, “What's Wrong with Contextualism, and a Noncontextualist Resolution of the Skeptical Paradox,”*Erkenntnis* 61(2004):212.

② 参见 Michael Brady and Duncan Pritchard, “Epistemological Contextualism: Problems and Prospects,”*The Philosophical Quarterly* 55(2005):165; Crispin Wright, “Contextualism and Scepticism: Even-Handedness, Factivity and Surreptitiously Raising Standards,”*The Philosophical Quarterly* 55(2005):236-262。

再声称自己或他人具有知识。但这一主张似乎是有悖直觉的。事实上，在非哲学讨论的场合，人们并不会因为你提出怀疑论假设而撤销或者拒绝原来的知识声称，相反，会认为你脑子有问题。费尔德曼的思想实验非常清楚地表明了这一点：

> 假设你在一个鸡尾酒会上参加一场关于食品健康的讨论。有人说吃高糖类食品是有益健康的，另外一些人则赞成吃高蛋白食品。过了一会，你插话道：但是，至少我知道我不是缸中之脑！依据语境主义，这一声称应该会引发人们的异议，因为语境主义认为仅仅提及 BIV 假设……就会提高认知标准。因此，你的这一声称至少应该会招致众多的怀疑。但是事实并非如此。人们可能会奇怪地瞪你几眼，在哲学课堂之外，你几乎不可能成功地激发人们对知识声称的异议。①

恩格尔表达了类似的看法，而且他的观点更为激进。他甚至认为，即便在哲学讨论的场合，一旦我们熟悉了怀疑论论证，它往往也会丧失原初的吸引力。②

语境主义者辩解说，这种异议或多或少误解了他们的方案。因为语境主义并不是要去描述认知主体遭遇怀疑论假设时所发生的实际事情，相反，它是一种规范知识论。科恩声称，由于说话者常常不知道知识标准的语境敏感性，所以很容易做出错误的知识归赋。因此，我们不应该依据人们遭遇怀疑论时的实际感受和反应来评价语境主义。

2. “我先前确实知道，但我现在不知道”怪论

假如你的认知立场强度满足会话早期阶段所适应的知识标准，

① Richard Feldman, “Contextualism and Skepticism,” *Philosophical Perspectives* 13(1999): 100.

② Mylan Engel, “What's Wrong with Contextualism, and a Noncontextualist Resolution of the Skeptical Paradox,” *Erkenntnis* 61(2004): 213.

因而此时你是具有知识的。然而，在有人（包括你自己）提到怀疑论假设的可能性之后，知识标准就会被提高。由于你的认知立场强度不能满足新的知识标准，所以你不再具有知识。在这个时候，你似乎应该说："哦！我先前确实知道，但我现在不知道。"但这句话显然是很别扭的。为说明这一问题，让我们看一看约克鲁（Palle Yourgrau）设想的一个对话：

A：那是一匹斑马吗？

B：对，那是一匹斑马。

A：但是，你能排除那不过是一匹伪装巧妙的骡子的可能性吗？

B：我不能。

A：因此，你承认你不知道它是一匹斑马吗？

B：不，我当时确实知道那是一匹斑马。但在你质疑之后，我不再知道那是一匹斑马。[①]

在德罗斯看来，约克鲁设想的这个对话并不构成对语境主义的真正威胁。德罗斯首先指出，B 的最后一个声称未必荒谬，因为在 A 质疑 B 看到的动物有可能是一匹伪装巧妙的骡子之后，B 的信念可能会发生动摇，以至于他不再相信他看到的动物是一匹斑马，而"S 相信 p"是"S 知道 p"的必要条件，所以 B 不再知道那是一匹斑马。不过，这不是德罗斯的关键性理由。因为德罗斯认识到，第三人称的约克鲁式对话可以排除会话语境对认知主体的信念水平的影响。下面是经过德罗斯改进之后的第三人称的约克鲁式对话：

A：亨利知道那是一匹斑马吗？

① Palle Yourgrau, "Knowledge and Relevant Alternatives," *Synthese* 55(1983): 183.

B：对，他知道。

A：但是，他能排除那不过是一匹伪装巧妙的骡子的可能性吗？

B：不，他不能。

A：因此，你承认他不知道那是一匹斑马吗？

B：不，他当时确实知道那是一匹斑马。但在你质疑之后，他不再知道那是一匹斑马。[①]

德罗斯强调的是，语境主义者并不会说出像“他（我）当时知道，但他（我）现在不知道”这样的荒唐之言。德罗斯说，在上述两个对话中，语境主义者的确会承认A的质疑提高了知识标准。但此时，B不仅会否认自己（或亨利）现在知道，而且会否认自己（或亨利）过去知道。因此，在对话的最后，如果B是一位语境主义者，他根本不会说：

在你质疑之前，我（或者亨利）知道那是一匹斑马；而在你质疑之后，我（或者亨利）不知道那是一匹斑马。

而是说：

看来我（或者亨利）真的不知道那是一匹斑马。

3. 认知怠惰悖论

语境主义似乎意味着如下观点：在对知识声称进行批判性反思之前，我们知之甚多，而在批判性反思之后，我们反而不具有知识。也就是说，知识论探究不仅没有增加我们的知识，相反它破坏了我

---

① Keith DeRose, “Now You Know It, Now You Don't,” *Proceedings of the Twentieth World Congress of Philosophy* 5(2000): 94.

的知识，我们在认知上越盲目，我们居然知道得越多。此即认知怠惰悖论（paradox of epistemic laziness）。这一结论无论如何是不可接受的，正如霍夫曼（Frank Hofmann）所言，不管人们怎样准确地去分析知识，难道知识不应该被解释为一种成就吗？

语境主义的代表人物刘易斯似乎也承认这一悖论的存在。在他看来，知识论是一种“破坏其自身主体地位的研究”。他在《难以捉摸的知识》一文中多次提到了这一点：

> 或许，知识论是罪魁祸首。或许，这种特殊的消遣劫掠了我们的知识。或许，在日常生活中，我们的确知之甚多；但是，或许，当我们仔细审查我们的知识时，它却消失了。[①]
>
> 在严格的知识论语境中，我们一无所知，不过，在较为宽松的语境中，我们知之甚多。[②]
>
> 除非我们从事的这种研究是知识论的一种完全非典型例子，那么，知识论必定会破坏知识，这一点将是不可避免的。这就是为何知识是不可捉摸的。审查它，它就立即消失了。[③]
>
> 设想两个在丛林中徒步旅行的知识论学者。他们边走边谈。他们提到了各种不太可能的错误可能性。由于注意到这些通常被忽略的可能性，他们破坏了他们通常具有的知识。[④]

但在德罗斯看来，刘易斯和语境主义的对手们都忘记了语境主义的“元语言上升策略”。语境主义者并不是说“S是否知道p依赖于归赋者语境”，而是说“我们能否正确地声称‘S知道p’依赖于归赋者语境”。这是因为“S知道p”这一声称在不同语境中所表达的内容是不同的：在日常语境中，它表达的内容是S关于p的认知

① David Lewis, “Elusive Knowledge,” *Australasian Journal of Philosophy* 74(1996): 550.

② David Lewis, “Elusive Knowledge,” *Australasian Journal of Philosophy* 74(1996): 551.

③ David Lewis, “Elusive Knowledge,” *Australasian Journal of Philosophy* 74(1996): 560.

④ David Lewis, “Elusive Knowledge,” *Australasian Journal of Philosophy* 74(1996): 565.

立场满足日常语境所预设的低认知标准；在怀疑论语境中，它表达的内容则是S关于p的认知立场不能满足怀疑论语境所预设的高认知标准。因此，从日常语境到怀疑论语境，根本不存在认知主体的知识被破坏或消失的问题。[①]

三 日常语言基础异议：反类比论证

围绕类比论证的异议主要有三种：其一，针对常见索引词论证，卡佩伦和雷波尔提出了一个“去引号论证”[②]。根据该论证，语境主义把“知道”看作类似于“我”“这儿”“现在”这样的索引词的做法是不适当的。他们认为，包含索引词的句子通常都不能够通过“去引号”的方式从直引变为间引。像“我”“这儿”“现在”这些常见索引词都能够通过这种索引词诊断测试；但是，“知道”不能通过这种索引词诊断测试，因为它能够通过“去引号”从直引变为间引。因此，语境主义的常见索引词类比论证是错误的。如果语境主义者仍要坚持“知道”一词的用法是语境敏感的，那么他们必须承担举证的责任。

其二，斯坦利反驳了科恩的程度性形容词类比论证。斯坦利认为，“语境主义者这样做的目的是把举证的责任推到了对手的一边；如果‘自然语言中的很多（如果不是大多数）谓词具有语境依赖性’，那么声称‘知道’具有语境依赖性的人就不必承担举证的责任”[③]。在斯坦利看来，语境主义的这些论证不足以推卸其举证的责任。斯坦利将科恩对“知道”谓词的语境敏感论证重构如下：

---

① 参见 Keith DeRose, “Contextualism and Knowledge Attributions,” *Philosophy and Phenomenological Research* 52(1992): 924-928; Keith DeRose, “Now You Know It, Now You Don't,” *Proceedings of the Twentieth World Congress of Philosophy* 5(2000): 91-106。

② Herman Cappelen and Ernie Lepore, “Context Shifting Arguments,” *Philosophical Perspectives* 17(2003): 25-50.

③ Jason Stanley, “On the Linguistic Basis for Contextualism,” *Philosophical Studies* 119(2004): 130.

(1) 程度表达式具有语境敏感性。所以，

(2) “得到证成的 (justified)” 这一程度性术语具有语境敏感性。

(3) “S 知道 p” 部分地意味着 “对于 S 而言 p 是得到证成的”。

结论：“S 知道 p” 为真依赖于语境。

斯坦利指出，科恩的前提 (1) 是错误的，并非所有的程度表达式都具有语境敏感性。“得到证成的” 这个语言表达式虽然可以是程度性的，但不能由此得出如下结论：“得到证成的” 是语境敏感的。因为 “程度性形容词这一子类 (subclass) 的语义内容对语境凸显标准敏感这一事实与声称 ‘知道’ 的语义具有相似的语境敏感性无关”[①]。斯坦利的这一思想来自德雷斯基的如下评论：

> 与富有或者理性不同，知道某个事情没有程度问题。两个人能够都富有，而其中一人比另一人更富有；两个人能够都是理性的，而其中一人比另一人更有理性。当谈论某个人、某个地点或某个主题——事情 (things) 而不是事实 (facts) ——时，说一个人比另一个人更好地知道某个事情也是有意义的……但事实性的知识，如 “S 是 F” 这一知识不容许进行这样的比较。如果我俩知道这球是红的，那么说我比你更知道这球是红的是没有意义的。[②]

基于这一评论，斯坦利认为，把 “知道” 与 “肥胖” “丰富” 等形容词进行类比是错误的，因为后者是有程度差别的 (gradable)，而前者是没有程度差别的[③]，所以，不能由后者的语境敏感性推断前

---

① Jason Stanley, “On the Linguistic Basis for Contextualism, ” *Philosophical Studies* 119(2004): 130.

② Fred Dretske, *Knowledge and the Flow of Information*, Cambridge: The MIT Press, 1981, p. 363.

③ 曹剑波论述了一种知识程度主义的观点（参见曹建波《知识是绝对的，还是有程度的?》，《哲学研究》2022 年第 6 期）。

者具有语境敏感性。既然“知道”这一谓词与程度性形容词存在这种差别，语境主义者若要把“知道”看作语境敏感谓词，那就必须提供进一步的证据。他写道：

> 在语义上与程度（degrees on scales）相联系的自然语言表达式以各种公认的方式利用了这种联系——通过容许在程度间进行比较、通过容许对语境性凸显的程度进行修饰。如果“知道”的语义内容对语境性凸显敏感，因而与认知强度的程度相联系（如同“高”与高度的某个程度相联系一样），那么我们应该期待这种联系会被运用在许多不同的造句中，比方说在自然的比较造句中。（不过）我们没有看到这种运用，这一事实至少应该使我们怀疑关于这种语义联系的声称。因此，对“高”“小”及同类谓词的语境敏感性的研究加重了（而不是转移了）语境主义者关于“知道”的举证负担。[①]

斯坦利进一步指出，由前提（2）与（3）也得不出“‘S知道P’为真依赖于语境”这一结论。这一推理预设了“知识-证成论题”：“证成”是对知识概念分析的一部分，因此，“证成”具有某种属性，“知道”亦具有某种属性。斯坦利认为这一论题是不成立的。“知识-证成论题”的更一般形式是：如果某个术语t包含某种属性，倘若表述该属性的术语t’具有语境敏感性，那么术语t具有语境敏感性。斯坦利举了两个例子来反驳这一观点。

一个典型的例子是“真空”这个词。对“真空”这个词的概念分析表明它包含“空”这一属性，尽管“空”这个词的意义具有语境敏感性，但我们并不能据此推衍出“真空”这个词的意义也是语境敏感的。

另一个例子是“约翰的敌人”这一表达式。“约翰的敌人”这一概

① Jason Stanley, “On the Linguistic Basis for Contextualism,” *Philosophical Studies* 119(2004): 130.

念包含“敌人”这一概念，“敌人”这个词的意义是语境敏感的（在一个语境中他可能指 x 的敌人，在另一语境中他可能指 y 的敌人），但我们也不能据此推衍出“约翰的敌人”这个词是语境敏感的。

此外，“知道”与那些公认的语境敏感谓词如“平坦的”“高的”还有另外一个重要的区别。在日常会话中，我们能够清楚地认识到那些公认的语境敏感谓词的语境敏感性，我们根本就不会因为它们的语境敏感用法而产生困惑。当我的儿子说“这张桌子的桌面很光滑”，而一位物理学家指着同样的桌子说“这张桌子的桌面很不光滑”时，我会毫不犹豫地认为他们两个做出的断言都是真的，我也不会认为这两个断言之间有任何的冲突。但“知道”这一谓词则不同。在日常会话中，我们根本认识不到它的语境敏感用法，甚至会对“我们一时说 S 知道 p，一时又说 S 不知道 p”而迷惑不解。正如谢弗（Stephen Schiffer）所说：

> 当我们使用索引词和其他的语境敏感术语时，我们知道我们正在表达的是一些什么样的命题。所以，语境主义者不能既声称知识归赋语句具有语境敏感的内容，又声称在某些语境中说出某些知识归赋语句的人会系统地分不清他们的话语所表达的命题和在某些其他的语境中他们通过说出那些句子将要表达的命题。①

四　日常语言基础异议：对知识归赋中的语境敏感现象的反语境主义解读

前面谈到，在日常语言中存在的知识归赋语境敏感现象（phenomenon of context-sensitivity of knowledge attribution）历来是语境主义

① Stephen Schiffer, “Contextualist Solutions to Scepticism,” *Proceedings of the Aristotelian Society* 96(1996): 325.

者用来支持其论点的一个主要证据，它被视为语境主义的日常语言基础。但反对者认为，尽管语境主义能够解释知识归赋的语境敏感性，但认为语境主义本身就是高度反直觉的。在直觉上，把“知道”看作一个语境敏感谓词，或认为知识归赋句子的真值条件依赖于归赋语境，是相当荒谬的。事实上，“知道”与那些公认的语境敏感谓词如“平坦的”“高的”有很大的不同。在日常会话中，我们能够清楚地认识到那些谓词的语境敏感性，我们根本就不会因为它们的语境敏感用法而产生困惑。当我的儿子说“这张桌子的桌面很光滑”，而一位物理学家指着同样的桌子说“这张桌子的桌面很不光滑”时，我会毫不犹豫地认为他们两个做出的断言都是真的，我也不会认为这两个断言之间有任何的冲突。但“知道”这一谓词则不同。在日常会话中，我们根本认识不到它的语境敏感用法，甚至会对“我们一时说 S 知道 p，一时又说 S 不知道 p”而迷惑不解。有鉴于此，反对者声称，如果能够对知识归赋的语境敏感现象做出某种恒定主义的解释，我们就没有理由接受语境主义这种极端的主张。

事实上，语境主义的反对者已经对知识归赋的语境敏感现象做出一系列的反怀疑论的非语境主义解释，即温和恒定主义（moderate invariantism）的解释。典型地，霍桑和斯坦利发展了一种“主体敏感恒定主义”（subject-sensitive invariantism，SSI）来解释知识归赋的语境敏感现象[①]。赖肖（Patrick Rysiew）、布朗（Jessica Brown）和布莱克则坚持古典恒定主义的观点，不过，他们对知识归赋的语境敏感现象做出了一种语用论恒定主义（pragmatic invariantism）的解释[②]。此外，威廉姆森（Timothy Williamson）主张，在知识归赋的语

① 参见 John Hawthorne, *Knowledge and Lotteries*, New York: Oxford University Press, 2004; Jason Stanley, "On the Linguistic Basis for Contextualism, "*Philosophical Studies* 119(2004): 119-146。

② Patrick Rysiew, "The Context-Sensitivity of Knowledge Attributions, "*NOÛS* 35(2001): 477-514; Jessica Brown, "Adapt or Die: The Death of Invariantism?"*The Philosophical Quarterly* 55(2005): 263-285; Tim Black, "Classic Invariantism, Relevance and Warranted Assertability Manoeuvres, "*The Philosophical Quarterly* 55(2005): 328-336.

境敏感性案例中，知识归赋的真值条件是固定不变的，主体自始至终也都具有知识；但在主体不能排除的那些不寻常的可能性被提及之后，凸显效应（effects of salience）所造成的心理偏见会使我们误以为主体缺乏知识，从而造成了知识归赋的语境敏感假象[①]。在巴赫（Kent Bach）看来，尽管知识归赋的真值条件固定不变，但在那些不寻常的可能性被提及之后，主体确实由"知道"变成了"不知道"；不过巴赫认为，这是由于主体的信念发生动摇的缘故。图 3-3 清楚显示了各种解释性理论之间的差别。

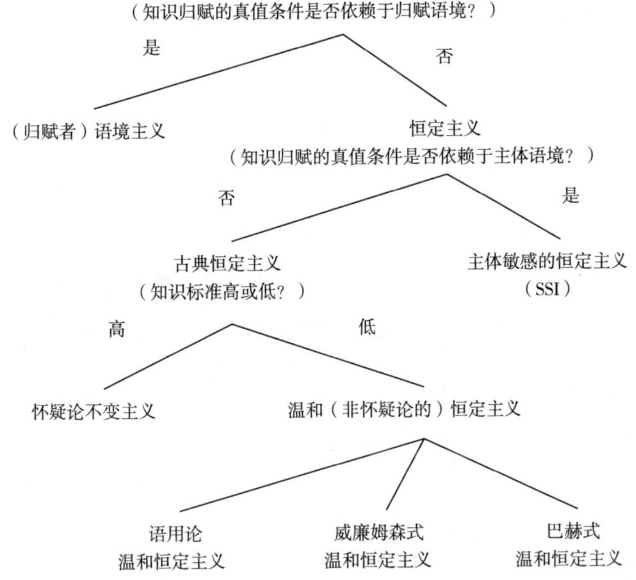

图 3-3　关于知识归赋的语境敏感性的解释性理论的标准分类

在上述对知识归赋的语境敏感现象的非语境主义解释中，比较重要的是 SSI 和语用论温和恒定主义。本章主要讨论 SSI 对语境主义的挑战，至于语用论温和恒定主义，我们将在第五章进行讨论。

---

① Timothy Williamson, "Contextualism, Subject-Sensitive Invariantism and Knowledge of Knowledge," *The Philosophical Quarterly* 55(2005): 213-235.

SSI 的代表人物是霍桑和斯坦利。按照古典恒定主义（classical invariantism），知识归赋的真值条件既不依赖于归赋者语境，也不依赖于认知主体语境。SSI 则认为，知识归赋的真值条件虽然不依赖于归赋者语境，但是它依赖于认知主体的语境。

按照 SSI，语境主义者用来支持其观点的大多数案例是第一人称知识归赋。在这些案例中，知识归赋者和认知主体是同一的，因而，我们可以依据知识标准对主体语境的敏感性来解释知识归赋的语境敏感现象，而不必采用语境主义的那种极端主张。比如，在银行案例 A 中，“我知道银行星期六会营业”这一断言为真，因为对作为认知主体的德罗斯而言，存钱一事无关紧要，而且他妻子也没有提到“银行突然改变营业时间”的可能性。换言之，由于错误可能性没有对作为认知主体的德罗斯凸显，因而不是一个相关替代项。在这种情况下，为了知道银行星期六会营业，德罗斯并不需要排除“银行突然改变营业时间”这一不太可能的可能性，因而，基于“银行在两周前的星期六营业”这一证据，德罗斯能够知道银行星期六营业。但在案例 B 中，对作为认知主体的德罗斯而言，在星期一之前把钱存入银行意义重大，而且他妻子提到了“银行突然改变营业时间”的可能性，即错误可能性已经对作为认知主体的德罗斯凸显，因而是一个相关替代项。在这种情况下，为了知道银行星期六会营业，德罗斯就必须排除这一可能性。由于德罗斯不具有这种认知立场，因而，基于“银行在两周前的星期六营业”这一证据，德罗斯不知道银行在这个星期六是否会营业。

语境主义者承认 SSI 在解释第一人称知识归赋的有效性，但是他们认为 SSI 难以解释第三人称知识归赋的语境敏感现象。科恩断言，SSI 虽然能解释处于怀疑论语境中的我们认为我们不具有知识这一直觉，但是它不能解释处于怀疑论语境中的我们认为处于普通语境中的他人或者以前的我们不具有知识的直觉。因为，在第三人称知识归赋中，作为认知主体的他人或者过去的我们并不是会话的参与者，当我们（归赋者）进入“高”语境时，认知主体仍然处于“低”语境之中，但我们还是会认为“他们”不具有知识。①

不过，在霍桑看来，SSI 可以借助于一种便利性启发策略（the Availability Heuristic）来解释第三人称知识归赋中的语境敏感性。霍桑认为，在第三人称知识归赋的“高”语境中，我们确实会断言认知主体缺乏知识，但这一断言是错误的。因为我们在推理时运用了便利性启发策略，我们总是基于回忆或者想象一个事件的容易程度来估计该事件的发生概率。在大多数情况下这种启发式策略不会有问题，因为经常发生的事件通常更容易回忆或者想象。但是，当那些与某事件的发生概率无关的因素引发我们回忆或想象该事件时，便利性启发策略会导致偏误产生。霍桑引证了许多研究来表明“当某种情景变得栩栩如生时，它的感知风险可能会戏剧性地提高”。并进而推测：“当某些不破坏知识的（non-knowledge-destroying）相反可能性变得凸显时，我们会过高地估计它们的实际危险，因而我们可能会否认他人具有知识，尽管在那些案例中实际上没有真正出错的危险。”②

语境主义者主要从两个方面批判了霍桑的这一辩护策略。首先，即使霍桑的解释是成功的，那也是一种过度解释。理由如下：如果在我们考虑他人是否具有知识时便利性启发策略会导致我们高估错误的概率，那么在我们考虑我们自己是否具有知识时它应该也会导致我们高估错误的概率。但是，如果求助于我们倾向于高估错误的概率我们能够解释我们认为他人缺乏知识的直觉，那么我们为什么不以同样的方式来解释我们认为我们自己缺乏知识的直觉。③

---

① 参见 Stewart Cohen, “Knowledge, Assertion, and Practical Reasoning,” *Philosophical Issues* 14 (2004): 488–489; Stewart Cohen, “Knowledge, Speaker and Subject,” *The Philosophical Quarterly* 55(2005): 207–212。

② John Hawthorne, *Knowledge and Lotteries*, New York: Oxford University Press, 2004, p. 164.

③ Stewart Cohen, “Knowledge, Assertion, and Practical Reasoning,” *Philosophical Issues* 14 (2004): 489.

其次，科恩认为，关于便利性启发策略的材料并不完全支持霍桑的如下假设：在错误可能性对我们凸显时，我们通常会高估它们的发生概率和实际风险。科恩承认，有时候便利性启发策略确实会导致我们高估某些可能事件的发生概率和实际风险，但有时候也会导致我们低估某些可能事件的发生概率和实际风险。因此，当错误可能性对我们凸显时，我们并不一定总是高估它的发生概率，SSI 不能成功地解释第三人称知识归赋的语境敏感性。

在笔者看来，语境主义的第一个反驳对 SSI 是致命的，因为便利性启发策略会导致 SSI 陷入一种两难困境。一方面，如果便利性启发策略能够成功地解释第三人称知识归赋的语境敏感性，那么它应该同样能够成功地解释第一人称知识归赋的语境敏感性，因而 SSI 的核心观点——知识标准对认知主体是语境敏感的——就是多余的。另一方面，如果便利性启发策略不足以成功地解释第一人称知识归赋的语境敏感性，因而需要诉诸知识标准对认知主体的语境敏感性，那么我们就难以想象便利性启发策略怎么能够成功地解释第三人称知识归赋的语境敏感性。

本章的讨论表明，语境主义实际上是德雷斯基-诺齐克路线的一种变体，与后者相比，它的比较优势在于它既能维护我们关于日常命题的知识，又能克服德雷斯基-诺齐克路线的反闭合问题。但其代价是引入了“知识归赋的真值条件对归赋语境敏感”这一高度反直觉的主张。因此，如果我们能够在恒定主义的框架内发展一种能弥补德雷斯基-诺齐克路线缺陷的反怀疑论路线，我们就没有理由接受语境主义的这种极端主张。事实上，这种可能性是存在的，这就直接将我们导向下一章将要讨论的摩尔主义的反怀疑论路线。

第四章　摩尔主义的反怀疑论路线：既有主张及其问题

本章的目的是评价现有的摩尔式反怀疑论方案。我们将从摩尔的反怀疑论方案开始，详细介绍摩尔反对怀疑论的论证，讨论其面临的问题，同时也阐明摩尔主义的比较优势，以便为发展一种能克服古典摩尔主义缺陷的新摩尔主义指明方向。随后我们将依次介绍三种主流的新摩尔主义，包括克莱因的将理由结构与相关替代论相结合的新摩尔主义、普里查德的麦克道威尔式新摩尔主义、索萨基于安全性条件的新摩尔主义。我们将逐一指出这三种新摩尔主义的问题，尤其是索萨知识安全论所面临的克里普克式反例问题以及如何解释怀疑论论证的直觉合理性问题。

第一节　摩尔的常识论证：问题与遗产

一　常识论证：摩尔对怀疑论的反驳

摩尔承认闭合原理的合理性，但他认为，承认闭合原理并不必然导致怀疑论。在他看来，闭合原理是一个双方皆可利用的主张：一方面，怀疑论者可以通过否定闭合原理的后件来否定其前件，即采用否定后件式推理来得出怀疑论的结论；另一方面，我们也可以通过肯定闭合原理的前件来肯定其后件，即采用肯定前件式推理来反对怀疑论。摩尔写道：

> 因此，我赞同该论证中的部分断言，即如果我现在不知道我不是在做梦，那么我不知道我站立着……但是该论证的这一

首件（first part）是一个双方皆可利用的主张（cut both ways）。因为，如果它成立，那么下述主张也成立，即如果我真的知道我站立着，那么我就知道我不是在做梦。因此，正如反对我的人可以论证说：因为你不知道你不是在做梦，所以你不知道你站立着。我也同样可以论证说：因为我知道我站立着，所以我知道我不是在做梦。这两个论证的效果是一样的，除非反对我的人用来支持我不知道我不是在做梦的理由比我用来支持我知道我站立着的理由更好。[①]

从上面这段引文来看，摩尔采用的是一种针锋相对的策略。怀疑论者说：我不知道我不是在做梦；而如果我不知道我不是在做梦，那么我不知道我站立着，因此，我不知道我站立着。摩尔则争辩说：我知道我站立着；而如果我知道我站立着，那么我知道我不是在做梦，因此，我知道我不是在做梦。据此，摩尔的反怀疑论论证的一般模式可概括如下：

$$(M1)\ K_S(O)$$

$$(M2)\ K_S(O) \rightarrow K_S(\neg SH)$$

$$(MC)\ K_S(\neg SH)$$

读作：

（M1）S知道O。

（M2）如果S知道O，那么S知道¬SH。

（MC）S知道¬SH。

① G. E. Moore, "Certainty," in E. Sosa and J. Kim, eds., *Epistemology: An Anthology*, Malden: Blackwell Publishers, 2000, p. 30.

由于怀疑论者承认摩尔论证的第二个前提（M2），所以摩尔的任务就是要证明他确实知道各种常识命题。在《捍卫常识》[①] 一文中，摩尔声称，和许多其他的人一样，他确定地知道许多命题。这些命题包括：地球已经存在了很多年；地球上曾经有而且现在还有许多种类不同的身体或物理对象；这些身体包括人的身体，而这些人（包括摩尔自身）又具有各种不同的思想、情感和经验。在《外部世界的证明》中，摩尔认为他可以为外部世界的存在提供一个相当严格的证明。例如，他声称他能够以下面这种方式证明他有两只手：

> ……举起我的两只手，我一边用右手做出某个手势，一边说“这儿有一只手”；然后，一边用左手做出某个手势，一边补充说“这儿有另外一只手”。[②]

摩尔宣称，这一证明是非常严格的，是一个判定性证明（conclusive proof）。何谓判定性证明呢？摩尔的回答是，一个证明是判定性证明，当且仅当：

(1) 其前提不同于其结论；
(2) 证明者知道其前提为真；
(3) 其前提可以推出其结论。[③]

显然，摩尔的论证满足第一个条件，即其前提不同于其结论：

---

① G. E. Moore, “A Defence of Common Sense,” in G. E. Moore, *Philosophical Papers*, London: George Allen & Unwin Ltd., 1959, pp. 32-59.

② G. E. Moore, “Proof of an External World”, in E. Sosa and J. Kim, eds., *Epistemology: An Anthology*, Malden: Blackwell Publishers, 2000, p. 24.

③ G. E. Moore, “Proof of an External World,” in E. Sosa and J. Kim, eds., *Epistemology: An Anthology*, Malden: Blackwell Publishers, 2000, p. 25.

摩尔的前提是举起他的两只手，做某些手势，说“这儿有一只手”和“这儿有另外一只手”；其结论是存在两只手。摩尔也认为其论证满足第二个条件：他知道通过举起他的两只手、做某些手势以及说“这儿有一只手，这儿有另外一只手”所表达的东西。他知道在他用右手做出某个手势和第一次说“这儿”所显示的地方存在一只手，他也知道在他用左手做出某个手势和第二次说“这儿”所显示的地方存在另外一只手。摩尔的论证也满足第三个条件：既然这儿有一只手，那儿有另外一只手，据此当然可以推出存在两只手。

为进一步阐明这种证明就是我们通常所说的严格的判定性证明，摩尔还举了一个证明一页书上至少存在三处印刷错误的例子。为证明这一点，我们不过是在该书页上依次找出三处错误而已。摩尔指出，如果这是对一页书上至少存在三处印刷错误的判定性证明，那么他也严格地证明了他有两只手。然后，借助于肯定前件式推理，摩尔就可以证明外部世界的存在，证明怀疑论假设为假。

二　常识论证的问题

作为对外部世界怀疑论的解答，摩尔的“辩护”和“证明”并未得到人们的广泛认同。相反，许多哲学家认为摩尔并未抓住外部世界怀疑论的要害。在《怎样成为新摩尔主义者》一文中，普里查德概括了古典摩尔主义面临的六大异议。

（1）辩证不适当性异议。摩尔不过是把怀疑论者试图否定的命题当作无可争议的前提，并以此反驳怀疑论，因而犯了乞题的毛病。

（2）僵局异议。古典摩尔主义谈不上是一种对怀疑论问题的解决方案，它最多与怀疑论者打个平手。怀疑论者把摩尔试图否定的命题当作无可争议的前提，然后用否定后件式推理来得出怀疑论的结论；摩尔则是把怀疑论者试图否定的命题当作无可争议的前提，然后用肯定前件式推理来得出反怀疑论的结论。

（3）会话不适当性异议。摩尔论证中的那些断言似乎违反了

“知道”这一术语的日常用法。我们很少会用“我们知道 p”这一短语来表达我们知道 p 这一事实——此时，我们只会断言“p”。通常情况下，我们既不会说我们知道怀疑论假设为假，我们也不会说我们知道各种常识命题。

（4）无知识论支持异议。目前尚无一种合理的知识论理论来支持摩尔的结论，即尚无一种合理的知识论理论可以解释我们为什么知道怀疑论假设为假。因为“怀疑论假设为假”这一命题是一个经验命题，但依据假定，任何经验研究都不可能表明该假设不成立。因此，基于一种前理论的理由根据不足以解释我们为什么知道该命题。

（5）无诊断异议。如果诚如摩尔所言，依据我们确实知道的各种常识命题，我们能够知道怀疑论假设为假（例如我不是在做梦，我没有为恶魔所骗，我不是 BIV），那么在面对（特别是首次面对）怀疑论论证时，我们为什么会认为“我们不知道怀疑论假设为假”是一个颇为合理的声称，甚至会怀疑我们知道各种常识命题呢？显然，摩尔并未对该问题进行诊断。

（6）证据怀疑论异议。普里查德这里所说的证据怀疑论即不充分决定性怀疑论。普里查德仿效摩尔的反闭合论证构造了一种回应不充分决定性怀疑论的摩尔主义：

（MU1）S 知道 O。

（MU2）如果 S 知道 O，那么相对于与 O 不相容的假设 SH，S 的证据更支持 O。

（MU3）相对于与 O 不相容的¬SH，S 的证据更支持 O。①

---

① Duncan Pritchard, “How to be a Neo-Moorean,” in S. Goldberg, ed., *Internalism and Externalism in Semantics and Epistemology*, New York: Oxford University Press, 2007, pp. 70-75.

普里查德认为，由于其结论（MU3）的怪异性（oddity），因此，如果得不到进一步的哲学支持，那么该论证是很有疑问的。但古典摩尔主义是拒绝对该问题作进一步的哲学考察的。

正如笔者在导论中提到的，普里查德在后来出版的《知识论析取主义》一书中，将摩尔主义面临的问题浓缩为三大难题：辩证不当性难题、僵局难题和会话不当性难题。我们的讨论仍按照普里查德最初指出的六大异议来展开，不过我们会看到，某些异议之间确实存在某种从属关系。

首先，第一个异议和第二个异议实际上是从属于第四个异议的。第一个异议从属于第四个异议的问题比较复杂，所以我们先看第二个异议为何从属于第四个异议。在笔者看来，正是因为摩尔不是基于某种知识理论，而是采用与素朴闭合论证同样独断的方式——纯粹诉诸直觉的方式——来论证我们知道怀疑论假设为假，所以两者最多打个平手，从而陷入某种僵局。

第一个异议为何从属于第四个异议呢？为了更清楚地说明这一问题，让我们重新检视摩尔关于他知道他有两只手的证明。显然，如果通过看见某个手势和听到“这儿有一只手”的声音摩尔确实知道这儿有一只手，那么摩尔当然可以证明他有两只手。但怀疑论者否认的正是通过看、听、摸、闻等感官经验我们无法确定地知道外部对象的存在。依据摩尔自己所阐明的怀疑论者必须依赖的四个假定[①]，可以设想怀疑论者会如此反驳摩尔：

(1) 摩尔直接知道的东西是他看见某个手势和听到“这儿有一只手”这个声音，他并不直接知道这儿有一只手。[假定 1]

(2) 这儿有一只手不能从摩尔直接知道的东西中逻辑地得出，因为存在摩尔只是梦见这儿有一只手的可能性。[假定 2]

① 参见 G. E. Moore, “Four Forms of Scepticism,” in E. Sosa and J. Kim, eds., *Epistemology: An Anthology*, Malden: Blackwell Publishers, 2000, p. 28。

(3) 如果 (1) 和 (2) 为真，那么摩尔关于“这儿有一只手”的信念是基于一种类推或归纳论证。[假定3]

(4) 因此，摩尔关于“这儿有一只手”的信念是基于一种类推或归纳论证。

(5) 基于类推或归纳论证的东西不可能是可靠的知识。[假定4]

(6) 因此，摩尔关于“这儿有一只手”的信念不可能是可靠的知识。

由此可见，怀疑论者正是要说明摩尔对“他知道他有两只手”的证明是有问题的，摩尔却把怀疑论者所质疑的这个证明看作一个严格的判定性证明，并以此反驳怀疑论，并推断怀疑论假设为假。就此而言，摩尔的确没有抓住怀疑论者的要害。但摩尔似乎考虑到了怀疑论者的这一可能反驳，他对此给出了如下回应：相对于怀疑论的四个假定，他更确定地知道这儿有一只手。① 但在某些哲学家看来，既然怀疑论者的基本假定和命题“摩尔知道这儿有一只手”都具有直觉合理性，那么摩尔简单地赋予“他知道这儿有一只手”这一命题以更大的直觉合理性来反驳怀疑论就是一种独断主义。因此，摩尔的问题仍在于缺乏某种知识理论来解释怀疑论论证为什么是错的，所以第一个异议从属于第四个异议。

其次，第五个异议预设了第三个异议。第三个异议的核心思想是：按照摩尔的观点，我们知道怀疑论假设为假，但问题是我们不能适当地声称我们具有这种知识。第五个异议的核心思想是：摩尔没有解释怀疑论论证的吸引力，尤其是没有解释素朴闭合论证的第

① 需要说明的是，摩尔实际上认同怀疑论者的假定1、假定2和假定3，但反对假定4。但对摩尔来说，不论是相对于他自己承认的三个假定，还是相对于他不认可的假定4，“他知道这是一支铅笔”（对应我们的例子即“摩尔知道这是一只手”）这一命题都具有更大的确实性。参见 G. E. Moore, “Four Forms of Scepticism,” in E. Sosa and J. Kim, eds., *Epistemology: An Anthology*, Malden: Blackwell Publishers, 2000, p. 28。

一个前提——我们不知道怀疑论假设为假——的直觉合理性。而如果一个声称在会话上是适当的，那么在直觉上它就是合理的；反之亦然。换言之，一个声称的会话适当性与其直觉合理性往往是等价的。因此，要解释“我们不知道怀疑论假设为假”这一声称的直觉合理性，就是要解释“我们不知道怀疑论假设为假”这一声称的会话适当性（或“我们知道怀疑论假设为假”这一声称的会话不适当性）。因此，第五个异议本身预设了第三个异议。

至于第六个异议，笔者认为摩尔根本就不会采用普里查德所说的方式来反对不充分决定性论证。在笔者看来，设想摩尔会依据两个特称的常识命题来拒斥不充分决定性原理要更为合理。因为，从摩尔对素朴闭合论证的回应来看，摩尔既承认我们知道（MU1）（S知道O），也承认（MU2）（相对于与O不相容的假设SH，S的证据更支持O）。这样，摩尔对不充分决定性论证的回应也存在类似的问题，即摩尔缺乏一种知识理论来解释不充分决定性原理为什么是错的，也没有解释不充分决定性论证的直觉吸引力，尤其是没有解释不充分决定性原理的直觉合理性。

三 摩尔的遗产

古典摩尔主义的优势在于：它既承认我们知道各种日常命题，也承认我们知道怀疑论假设为假，因而在避免德雷斯基-诺齐克路线的反闭合问题的同时，也避免了语境主义的那种极端主张。简言之，古典摩尔主义的优势是它可以在恒定主义的框架内，以维护闭合原理的方式来反对怀疑论。但如上所述，古典摩尔主义也有其比较劣势：一是缺乏某种知识理论来解释怀疑论为什么是错的；二是没有解释怀疑论论证的直觉吸引力，即没有解释下面这一现象：尽管我们知道怀疑论假设为假，但我们在直觉上会强烈地认为我们不知道怀疑论假设为假，相反，如果我们说我们知道怀疑论假设为假，那反倒是不适当的。

正如摩尔主义反怀疑论路线的拥护者所指出的，只要怀疑论情形的可能世界是一个远离我们所处的现实世界的可能世界，那么摩尔提出的论证就是完全合理的，而且，摩尔的辩护结构也是完全正确的：在这种情况下，对你有两只手的信念的感知辩护不需要先行对存在一个外部世界的信念进行辩护；而且结合闭合原理它能够使我们更加相信存在一个外部世界。但无论如何，摩尔主义的辩护者必须重视古典摩尔主义所面临的两大问题。一方面，他们不能像摩尔那样仅仅诉诸直觉，而必须基于某种知识理论来反对怀疑论；另一方面，他们必须解释怀疑论论证的直觉吸引力。后面将依次讨论当代三种重要的基于知识理论来反对怀疑论的新摩尔主义：克莱因的肯定前件式可错主义、普里查德的知识论析取主义式新摩尔主义和索萨基于安全论的新摩尔主义，指明各自面临的问题。

第二节　拯救摩尔：克莱因的肯定前件式可错主义

一　证据路径与肯定前件式可错主义

克莱因把相关替代知识论与理由的结构结合起来发展了一种摩尔式的反怀疑论方案。克莱因直接回应的同样是素朴闭合论证。为揭示出素朴闭合论证的问题所在，克莱因引入了证据路径（evidence path）的概念。克莱因认为，在证据 E、O 和¬SH 之间存在三种可能的证据路径（evidence path）。令“xRy”意指 x 是 y 的一个充足理由，那么这三种证据路径可以表示如下[①]：

（1）在理由链中，O 先在于¬SH，即：

$$\cdots ReRo\cdots R\neg sh$$

① Peter Klein, “Contextualism and the Real Nature of Academic Skepticism,” *Philosophical Issues* 10(2000): 113-114.

（2）在理由链中，¬SH 先在于 O，即：

$$\cdots ReR\neg sh \cdots Ro$$

（3）证据 E 既足以支持 O，又足以支持¬SH，即：

$$\cdots Ro\begin{cases}\cdots Re \\ \cdots R\neg sh\end{cases}$$

克莱因进一步指出，无论认可哪种证据路径，怀疑论论证都是有问题的。

首先，如果怀疑论者认为第一种证据路径是恰当的，那么他就应该先表明 S 的证据不足以使 S 知道 O，然后再依据闭合原理来推论“S 不知道¬SH”。换言之，在建立闭合论证这个主论证之前，怀疑论者就已经得出了“S 不知道 O”的结论。因此，认可该种证据路径的怀疑论者犯了窃取论题的毛病。

其次，如果怀疑论者认为第三种证据路径是恰当的，那么他（她）就应该独立地论证“S 不知道¬SH”和“S 不知道 O”，因此，认可该种证据路径的怀疑论者同样犯了窃取论题的毛病。

最后，如果怀疑论者认为第二种证据路径是恰当的，那么怀疑论者将声称¬SH 是 O 的证据性先决条件（prerequisite）。在克莱因看来，怀疑论者的这一声称是错误的。依据一种广为接受的知识论——相关替代知识论，S 知道 p，仅当他（她）能够消除 p 的所有相关替代项。由于 SH 并非 O 的相关替代项，所以 S 知道 O 并不要求 S 能够排除 SH 的可能性，即¬SH 不是 O 的证据性先决条件。

综合以上三种情况，克莱因概括说：“尽管［怀疑论］论证看似令人信服，但它要么犯了乞题的毛病，要么包含了一个错误的前提。”①

在克莱因看来，第一种证据路径恰当地描述了 O 和¬SH 之间的

① Peter Klein, “Contextualism and the Real Nature of Academic Skepticism,” *Philosophical Issues* 10(2000): 115.

证据性关系。也就是说，我们是先考察我们的证据是否足以使我们知道 O，然后再据此推论我们是否知道¬SH。由于 S 的证据能够排除 O 的所有相关替代项（尽管 S 的证据不能消除¬SH 的可能性，但它不是 O 的相关替代项），所以 S 知道 O。结合闭合原理，即可推论出“S 知道¬SH”。由此可知，克莱因与摩尔一样，也是依据肯定前件式推理来反驳怀疑论；但与摩尔诉诸一种前理论的常识或直觉来捍卫“S 知道 O”不同，克莱因依靠相关替代论这种知识理论来解释为什么 S 知道 O。由于相关替代论是一种可错主义的知识论，所以科恩形象地将克莱因的反怀疑论方案称为肯定前件式可错主义（*modus ponens* fallibilism，MPF）。

尽管克莱因没有直面精致闭合论证和不充分决定性论证，但从克莱因对素朴闭合论证的回应中，我们可大致看出他对精致闭合论证和不充分决定性论证的应对策略。我们先来考察克莱因会如何回应精致闭合论证。由于精致闭合论证具有与素朴闭合论证相同的证据路径，所以克莱因对素朴闭合论证的指责同样适用于精致闭合论证。此外，由于克莱因承认 S 知道¬SH，所以，克莱因还需进一步驳斥精致闭合论证对“S 不知道¬SH”的证明。对于不充分决定性论证，由于克莱因认同不充分决定性假定，所以他必然会否定（ZK）。因为“如果 SH 能够解释 S 的证据，那么 S 不知道¬SH”是（ZK）的特例，所以如果（ZK）成立，那么该特例也应该成立。但从克莱因对素朴闭合论证的回应来看，他认为（ZK）的这个特例是不成立的：尽管克莱因承认这个特例的前件，即承认 SH 能解释 S 的证据，但他仍然认为 S 能够知道¬SH。因为¬SH 具有一种 MPF 的理由结构，所以只要 S 证据能够排除 O 的相关替代项，S 就能够知道 O，进而也就知道¬SH。由此可知，在克莱因看来，只要涉及某个具有 MPF 理由结构的命题，（ZK）就会失效。因此，可以以如下方式对（ZK）做出一种克莱因式的修订：

(ZK_k)对于所有的S，φ，如果φ能够解释S的证据，那么S不知道¬φ，仅当用来证明¬φ的理由不能具有一种MPF结构。

由于我们前面已经表明：S用来证明p的理由可以具有MPF结构，仅当不存在任何支持¬p的证据（哪怕是非常少的证据），所以(ZK_k)也可以表述为：

(ZK_k *)对于所有的S，φ，如果φ能够解释S的证据，那么S不知道¬φ，仅当不存在任何支持φ的证据（哪怕是非常少的证据）。

至于不充分决定性论证，由于克莱因接受相关替代论（而且是一种类似于德雷斯基的相关替代论），所以他可以直接采用相关替代论者的策略来修订（UK）：

(UK_k)对于所有的S，φ，ψ，如果相对于与φ不相容的假设ψ，S的证据不更支持φ，那么S不知道φ，仅当ψ是φ的相关替代项。

鉴于笔者已在第三章评论相关替代论对不充分决定性论证的回应策略，在此不再赘述。

二 科恩对MPF的批评

克莱因反怀疑论方案的最引人注目的部分是证据路径或理由结构的概念，但也正是这一点引来了人们的异议。科恩认为，MPF具有一种奇怪的理由结构：S知道¬SH的理由居然与S具有的反对SH的理由无关。例如在斑马案例中，按照MPF，基于“我在动物园看见的那只动物看起来像斑马”这一证据，我能够知道我看见的是一匹斑马。而且，因为“我看到的一匹斑马”蕴涵“我看到的不是一匹伪装巧妙的骡子”，所以我也能够知道我看到的不是一匹伪装巧妙的骡子。但是，在对我为何知道我看到的不是一匹伪装巧妙的骡子的这种解释中，我具有的反对这一动物是伪装巧妙的骡子的归纳证据——例如在动物园中这种欺骗事件很少发生——没有发挥任何的作用。同样，我知道我不是 BIV 也与我具有的反对我不是 BIV 的理由——例如“我不是 BIV”的非证据合理性——无关。为了进一步说明这种理由结构的怪异性，科恩构想了一个“地图集”思想实验：

> 假设我在某个地图集上看到这样一个句子：奥尔巴尼是纽约首府。进一步假设我缺乏足够的证据知道这个句子没有印刷错误。既然“奥尔巴尼是［纽约］首府”［这一事实］蕴涵“‘奥尔巴尼是［纽约］首府’这个句子没有印刷错误”。那么基于“奥尔巴尼是首府”这个句子，我能够推论进而能知道奥尔巴尼是［纽约］首府吗？并且，因为蕴涵关系，因此我能够知道这个句子没有印刷错误吗？可以肯定的是，我的理由不能以这种方式来建构。但是我们怎样区分这个案例和肯定前件式可错主义所认可的怀疑论情形中的理由结构呢？①

科恩认为，在地图集案例中，用来证明“‘奥尔巴尼是纽约首府’这个句子没有印刷错误”的理由具有一种 MPF 结构，但直觉告诉我们，该案例中的这种理由构建方式是荒谬的。由于克莱因用来支持“S 知道¬SH”的理由具有同样的 MPF 结构，所以克莱因的这种理由建构方式也是荒谬的，除非他能够对这两种 MPF 结构做出合理的区分。克莱因可以回应说，地图集中的情形与怀疑论情形完全不同：在地图集的例子中，存在某些支持地图集有印刷错误的证据，

① Stewart Cohen, "Contextualism, Skepticism, and the Structure of Reasons," *Philosophical Perspectives* 13(1999): 74-75.

如地图集有时会出现类似错误的归纳证据；而在怀疑论情形中，不存在任何支持我是 BIV 的证据。因而，在地图集的例子中的那些理由不能具有 MPF 结构，而怀疑论情形中的理由可以具有 MPF 结构。由此可知，克莱因之所以认为用来证明¬SH 的理由可以具有一种 MPF 结构，其理由就是没有任何证据表明 SH 有可能为真。因此，克莱因可以通过补充一个限制条件（C_{MPF}）来应对科恩的这一批判：

> （C_{MPF}）用来证明命题 p 的理由可以具有一种 MPF 结构，仅当没有任何证据（哪怕是非常少的证据）表明¬p 有可能为真。

科恩认为，即使补充（C_{MPF}）这样一个限制条件，克莱因也只能解释 BIV 的情形，而无法解释在斑马案例中用来伪装巧妙的骡子的理由为什么可以具有 MPF 结构。因为，人们有时上演各种欺骗，为什么这不能算作支持伪装的骡子这一骗局的“甚至非常小的”的证据呢？假设我们不能把人们有时上演各种欺骗这一普通事实当作支持伪装巧妙的骡子这一假设的归纳证据，那么我们凭什么理由把有时会出现印刷错误当作支持地图集有印刷错误这一假设的归纳证据，并进而认为这一理由不能具有 MPF 结构呢？

科恩认为 MPF 无法解释怀疑论论证的吸引力。因为，如果基于 S 的证据 S 能够知道 O，且 S 能基于“他知道 O”而知道¬SH，那么怎么解释“S 不知道 O”这一直觉呢？比如在斑马案例中，按照克莱因的理论，基于我的视觉证据，我能够知道我看见的是一匹斑马，据此我又知道我看见的不是一匹巧妙伪装的骡子，但怎么解释“我不知道我看见的不是一只巧妙伪装的骡子”这一直觉呢？同样，在 BIV 案例中，我知道我有两只手，据此我又知道我不是 BIV，但如何解释“我不知道我不是 BIV”这一直觉呢？在这两种场合，肯定都不是因为我的理由不充分，因为，“我有两只手”蕴涵“我不是BIV”，“我看见的一匹斑马”蕴涵“我看见的不是一匹伪装巧妙的骡子”。在科恩看来，也许我们可以通过把MPF语境主义化来解释怀疑论论证的吸引力。但他又认为这种语境主义化的MPF仍然会导致前面所说的那种奇怪的MPF的理由结构的存在。

在笔者看来，科恩的第一个批判是克莱因式摩尔主义的硬伤所在，对于任何一种将理由结构和相关替代论结合在一起的方案，这一批判都成立。科恩的第二个批判则是所有摩尔主义不能回避的问题。实际上，我们在前面批判摩尔本人的反怀疑论方案时就已经涉及这一问题。不过，对于科恩的这一批判，摩尔主义完全可以诉诸一种语用策略来应对。关于这一点，留待后面再说。

第三节　普里查德的知识论析取主义式新摩尔主义

一　知识论析取主义

普里查德的知识论析取主义式新摩尔主义的理论基础是知识论析取主义。析取主义有两种，一是关涉知觉经验的本质的形而上学析取主义，二是关涉知觉知识（信念）的理由的知识论析取主义。尽管普里查德明确指出这两种析取主义并无必然的逻辑关联[①]，但知识论析取主义的合理性很大程度上取决于形而上学析取主义的真实性[②]，因此有必要对前者作一个简单的说明。形而上学析取主义明确反对知觉经验的最大共同因素论题（the highest common factor thesis, HCF）：

① Duncan Pritchard, *Epistemological Disjunctivism*, New York: Oxford University Press, 2012, p. 24.

② G. Schönbaumsfeld, “Epistemological Disjunctivism by Duncan Pritchard,” *Analysis Reviews* 75 (2015): 615.

(HCF) 现象上无法区分的[真实的]知觉(perception)、幻觉(hallucination)和错觉(illusion)三者拥有共同的心灵状态。①

按照标准的知觉经验的观点，既然我们在现象上无法区分这三种经验，那么它们在本质上就是相同的经验，即它们具有共同的本质。与之相反，形而上学的析取主义者认为，真实的知觉正确地呈现了某物，错觉错误地呈现了某物，幻觉则没有呈现任何事物，因而三者在本质上是不一样的，即它们具有不同的本质。

知识论析取主义则是关注知觉知识，关注知觉经验提供的理性支持(rational support)，它明确反对知觉理由的最大共同因素论题：

(HCF*) 处于现象上无法区分的好(good)情形与坏(bad)情形中的认知者对其知觉信念具有相同程度的反思上可及的理性支持(reflectively accessible rational support)。

按照传统的(非析取主义的)观点，既然认知者在现象上(通过知觉或通过内省)无法区分好情形和坏情形，那么在这两种情形中凭反思所能获得的认知支持就是相同的。与之相反，知识论析取主义认为，在这两种情形中，认知者对其知觉信念具有的反思上可及的理性支持是完全不同的。在好情形中，认知者具有典型的知觉知识，其具有的理性支持兼具反思可及性和事实性。相反，在坏情形中，她不具有这样的知识，其具有的反思上可及的理性支持(如果有的话)不具有事实性。知识论析取主义的核心论点可表示如下：

在典型的知觉知识情形中，认知者S具有p的知觉知识，

① J. Beebe, "The Abductivist Reply to Skepticism," *Philosophy and Phenomenological Research* 79 (2009): 4.

因为她对她的信念 p 具有的理性支持 R，R 既是事实性的（即 R 的成立蕴涵 p），又是 S 靠反思就能获得到的。[1]

知识论析取主义者进一步指出，认知者 S 在典型的知觉知识情形中拥有的那个兼具事实性和反思可及性的理性支持是 S 看见（seeing that）p：

> 当人们对一个命题 p 具有典型的知觉知识时，她之所以相信 p 的那个靠反思就能获得的理性支持是她看见 p。然而，看见 p 是事实性的，因为如果她看见 p 是真的，那么 p 就必定是真的。[2]

但在相应现象上无法区分的坏情形中，认知者具有的反思上可及的理性支持（如果有的话）是：S 好像看见（seeming to see that）p，这一理性支持是非事实性的，因为 S 好像看见 p 并不蕴涵 p。

知识论析取主义面临的一个麻烦是根据难题（the basis problem）。如前所述，知识论析取主义之所以认为认知者在典型的知觉知识情形中具有知识，其根据是 S 看见 p。一种反对意见是，"S 看见 p"不过是"S 以看的方式来获得 p 的知识"的一个缩写，换言之，"S 看见 p"蕴涵"S 知道 p"。因此，知识论析取主义者基于看见 p 来证成知道 p 时，发生了认知循环。这就是所谓根据难题。[3] 但普里查德认为，根据难题要成立，除非我们承认"看见 p 蕴涵知道 p"这一蕴涵论题（the entailment thesis）。为了弄清楚"看见 p"和"知道 p"的关系，普里查德对认知情形做了一个详细的分类，见表 4-1。

---

① Duncan Pritchard, *Epistemological Disjunctivism*, New York: Oxford University Press, 2012, p. 13.

② Duncan Pritchard, *Epistemological Disjunctivism*, New York: Oxford University Press, 2012, p. 14.

③ 王聚：《知识论析取主义，蕴涵论题与根据难题》，《自然辩证法通讯》2016 年第 5 期，第 30 页。

表 4-1 好情形与坏情形的分类

	好$^{+}$	好	坏	坏$^{+}$	坏$^{++}$	坏$^{+++}$
客观的认知上好的情形?	是	是	否	否	否	否
主观的认知上好的情形?	是	否	是	否	是	否
[知觉信念] 真实?	是	是	是	是	否	否
看见 p?	是	是	否	否	否	否
知道 p?	是	否	否	否	否	否

资料来源：Duncan Pritchard, *Epistemological Disjunctivism*, Oxford: Oxford University Press, 2012, p. 29。

理解这一分类的关键是要理解下面三个区分。首先是客观的认知上的好或坏（objectively epistemically good or bad）的区分。这一区分涉及两类事实：一是与环境性质有关的事实，二是与所涉认知者的认知官能有关的事实。若认知者相关的认知官能功能不正常（比如他服了某种迷幻剂），或即使其认知功能正常，但其所处环境会导致其不能可靠地形成真实信念的情形（如在客观环境中有以其观察方式无法辨别的假谷仓），则其所处情形属于客观的认知上坏的情形。相反，若认知者相关的认知官能功能正常，且其所处环境有利于形成一定范围的明显的真实信念的情形，则认知者处于一种客观的认知上好的情形。按照这一界定，在客观的认知上好的情形中，认知者产生的知觉信念必定是真的，认知者看见 p，因而处于一种能知道 p 的有利地位（in a good position to know that p），但并不必然知道 p。但在客观的认知上坏的情形中，认知者没有看见 p，他只是好像看见 p，其产生的知觉信念要么不是真的，要么是碰巧为真的，因而不能归入知识的范围，认知者不知道 p。

其次是主观的认知上的好与坏（subjectively epistemically good or bad）的区分。这一区分涉及的问题是：认知者是否有怀疑相关目标命题的充分理由。若在所处情形中，“认知者意识到有怀疑相关目标命题的充分理由，或应该意识到这些理由”[①]，如某位通常可信赖的人向认知者指出了某种错误可能性，那么认知者就处于一种主观的认知上坏的情形。在这种情形中，由于认知者有充分的理由怀疑相关的目标命题，那么除非他有额外的理由使得这一反驳理由（defeater）归于无效，否则就不应该相信这一命题，因而不能知道相关的目标命题。相反，若没有反对相关目标命题的理由，认知者就处于一种主观的认知上好的情形。

最后一个区分是形成的知觉信念真实与否的区分。依据这三个区分，普里查德将认知情形分为六种：（1）好$^{+}$情形，即在认知上主客观都好的情形，也就是知识论析取主义者所说的典型的知觉知识情形。在此情形中，认知者形成的知觉信念必定是真的，认知者看见p，而且由于认知者没有怀疑相关目标命题的充分理由，所以也知道p。（2）好情形，即客观的认知上好但主观的认知上坏的认知情形。在此情形中，认知者形成的知觉信念也必定是真的，认知者看见p，但由于认知者具有怀疑相关目标命题的充分理由，所以认知者只是处于一种能够知道p的有利地位，但不知道p。（3）坏情形，即客观的认知上坏，但主观的认知上好，且知觉信念碰巧为真的情形。（4）坏$^{+}$情形，即在认知上主客观都坏，但知觉信念碰巧为真的认知情形。（5）坏$^{++}$情形，即客观的认知上坏，但主观的认知上好，且知觉信念为假的认知情形。（6）坏$^{+++}$情形，即在认知上主客观都坏，且知觉信念为假的认知情形。在后面四种情形中，认知者都没有看见p，而只是好像看见p，自然也就失去了知道p的根据，因而都不知道p。[②]

① Duncan Pritchard, *Epistemological Disjunctivism*, New York: Oxford University Press, 2012, p. 30.

② 普里查德在这里有一个高度反直觉的做法，即他认为在知觉信念碰巧为真的认知情形中，认知者没有看见p。举例来说，假设你视力很好，你也认得谷仓，现在你驱车经过一个地方，看到一个谷仓模样的东西，并由此形成一个“在你面前有一个谷仓”的信念，而且这个东西确确实实是谷仓。那么你是否看见在你面前有一个谷仓呢？按照普里查德的观点，这得看这个地方有没有假谷仓。如果没有，你看见在你面前有一个谷仓；如果有，你没有看见在你面前有一个谷仓，而只是好像看见在你面前有一个谷仓。

诚如普里查德所言，好情形与坏情形的分类“为我们提供了一种思考看见 p 和知道 p 之间的关系的方法，从而为我们提供了一种对根据难题的直接回应”①。对比好⁺情形和好情形，我们不难看出，看见 p 并不蕴涵 p，它“只能确保，从一种客观的角度看，你处于一种能知道 p 的有利地位”②。既然否定了蕴涵论题，自然也就不存在所谓根据难题。

下面我们接着来看普里查德运用知识论析取主义来解决怀疑论问题的新摩尔主义方案。

二　知识论析取主义式新摩尔主义

普里查德首先考虑了一种简单的知识论析取主义式新摩尔主义。回忆一下普里查德关于好情形与坏情形的分类。让我们考虑这样一对认知情形：在主观上和客观上都好的好⁺情形（如我在光线正常、视力正常情况下看见我的两只手的情形）以及相应的在内省上（introspectively）无法区分的坏⁺⁺情形（如我是 BIV 的情形），在后一种情形中，认知者的知觉是不真实的，其环境在客观上是坏的。按照知识论析取主义，在好⁺情形中，我具有一个通过反思可获得的事实性理由：我看见我有两只手，凭借这一理性支持，我知道我有两只手；我有两只手蕴涵我不是 BIV，结合闭合原理，即运用一种摩尔式推理，我就知道我不是 BIV。需要指出的是，在普里查德看来，若无人向我提及 BIV 的可能性，为了知道我有两只手，我并不需要考虑我是不是 BIV，甚至我能否区分这两种情形中所讨论的对象，如人手和 BIV 手，也都无关紧要。但若有人提及 BIV 的可能性，我就应该考虑我是不是 BIV。因此，在提出 BIV 假设之后，我要么具有我不是 BIV 的充足理由，要么不应再相信（因而不再知道）我有

① Duncan Pritchard, *Epistemological Disjunctivism*, New York: Oxford University Press, 2012, p. 33.

② Duncan Pritchard, *Epistemological Disjunctivism*, New York: Oxford University Press, 2012, p. 34.

两只手。按照知识论析取主义，我具有相信我不是 BIV 的这种认知支持，因为我具有相信我有两只手的认知支持，这种认知支持于我是通过反思可以获得的，我也完全知道这一认知支持蕴涵我有两只手，因此也蕴涵我不是 BIV。因此，通过进行相关的、充分的演绎推理，基于这种反思的认知根据，我可以知道我不是 BIV。①

这种简单的知识论析取主义式新摩尔主义可概括如下：

(n-M1) 好$^+$情形中的我具有一个事实性的、通过反思即可获得的理性支持：我看见我有两只手。[前提，(知识论析取主义)]

(n-M2) 我看见我有两只手蕴涵我有两只手。[前提]

(n-M3) 我有两只手蕴涵我不是 BIV。[前提]

(n-MC1) 我看见我有两只手蕴涵我不是 BIV。[由 (n-M2)，(n-M3) 得出]

(n-MC2) 好$^+$情形中的我具有一个事实性的、通过反思即可获得的相信我不是 BIV 的理性支持。[由 (n-M1)，(n-MC1) 得出]

(n-MC3) 好$^+$情形中的我知道我不是 BIV。[由 (n-MC2) 得出]

需要说明的是，在这里，虽然我从知觉上无法区分我所处的好$^+$情形和相应的坏$^{++}$的 BIV 情形，也不能仅仅通过内省来区分这两种情形，但我仍然可以通过反思（在这里是通过内省和先验推理的结合）来区分这两种情形。因此，我知道我不是 BIV，而且我之所以知道我不是 BIV，凭借的正是通过反思就能获得的那个事实性的理性支持：他看见他有两只手，外加适当的演绎推理。②

① 参见 Duncan Pritchard, *Epistemological Disjunctivism*, New York: Oxford University Press, 2012, pp. 122-123。

② 参见 Duncan Pritchard, *Epistemological Disjunctivism*, New York: Oxford University Press, 2012, p. 123。

但普里查德注意到，这一论证有一个问题。按照知识论析取主义，认知者能够基于某种他通过反思即可获得的事实性的理性支持来排除某种错误可能性，仅当：要么这种理性支持是一种独立于这种错误可能性的理性支持，即上述错误可能性并不质疑这种理性支持，要么这种错误可能性缺乏认知动机（lacking in epistemic motivation）。显然，在彻底怀疑论语境中，认知者没有任何“独立的”理性根据来排除怀疑论情形。但知识论析取主义的上述论点也表明，如果错误可能性缺乏认知动机，即只是单纯地被提及，那么认知者就不用诉诸某个独立的理性理由，而只需诉诸某个事实性的理性根据，就可以无障碍地排除这种错误可能性。因此，要使上述论证有效，知识论析取主义者必须表明彻底怀疑论假设这种错误可能性是没有认知动机的，它只是单纯地被提及。

普里查德认为，事实上，彻底怀疑论假设这一错误可能性没有任何认知动机，它只是被提起而已，因为没有任何证据表明存在这种错误可能性。在 BIV 怀疑论中，怀疑论者并不是说我们具有支持 BIV 假设为真的经验根据，而只是说我们不知道它是假的，以及说如果你要知道通常我们认为你知道的那些日常命题，那么你需要知道它是假的。既然彻底怀疑论的错误可能性在本质上缺乏认知动机，那么认知者就可以求助于他在好$^+$情形中的某种事实性的、于他而言反思上可及的理性支持来排除提及的彻底怀疑论情形。普里查德称这种反怀疑论策略为激发性的（motivating）知识论析取主义式新摩尔主义。其论证可概括如下：

（n-M1*）好$^+$情形中的我具有一个事实性的、通过反思即可获得的理性支持：我看见我有两只手。[前提，（知识论析取主义）]

（n-M2*）我看见我有两只手蕴涵我有两只手。[前提]

（n-M3*）我有两只手蕴涵我不是 BIV。[前提]

（n-MC1*）我看见我有两只手蕴涵我不是 BIV。[由（n-

M2)，(n-M3) 得出]

(n-M4*) 如果我看见 p，且我看见 p 蕴涵某个与 p 不相容的 q 为假，那么我知道¬q，仅当：要么我有独立的理由根据支持¬q，要么 q 缺乏认知动机。[前提]

(n-M5*) BIV 假设缺乏认知动机（尽管我没有独立的理由根据支持我不是 BIV)。[前提]

(n-MC2*) 好$^{+}$情形中的我知道我不是 BIV。[由 (n-M1*)，(n-MC1*)，(n-M4*)，(n-M5*) 得出]

普里查德认为，这种解决彻底怀疑论问题的方法能很好地解释摩尔式反怀疑论断言在会话上为何是不恰当的。按照普里查德的解释，即便你无法区分 BIV 情形和非 BIV 情形，但只要你拥有一个反思上可及的事实性理由（如你看见你有两只手)，并用来支持你不是 BIV 这个命题，就足以排除你是 BIV 这种无动机的错误可能性。但同时，这会使你声称你知道不是 BIV 变得不恰当，因为这种声称在会话上隐含你可以将你声称知道的命题与相关的错误可能性区分开来，而你又缺乏区分 BIV 和非 BIV 情景的辨别性理由。因此，即便你事实上知道怀疑性假设为假，但要声称自己知道怀疑性假设为假，却是完全不合理的。

三 合理，抑或乞题?

如果知识论析取主义式新摩尔主义成立，那么它的优势是明显的，它至少在三个方面避免了认识论上的修正主义：一是维系了认知闭合原理，避免了对闭合原理的修正；二是坚持一种恒定主义的立场，避免了语境主义的修正方案；三是在坚持了认知内在主义的基本内核——认知支持的反思可及性要求——的前提下，吸收了认知外在主义的合理成分——认知支持的事实性要求，发展了一种介于经典内在主义和外在主义之间的折中方案，避免了那种激进的完全放弃认知支持的反思可及性要求的认知外在主义。但仅有这些优势还是不够的，作为一种成功的新摩尔主义，它必须解决摩尔主义所面临的各种难题，尤其是，它能够避免乞题难题。下面将论证，知识论析取主义式新摩尔主义并未达到其预期的目标。

回忆一下基于闭合的BIV怀疑论：

(S1) 我不知道我不是BIV。[前提]

(S2) 如果我知道我有两只手，那么我知道我不是BIV。[前提，(CK)]

(SC) 我不知道我有两只手。[由(S1)，(S2)得出]

若进一步追问(S1)的合理性，怀疑论者可能给出的答复是：

(*) BIV情形和非BIV情形在现象上是不可区分的。

(**) 认知者在现象上无法区分的两种情形中具有相同的证据支持。

因此，(***) 我的证据对我不是BIV的支持不超过其对我是BIV的支持。

结合某种具有高度直觉合理性的不充分决定性论题：

(****) 如果我的证据对我不是BIV的支持不超过其对我是BIV的支持，那么我不知道我不是BIV。

可推论出：(S1) 我不知道我不是BIV。

细加考察不难发现，这个论证的中间结论(***)是(**)的一个例示，而(**)实质上是一种具有直觉合理性的理由等同论题（reasons identity thesis，RIT）：

> （RIT）一个人在好情形中具有的理性支持与其在相应的［在现象上无法区分］的坏情形中将具有的理性支持是相同的，因此，在这两种情形中，他具有的知觉理由在质上是同一的。①

是不是很熟悉？没错！这正是对我们前面提到的知觉理由的"最大共同因素论题"（HCF*）的另外一种表述。

至此可知，闭合怀疑论预设了（HCF*）。但如前所述，知识论析取主义明确反对（HCF*），事实上它正是基于对（HCF*）的反对来反对怀疑论的。既然闭合怀疑论预设了（HCF*），通过反对（HCF*）自然可以避免得出怀疑论的结论。因此，是承认（HCF*），还是反对（HCF*），对于闭合怀疑论者和知识论析取主义者都是至关重要的：承认（HCF*），闭合怀疑论者赢，知识论析取主义者输；反对（HCF*），知识论析取主义者赢，闭合怀疑论者输。由于知识论析取主义者并无任何独立的认知理由来支持其反（HCF*）的主张，所以对闭合怀疑论的这一回应是基于一个双方有争议的且未加证明的前提，就此而言，在反驳彻底怀疑论的闭合论证时，知识论析取主义式新摩尔主义犯有乞题的毛病。

然而，真正的问题更为严重。如前所述，彻底怀疑论的另一种论证形式是不充分决定性论证：

> （US1）我的证据对日常命题的支持不超过其对怀疑论假设的支持。［前提］

① G. Schönbaumsfeld, "Epistemological Disjunctivism by Duncan Pritchard," *Analysis Reviews* 75 (2015): 605.

(US2) 如果我知道日常命题为真，那么我的证据对日常命题的支持超过其对怀疑论假说的支持。[前提]

(US3) 我不知道日常命题。[由 (US1), (US1) 得出]

若细究第一个前提 (US1)，我们不难看出，它实质上也是理由等同论题 (RIT) 的一个例示。当然，我们也可以给出一个类似于论证 (S1) 的论证：因为怀疑论情形与日常情形在现象上无法区分，而认知者在现象上无法区分的两种情形中具有相同的证据支持，所以我的证据对日常命题的支持不超过其对怀疑论假设的支持。由于 (RIT) 等同于 (HCF*)，所以基于不充分决定性的彻底怀疑论论证也预设了 (HCF*)。基于上面同样的理由，用知识论析取主义来反对不充分决定性怀疑论同样会犯乞题的毛病。

总而言之，知识论析取主义式新摩尔主义并未真如其提出者所标榜的那样回避了乞题的问题。这一结论不仅适用于它的反闭合怀疑论策略，还适用于它的反不充分决定性怀疑论策略，因此不是一种成功的反怀疑论方案。

第四节 索萨基于安全论的新摩尔主义

一 安全性条件：索萨新摩尔主义的知识论依据

与德罗斯一样，索萨肯定了诺齐克的反事实知识分析的进路。但与德罗斯不同，他认为敏感性条件既不是知识的必要条件，也不是语境标准升降的机制。索萨在他 1999 年的论文《如何击败摩尔的反对者》中提出应该用安全性 (safety) 条件取代敏感性条件。他将安全性描述为敏感性的反事实的假言异位 (counterfactual contrapositive)。

(敏感性)：如果 φ 为假，那么 S 就会不相信 φ。

（安全性）：如果S相信φ，那么φ就会是真的（即不会为假）。[①]

尽管假言异位对实质条件句有效，但它在反事实条件句中无效，因此，安全性并不等同于敏感性。假言异位为何在反事实条件句中无效呢？比较一下描述敏感性和安全性的两个反事实条件句，不难发现，两者都强调信念与事实的某种匹配关系：φ为假，不相信φ，这种匹配关系可记作：M（¬φ，¬Bφ）。但需要指出的是，敏感性和安全性两者要求这种匹配关系成立的可能世界的范围有所不同。为方便看出这一差别，我们对比一下用可能世界术语来表示的敏感性条件与安全性条件。

（敏感性）：在最邻近现实世界的φ为假的可能世界中，S不相信φ。

（安全性）：在一定范围内的邻近现实世界的S相信φ的可能世界中，φ是真的。

显然，敏感性要求这种匹配关系必须在最邻近的φ为假的可能世界中成立，而安全性要求这种匹配关系必须在一定范围内的邻近于现实世界的S相信φ的可能世界中成立。敏感性要求的认知相关世界至少包括最邻近的φ为假的可能世界，但安全性不作此要求，特别地，在最邻近现实世界的φ为假的可能世界不是邻近于现实世界的可能世界时，这个最邻近的φ为假的可能世界就不是安全性所要求的认知相关世界。在这种情形下，安全性并不要求信念-事实的匹配关系M（¬φ，¬Bφ）在最邻近的φ为假的可能世界中成立，但敏感性要求这一点。

---

① Ernest Sosa, "How to Defeat Opposition to Moore," *Philosophical Perspectives* 13(1999): 142. 需要指出的是，在索萨看来，这只是对安全性条件的某种近似表述。安全性的精确表述是：一个信念是安全的，当且仅当该信念基于某个可靠的指示（indication）。参见Ernest Sosa, "Skepticism and Contextualism," *Philosophical Issues* 10(2000): 18。为讨论的方便，本书均采用安全性条件的通用表述。

对比一下索萨的知识安全论与诺齐克的知识追踪论、德罗斯的语境化的追踪论对认知相关世界的判定。如前所述，在诺齐克那里，p的认知相关世界至少包括最邻近的p-世界和最邻近的¬p-世界，即便最邻近的¬p-世界是一个距离现实世界非常遥远的可能世界。[①]在德罗斯那里，认知相关世界球域的范围要视归赋者的会话语境而定：在遥远的可能世界未被提及的日常语境中，这些遥远的可能世界不属于认知相关世界；但在被提及之后，它们则属于认知相关世界。特别地，当最邻近的¬p-世界是一个距离现实世界非常遥远的可能世界时，只要在归赋者语境中没有提及这一可能世界，它就不是认知相关世界；当然，在被提及之后，这个距离现实世界非常遥远的最邻近的¬p-世界会是p的认知相关世界。因此，在德罗斯那里，p的认知相关世界球域并非必然是一个允许¬p的球域。而索萨要求认知相关世界必须是邻近于现实世界的可能世界，当最邻近的¬p-世界是一个距离现实世界非常遥远的可能世界时，它当然就不是p的认知相关世界。因此，按照索萨的安全论，p的认知相关世界球域（安全论者称之为安全域）也并非必然是一个允许¬p的球域，实际上，这一认知相关世界球域就是德罗斯所说的日常语境中的认知相关世界球域。由于索萨的认知相关世界球域是一个与现实世界相邻近的可能世界的结合，因而无论如何，它绝不包含任何怀疑论假设为真的可能世界（如图4-1所示）。

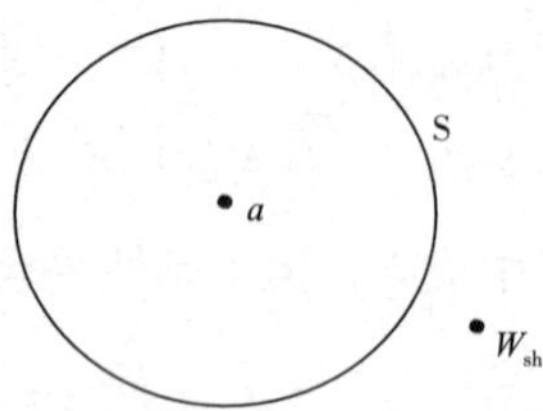

图4-1 索萨的知识分析：认知相关世界球域

① 诺齐克要求的信念与事实的匹配关系不仅包括：φ为假，不相信φ，还包括：φ为真，相信φ。后一种匹配关系记作：M（φ，Bφ）。

二　基于安全论的新摩尔主义

知识安全论当然会反对不充分决定性原理，因为它将遥远的可能世界排除在认知相关世界球域之外。依据不充分决定性原理，如果相对于与 φ 不相容的假设 ψ，S 的证据不更支持 φ，那么 S 不知道 φ。假定不充分决定性原理的前件成立，即相对于与 φ 不相容的假设 ψ，S 的证据不更支持 φ，我们能否给出一种后件为假的情形，在这种情形中，S 能知道 φ 吗？按照知识安全论，答案是肯定的。如果 ψ-世界不是 φ 的认知相关世界，或者说，ψ-世界不是一个邻近于现实世界的 S 相信 φ 的可能世界，那么 S 就有可能知道 φ，只要在邻近于现实世界的 S 相信 φ 的可能世界中 φ 为真。特别地，尽管相对于我是一个无手的 BIV 这种怀疑论假设，我们的证据不更支持我有手这一普通假设，但由于怀疑论假设为真的可能世界（即 BIV 世界）是一个距离现实世界很遥远的可能世界，因此不属于普通假设我有手的认知相关世界。如果在安全论所要求的认知相关世界球域中，即在一定范围内的邻近于现实世界的可能世界中，在我无手的情况下，我不相信我有手，那么我就知道我有手。事实上，在通常情况下我关于我有手的信念是安全的，因为我一般只会在我有两只手的情况下才会相信我有两只手。依据知识安全论，我当然知道我有两只手。因此，知识安全论者反对不加限定的不充分决定性原理，但可以承认一种限定版本的不充分决定性原理：

> （UK_S）对于所有的 S，φ，ψ，如果相对于与 φ 不相容的假设 ψ，S 的证据不更支持 φ，且 ψ-世界是一个邻近于现实世界的可能世界，那么 S 不知道 φ。

同样，知识安全论也会反对（ZK）。按照知识安全论，如果 φ-世界不是一个位于安全域之中的可能世界，或者说，φ-世界不是一个邻近于现实世界的可能世界，那么即使 φ 能够解释 S 的证据，S 仍有可能知道¬φ。特别地，如果 φ-世界是一个怀疑论假设为真的世界，如 BIV 世界，按照假定，BIV 假设当然能解释 S 的所有证据，但 S 仍然知道他不是 BIV，因为在安全域内的所有可能世界中，S 相信他不是 BIV，而且在这些可能世界中，他也的确不是 BIV，即 S 关于他不是 BIV 的信念是安全的，按照安全论，S 当然知道他不是 BIV。同样，知识安全论只承认（ZK）的下述修订版本：

> （ZK_S）对于所有的 S，φ，如果 φ 能够解释 S 的证据，且 φ-世界是一个邻近于现实世界的可能世界，那么 S 不知道¬φ。

上述分析实际上已经表明，按照知识安全论，我知道各种日常命题，如我知道我有手，我也知道怀疑论假设为假，如我知道我不是无手的 BIV，因此，安全论不会导致闭合原理失效，这是安全性条件相较于诺齐克的追踪条件的优越之处，与此同时，安全性条件维系了我们关于知识恒定主义的直觉，这则是优越于德罗斯的语境化追踪条件的地方。

三 基于安全论的新摩尔主义面临的问题

对安全论的批判主要有两个：其一，如果我们确实知道各种日常命题，而且我们也知道怀疑论假设不是真的，那么如何解释怀疑论论证的吸引力呢？这种批判也可以这样来表述：如果我们知道怀疑论假设不是真的，那为什么声称我们知道怀疑论假设不是真的却似乎极不合理呢？其二，知识安全论本身面临克里普克的红色谷仓反例的麻烦。如前所述，第一个问题是所有的摩尔主义都不能回避的问题，为此，我们将在第五章第二节集中讨论摩尔主义的回应策略。我们现在要考虑的是克里普克式反例问题。

回想一下我们在第二章讨论过的红色谷仓的例子。显然，克里普克的原始案例中的佩格关于她看见一个红色谷仓的信念是安全的，因为在佩格所处情境中，红色谷仓都是真的，佩格不会相信她看见了红谷仓，除非她真的看到了红色谷仓。因此，佩格知道她看见的是一个红色谷仓。但佩格不知道她看见的是一个谷仓，因为她关于她看见一个谷仓的信念是不安全的：如果她看见一个假谷仓，她也会相信她看见一个谷仓。这样，与知识追踪论一样，知识安全论同样会出现“佩格知道她看见的是一个红色谷仓，但不知道这是一个谷仓”的问题。我们能否借用亚当斯和克拉克为诺齐克理论辩护的类似策略，为安全论提供一个类似的辩护呢？答案似乎是否定的。遵循亚当斯和克拉克为诺齐克理论辩护的逻辑，亚当斯和克拉克可能会这样为安全论提供辩护：此案例中的佩格是运用一种“红色谷仓式的看”来察觉信息的，其察觉到的信息既包括一个红色的东西，也包括一个谷仓。既然此案例中红色谷仓不可能是假的（按照克里普克的假定），那么这种“红色谷仓式的看”就会真实地传递上述信息，即有一个红色的东西，且有一个谷仓的信息。因为佩格是运用“红色谷仓式的看”来形成“这是一个红色谷仓”这一信念的，所以她满足安全性条件：她不会相信这里有一个红色谷仓，除非在她面前没有出现一个红色谷仓。而且，在没有出现红色谷仓，但佩格相信这里有一个谷仓的场合，她一定不是用“红色谷仓式的看”来形成这一信念的。因此，当佩格相信这是一个红色谷仓时，这种“红色谷仓式的看”是她关于这是一个谷仓的信念的产生方式的一部分。这一方式确保了佩格知道这一结构：它是红色的，且是一个谷仓。因此，与克里普克相反，亚当斯和克拉克会认为佩格知道这是一个谷仓。但问题是，在克里普克的原始案例中，尽管佩格确实是通过一种“红色谷仓式的看”来相信这是一个红谷仓的，但事实上她并非以这种方式来相信这是一个谷仓的，相反，佩格是通过一种“谷仓式的看”来相信这是一个谷仓的。而通过一种“谷仓式的看”来相信这是一个谷仓是不安全的，因为以这种方式看到一个假谷仓时，她也会相信她看到的是真谷仓。

但问题不止如此，知识安全论还面临一种变体的克里普克式反例的威胁，这一反例不仅表明知识安全论会面临荒谬合取难题和知识分配原理失效问题，而且表明安全性条件似乎并非知识的充分条件。这一反例就是弗戈构想的一个克里普克式案例——双簧管案例：

> 假设山姆正在用收音机收听音乐。山姆的音感很强，他能根据各种双簧乐器发出的独特声音来识别它们，唯一例外的是，他会把用英国管演奏的所有乐曲也当作用双簧管演奏的（山姆比较熟悉双簧管，但他从未听过英国管这种东西）。在某一时段，山姆听到一段由双簧管演奏的降 B 调高音。降 B 调高音是英国管演奏不了的，双簧管是唯一能演奏它的双簧乐器。只是山姆对此并不知情。进一步假设他现在听的正是双簧管演奏的乐曲，就像他一直在听一样。现在，如果山姆不是在听用双簧管演奏的降 B 调高音，那他说不定听到的就是用英国管演奏的某段音调，并且会认为它是用双簧管演奏出来的。但是山姆关于他正在听一段用双簧管演奏的降 B 调高音的信念绝不会出错。[①]

按照弗戈的分析，山姆能够安全地相信他在听一段用双簧管演奏的降 B 调高音，因为山姆不会相信这一命题，除非他真的听到一段用双簧管演奏的降 B 调高音。因此，按照知识安全论，山姆当然就知道这一信念是真的。但山姆关于这是一段用双簧管演奏的乐曲的信念是不安全的，因为如果山姆不是在听用双簧管演奏的乐曲，而是在听一段用英国管演奏的乐曲，他也会相信这是一段用双簧管演奏的乐曲。因此，按照索萨的知识论，山姆不知道他在听一段用双簧管演奏的乐曲。这样，知识安全论也会导致荒谬合取问题或知识分配原理失效的问题：山姆知道他在听一段用双簧管演奏的降 B

① Jonathan Vogel, "Subjunctivitis," *Philos Stud* 134(2007): 83.

调高音，但山姆不知道他在听一段用双簧管演奏的乐曲。

必须承认，借用亚当斯和克拉克为诺齐克理论辩护的策略，确实能解决此案例中的合取荒谬问题。之所以出现这一差异，乃是因为在红谷仓案例中，佩格关于红色谷仓的信念和关于谷仓的信念的形成方式是不同的：前者是以“红色谷仓式的看”的方式，后者是以“谷仓式的看”的方式。而在双簧管案例中，山姆是以相同的方式——“降B调高音式的听”——来形成相关信念的。按照这种分析，山姆不只是通过一种“单纯的听”来相信这是一段用双簧管演奏的乐曲，而是通过一种“降B调高音式的听”来形成上述信念的。由于只有双簧管才能演奏出降B调高音，所以山姆通过一种“降B调高音式的听”来形成的信念“这是一段用双簧管演奏的乐曲”也是安全的。因此，山姆此时知道这是一段用双簧管演奏的乐曲，当然他此时也知道他在听一段由双簧管演奏的降B调高音。如果这样，在双簧管案例中，知识安全论并不会出现“山姆知道他听到的是一段由双簧管演奏的降B调高音，但不知道他听到的是一段由双簧管演奏的乐曲”的怪问题，自然也不会出现知识分配原理失效的问题。不过，由于亚当斯和克拉克式辩护不能成功解决红色谷仓案例中的类似问题，因而不是一种理想的解决之道。

双簧管案例与红谷仓案例还有一个不同之处，那就是：在该案例中，我们有强烈的直觉认为山姆不知道他在听一段用双簧管演奏的降B调高音。对比下面的情形，这一直觉会愈加明显。假设后来有一位音乐专家告诉山姆，英国管吹出的声音与双簧管吹出的声音极为相似，以至于你都无法将之分辨开来，但降B调高音除外，事实上，双簧管是唯一能演奏它的双簧乐器。但知识安全论得出了违背该直觉的结论，即承认山姆知道他在听一段用双簧管演奏的降B调高音，因为山姆关于他在听一段用双簧管演奏的降B调高音的信念是安全的。弗戈指出，对于这一问题，安全论的支持者的一种可能答复是，安全性条件只是知识的必要条件，所以，尽管山姆能够安全地相信他在听一段用双簧管演奏的降 B 调高音，但山姆可能不满足某个尚不明确（yet-to-be identified）的额外条件，所以山姆不知道他听到的是一段用双簧管演奏出来的降 B 调高音。

但这种回应会引发更严重的问题。首先，如果满足安全性条件的真信念不足以构成知识，那么知识安全论就不足以回应怀疑论，而这是包括安全论在内的所有反事实知识分析的一个重要目标，若如此，知识安全论的合法性基础就会受到质疑。其次，没有任何迹象表明，某种额外的虚拟式必备条件，或者一种与索萨的安全性条件不同的虚拟式必备条件是双簧管案例所没有满足的。弗戈认为，双簧管案例中的山姆之所以不知道他在听一段双簧管演奏的降 B 调高音，完全是因为他不知道这样一个事实，即双簧管是唯一能演奏降 B 调高音的双簧乐器。如果有某位音乐专家告诉山姆双簧管是唯一能演奏降 B 调高音的双簧乐器，那么他就会知道他刚才在听一段双簧管演奏的降 B 调高音。然而，这种额外的知识并没有提高山姆信念的模态稳定性（modal stability）：不管有没有这种额外的知识，只要山姆真的在听一段双簧管演奏的降 B 调高音，他就会相信他在听一段用双簧管演奏的降 B 调高音。据此，弗戈认为"依据虚拟条件术语就能完全理解知识的观念是可疑的"①。

总结一下克里普克式案例给知识安全论带来的挑战。其一，克里普克的红色谷仓案例和弗戈的双簧管案例都会将安全论（实际上是所有的反事实知识分析）陷入某种合取荒谬或知识分配原理失效的问题。引入亚当斯和克拉克式信念形成方式可以成功应对双簧管案例中的合取荒谬或知识分配原理失效问题，但不适用于红色谷仓案例，因而不是一种满意的解决之道。其二，安全论与弗戈的双簧管案例中的某种知识缺乏直觉相悖，安全论给出的知识条件似乎是不充分的。关于这些挑战的应对方案，将在下一章给出。

① Jonathan Vogel, "Subjunctivitis," *Philos Stud* 134(2007): 84.

第五章　捍卫基于安全论的新摩尔主义

在上一章中，我们指出了基于安全论的新摩尔主义面临的两大问题，一是如何直面克里普克式反例所带来的威胁，二是如何解释怀疑论论证的直觉吸引力。本章第一节将表明克里普克式案例并不构成安全论的真正反例，从而夯实了新摩尔主义的知识论基础。第二节则试图表明，借助语用恒定主义者用来解释日常知识归赋的语境敏感现象的语用策略，新摩尔主义者可以成功解释怀疑论的直觉吸引力。

第一节　知识安全论对克里普克式反例的消解

一　初步探索：精致知识安全论及其问题

为消除克里普克式反例，笔者在博士学位论文中曾提出过一种所谓精致知识安全论。改造后的安全论仍然将知识定义为一种安全的真信念，但做了两点调整：一是引入了“信念形成方式”，强调一个信念的安全性主要是指该信念的形成方式的安全性；二是区分了两类信念：关于单谓词（singular predicate）命题的信念（简称简单信念）和关于复合谓词（compounded predicate）命题的信念（简称复合信念）。

简单信念的安全性仍沿袭索萨对安全性条件的界定：

> S 通过方法 M 形成的简单信念 P_S是安全的，当且仅当：在所有的邻近于现实世界的、S 通过方法 M 相信 P_S的可能世界中，P_S是真的。

对于复合信念的安全性，则定义如下：

> S通过方法M形成的复合信念P_C是安全的，当且仅当：对于构成P_C的任何一个简单信念P_S，S通过方法M形成的信念P_S是安全的。

精致的知识安全论似乎能够解释各种克里普克式案例。在克里普克的“红色谷仓”案例中，按照精致的知识安全论，佩格不知道她看见的是一个红色谷仓，因此不会出现“佩格知道她看见的是一个红色谷仓，但不知道她看见的是一个谷仓”的问题。为什么佩格不知道她看见的是一个红色谷仓呢？因为佩格相信她看到的是一个红色谷仓关涉的是一个复合命题，它包括如下两个简单命题：

> （P_{S1}）佩格看到的这个东西是谷仓；
> （P_{S2}）佩格看到的这个东西是红色的。

依据精致的安全性条件，只有在上述两个简单信念都安全的条件下，“佩格看到的是一个红谷仓”这一复合信念才是安全的。尽管佩格能安全地相信她看到的这个东西是红色的，因为如果这个东西不是红色的，比如是白色的或黑色的，那么通过观察其颜色，佩格就不会相信它是红色的。但佩格关于“她看到的这个东西是谷仓”的信念是不安全的。因为如果佩格看到的是一个假谷仓，通过（透过车窗远距离）观察其外形特征，佩格还是会相信这是一个谷仓（因为假谷仓的外形特征酷似真谷仓）。因此，“佩格看到的是一个红色谷仓”这一复合信念是不安全的。按照复合信念的安全性定义，仅靠观察所看对象的外形和颜色，佩格并不知道她看到的是一个红色谷仓。

精致安全论也能很好地解释佩格在知道“这里有很多假谷仓，

但没有红色假谷仓”这一额外信息之后的各种知识直觉。因为在此之后，他不会仅靠所看对象的外形就相信它是一个（真）谷仓，她还要观察其颜色，看其是否为红色，在确认（相信）其为红色之后，再结合“红色谷仓不可能是假谷仓”的信息，她才会推论并相信这是一个真谷仓，进而相信这是一个红色谷仓。显然，佩格以这种新方式形成的各种相关信念都是安全的。首先，依据这种信念形成方式，佩格只会在看见红色谷仓的时候，她才会相信她看见一个谷仓。由于不存在红色假谷仓的可能性，所以佩格通过这种方式形成的“她看见一个谷仓”的信念是安全的。因此，佩格此时知道她看见一个谷仓，当然她此时也知道她看见一个红色谷仓。

同样，在双簧管案例中，要判断山姆是否知道他在听一段由双簧管演奏的降 B 调高音，关键是要看山姆能否安全地相信他在听一段由双簧管演奏的降 B 调高音。由于“他在听一段由双簧管演奏的降 B 调高音”是一个复合命题，按照精致的安全性条件，该信念是安全的当且仅当主体对构成该命题的所有单谓词命题的信念都是安全的。显然，复合命题“山姆在听一段由双簧管演奏的降 B 调高音”可解析为如下两个单谓词命题：其一，山姆听到的这段乐曲是一段降 B 调高音；其二，山姆听到的这段乐曲是用双簧管演奏的。我们先看在音乐专家告诉山姆只有双簧管才能演奏降 B 调高音之前的情形。显然，山姆对“他听到的这段乐曲是一段降 B 调高音”的信念是安全的，因为如果这段乐曲不是降 B 调高音，那么他就不会相信这段乐曲是一段降 B 调高音。但是，山姆对“这段乐曲是用双簧管演奏的”的信念是不安全的，因为如果这段乐曲不是用双簧管演奏的，比如用英国管演奏的，他也会相信这段乐曲是用双簧管演奏的。既然山姆对“这段乐曲是用双簧管演奏的”的信念是不安全的，山姆对“他在听一段由双簧管演奏的降 B 调高音”的信念也是不安全的。因此，在山姆知道只有双簧管才能演奏降 B 调高音之前，山姆知道他在听一段降 B 调高音，但他不知道他在听一段由双簧管演奏的乐曲，故他不知道他在听一段由双簧管演奏的降 B 调高音。

但在音乐专家告诉山姆只有双簧管才能演奏降 B 调高音之后，山姆的信念形成方式会发生变化，特别是，他关于这段乐曲是用双簧管演奏的信念的形成方式会发生变化。此时，该信念的形成方式是：山姆听到一段乐曲，于是形成这是一段降 B 调高音的信念，再结合只有双簧管才能演奏降 B 调高音的背景知识，山姆推论并相信这段乐曲是用双簧管演奏的。显然，只有在山姆听到降 B 调高音时，山姆才会相信这段乐曲是用双簧管演奏的。换言之，如果山姆听到一段英国管演奏的乐曲，既然英国管演奏不了降 B 调高音，他听到的也就不是降 B 调高音，他也就无法按照上述信念形成方式来相信他听到的乐曲是用双簧管演奏的，此时，他并不会相信这段乐曲是用双簧管演奏的。因此，山姆以这种新方式形成的“这是一段用双簧管演奏的乐曲”的信念也是安全的。因此，山姆此时知道这是一段用双簧管演奏的乐曲，当然他此时也知道他在听一段由双簧管演奏的降 B 调高音。

但这种所谓精致安全论有其致命的问题。首先，这种精致安全论会否认缺乏“上帝之眼”（在被告知额外信息之前）的认知主体知道任何克里普克式复合命题，如在不知道其所在地区无假红色谷仓的情况下，佩格不知道她看到的是一个红色谷仓；在音乐专家告诉山姆只有双簧管才能演奏降 B 调高音之前，他不知道他听到的是一段由双簧管演奏的降 B 调高音。但这实际上是有违直觉的。在克里普克式案例中，我们有强烈的直觉认为认知主体的确知道这些克里普克式复合命题。因此，精致安全论虽然可以消解克里普克式反例，但仍要付出严重违背直觉的代价。其次，这种精致安全论关于复合信念的安全性定义要求太高，也过于复杂。在一定程度上，这种定义可能仅适用于涉及合取命题的信念，对于涉及析取命题、假言命题等其他复合命题的信念的情形，则很难适用。

笔者目前试图辩护的观点是：克里普克式案例并不构成知识安

全论的真正反例，下面将分别讨论知识安全论如何回应红色谷仓案例和双簧管案例所提出的挑战。

二　回应荒谬合取与知识分配原理失效难题

如前所述，在红色谷仓案例中，知识安全论似乎导致一种荒谬的合取：佩格知道她看到的是一个红色谷仓，但又不知道她看到的是一个谷仓，这一荒谬的合取进而会导致知识分配原理的失效。我们也看到，即便遵循亚当斯和克拉克为诺齐克理论辩护的逻辑，引入一种"红色谷仓式的看"也于事无补，因为事实上，佩格不是通过一种"红色谷仓式的看"，而是通过一种"谷仓式的看"相信她看到的是一个谷仓。与以往解决方案不同，笔者认为这一合取并无荒谬之处，承认这一合取也不会导致知识分配原理失效。这样做有两方面的理由。其一，如果我们承认亚当斯和克拉克式辩护的某种合理性，那么我们可以看到，这个合取命题的完整形式是：佩格通过一种"红色谷仓式的看"知道她看到的是一个红色谷仓，佩格通过一种"谷仓式的看"不知道她看到的是一个谷仓。无论如何，这两个命题的合取似乎并无荒谬之处。我们为什么会认为那一原始的合取命题荒谬呢？这就涉及我们要讲的第二个理由。原始的合取命题看似荒谬实乃基于一个假定，我们假定佩格会做出如下一连串的推理：如果佩格知道她看到的是一个红色谷仓，那么她很容易并事实上会基于这一知识推断并相信她看到的是一个谷仓（她只需诉诸一个简单的合取消去规则），因此，佩格知道她看到的是一个谷仓；然而知识安全论暗示她不知道她看到的是一个谷仓。这里似乎有一个矛盾。但请注意，我们在此说"佩格知道她看到的是一个谷仓"是说：成功做出了上述推理并基于该推理相信了她看到的是一个谷仓的佩格知道她看到的是一个谷仓。因此，如果存在一个荒谬的合取的话，那也是这样一个合取：佩格知道她看到的是一个谷仓，并且成功做出了上述推理并基于该推理相信她看到的是一个谷仓的佩格不知道她看到的是一个谷仓。但我们说“佩格不知道她看到的是一个谷仓”时，说的是没有做上述相关推论（更不用说基于该推理而相信她看到的是一个谷仓）的佩格不知道她看到的是一个谷仓，此时的她是通过某种“谷仓式的看”来相信她看到的是一个谷仓。此时的佩格的这一信念当然是不安全的，因此，此时她不具有这一知识。但命题“通过某种谷仓式的看来相信她看到的是一个谷仓的佩格不知道她看到的是一个谷仓”与命题“成功做出了上述推理并基于该推理相信了她看到的是一个谷仓的佩格知道她看到的是一个谷仓”又有何矛盾呢？事实上，在后一情形中，佩格信念形成方式是：“红色谷仓式的看”，外加一个适当的演绎推理。显然，以这种方式形成“她看见一个谷仓”的信念是安全的，因为除非佩格看到的是一个真谷仓，否则她不会相信她看到的是一个谷仓。因此，按照安全论，此时的佩格当然知道她看见的是一个谷仓。由此看来，“佩格知道她看到的是一个红色谷仓，但又不知道她看到的是一个谷仓”这一合取命题尽管有点怪，但确实可以同时为真，只要佩格没有基于她看到的是一个红色谷仓推论出她看到的是一个谷仓，并进而相信她看到的是一个谷仓。

由此看来，这一看似荒谬（但实则并无荒谬之处）的合取实际上也只是冲击了一种粗糙版本的知识分配原理。这种粗糙版本的知识分配原理认为，如果一个人知道 p 和 q 的合取，那么他就知道 p（而且，他知道 q）。但这并未造成我们在第二章中提到的那种精致的知识分配原理（DK）失效。

> （DK）如果一个人知道 p 和 q 的合取，那么，只要他能［据此］推论出 p，他就能知道 p（而且，只要他能［据此］推论出 q，他就能知道 q）。

显然，尽管一个人知道 p 和 q 的合取，但如果他没有据此推论出 p 或 q，并基于此推理结果相信 p 或 q，那么他不知道 p 或不知道 q 则并不是一件奇怪的事情。因此，克里普克的红色谷仓案例并不会导致一种得到精致刻画的知识分配原理失效。

三　解释双簧管案例中的知识缺乏直觉

前已论及，双簧管案例中的知识缺乏直觉问题似乎表明知识安全论是不充分的，它漏掉了某种非模态条件。按照弗戈的论述，在直觉上，我们会强烈地认为此案例中的当事人不知道他听的是一段由双簧管演奏的降 B 调高音，但按照安全论，当事人知道他听的是一段由双簧管演奏的降 B 调高音。显然，如果要维系“山姆不知道他在听一段用双簧管演奏的降 B 调高音”这一直觉，那么知识安全论对知识的要求会过低，它把不是知识的东西算成知识，即满足安全性条件的真信念并非知识的充分条件。弗戈指出，这会动摇知识安全论的合法性基础，而且似乎也找不出其他的反事实条件来强化安全论。我们的观点是，这并不构成安全论的一个致命威胁，因为我们可以考虑另外一种可能性，也许就是我们的直觉出了错，尽管我们直觉上认为山姆不知道他在听一段用双簧管演奏的降 B 调高音，但事实上山姆的确知道他在听一段用双簧管演奏的降 B 调高音。

那如何解释这样一个错误的直觉会貌似为真呢？一个重要的原因就是我们错误地以为山姆是以一种“听一段乐曲”的方式来形成“他在听一段用双簧管演奏的乐曲”这一信念，而“听一段乐曲”并不能让他区分演奏乐器是双簧管还是英国管。因此，在直觉上，我们会认为山姆不知道他在听一段用双簧管演奏的乐曲，因而也不知道他在听一段用双簧管演奏的降 B 调高音。当然，按我们的解释，山姆是以一种“降 B 调高音式地听”的方式来形成相关信念的，而“降 B 调高音式地听”的方式足以让他正确地判断出演奏乐器是双簧管，因而山姆知道他在听一段用双簧管演奏的乐曲，也知道他在听一段用双簧管演奏的降 B 调高音。

否定知识缺乏直觉可以规避弗戈所说的知识安全论不充分的指责，但仍留下这样一个问题：如何解释山姆在被告知只有双簧管才能演奏降 B 调高音这一信息前后我们的知识直觉上的差别？我们的答复是：造成这一差别的是我们直觉上认为山姆的信念形成方式发生了改变。如前所说，在获得这一信息之前，我们直觉上认为山姆是以一种“听一段乐曲”的方式来形成相关信念的（尽管按照我们的分析，山姆是以一种“B 调高音式地听”来形成相关信念的）。但在音乐专家告诉山姆只有双簧管才能演奏降 B 调高音之后，我们的直觉告诉我们，山姆的信念形成方式发生了变化，特别是，他关于这段乐曲是用双簧管演奏的信念的形成方式发生了变化。此时，我们直觉上会认为该信念的形成方式是：山姆听到一段乐曲，于是形成这是一段降 B 调高音的信念，再结合只有双簧管才能演奏降 B 调高音的背景知识，山姆推论并相信这段乐曲是用双簧管演奏的。也就是说，山姆是以一种“听一段乐曲”，结合适当信息，外加适当推理的方式来形成这段乐曲是用双簧管演奏的这一信念的。显然，以这种方式形成的这一信念是确实无误的，因此，我们在直觉上会认为山姆知道他在听一段用双簧管演奏的乐曲。而且我们直觉上也会认为，山姆是在确信他在听一段用双簧管演奏的乐曲之后，他才会相信他在听一段用双簧管演奏的降 B 调高音，因此我们在直觉上会认为山姆知道他在听一段用双簧管演奏的降 B 调高音。

不过，我们对山姆在被告知只有双簧管才能演奏降 B 调高音之后具有知识的解释与我们对我们在直觉上认为此时的山姆具有知识的解释会稍有不同。自始至终，山姆的“听”都是一种“降 B 调高音式地听”，而不是一种“单纯地听”。在音乐专家告诉山姆只有双簧管才能演奏降 B 调高音之前，山姆凭借一种“降 B 调高音式地听”相信他在听一段由双簧管演奏的音乐，也相信他在听一段降 B 调高音，再通过适当的演绎推理相信他在听一段由双簧管演奏的降 B 调高音；在音乐专家告诉山姆只有双簧管才能演奏降 B 调高音之后，山姆通过一种“降B调高音式地听”相信他听到的是一段降B调高音，结合音乐专家告知的信息，他推断并相信他在听一段用双簧管演奏的乐曲或他在听一段用双簧管演奏的降B调高音。也就是说，山姆是以一种“降B调高音式地听”，结合音乐专家告知的信息并进行适当的推理的方式形成他在听一段用双簧管演奏的乐曲或他在听一段用双簧管演奏的降B调高音这一信念的。显然，山姆以这种方式形成的相关信念的都是安全的，因为，只有在听到降B调高音式的时候，山姆才能以一种“降B调高音式的听”来相信他听到的乐曲是用双簧管演奏的，再外加适当的推理来形成他在听一段用双簧管演奏的乐曲或他在听一段用双簧管演奏的降B调高音等相关信念。而且在山姆听到降B调高音式的时候，他的相关信念都不会出错。此时的山姆知道他在听一段用双簧管演奏的乐曲，也知道他在听一段用双簧管演奏的降B调高音。

这样，笔者消解了知识安全论的克里普克式反例，夯实了摩尔主义的知识论基础。下一节我们将进一步讨论摩尔主义如何解释怀疑论论证的吸引力问题。

第二节　摩尔主义与有保证的可断言性策略

如前所述，对摩尔主义的一个常见异议是它不能解释怀疑论论证的直觉吸引力。怀疑论论证的直觉吸引力是显明的：在直觉上，我们会强烈地认为我们不知道怀疑论假设是错的；而且一旦我们提出怀疑论论证，我会有强烈的直觉认为我们不知道各种常识命题。我们在第三章指出，语境主义者主张用语义策略来解释这些直觉，即承认：在怀疑论语境中，我们不知道怀疑论假设是错的，也不知道各种常识命题。摩尔主义不可能认同这种语义策略，因为这会否定摩尔主义自身的核心主张。按照摩尔主义的观点，在任何语境中，我们都知道各种常识命题，也都知道怀疑论假设是错的。既然如此，摩尔主义又如何解释我们上述直觉呢?

一 语义/语用的区分与有保证的可断言性策略

在语言哲学中，人们区分了一个话语的语义内容（semantic content）和语用内容（pragmatic content)。前者指一个句子的字面意义(literal meaning)，用萨蒙（Nathan Salmon）的话来说，就是（相对于一个话语语境）一个句子本身在语义上嵌入的或者表达的（semantically encoded or expressed）命题；后者指一个句子的非字面意义（nonliteral meaning)，用萨蒙的话来说，就是通过说一个句子在语用上传达或者传递的（pragmatically imparted or conveyed）命题。[①] 一般来说，一个话语的语义内容对应于该话语的真值条件，语用内容则对应于该话语的会话恰当性条件（conversational propriety conditions）或有保证的可断言性条件（warranted assertability conditions)。

依据这种语义/语用的区分，一个话语在直觉上的真值反映的不是该话语在字面上表达的命题的真值，而是它在语用上传递的命题的真值。因此，尽管一个话语的字面意义为真，但由于它在语用上传递了一个虚假的命题，此时断言它是没保证的，是不恰当的，而且，这种无保证性会让我们产生该话语为假的直觉；反之，尽管一个话语的字面意义为假，但由于它在语用上传递了一个真实的命题，此时断言它是有保证的，是恰当的，而且这种有保证性会让我们产生该话语为真的直觉。

通过区分语义和语用，摩尔主义可以声称，在任何语境中，一个知识声称的语义内容或真值条件是固定不变的，而且其要求相对较低，因此，我们既知道各种常识命题，也知道怀疑论假设是错的；但知识声称的语用内容或会话适当性条件或有保证的可断言性条件会随着语境的变化而变化。在日常语境中，会话适当性条件或有保

① 参见 Nathan Salmon, *Frege's Puzzle*, Atascadero: Ridgeview Publishing Company, 1986, pp. 58–60; Nathan Salmon, "The Pragmatic Fallacy," *Philosophical Studies* 63(1991): 87–89。

证的可断言性条件容易得到满足，此时宣称我们知道各种常识命题或宣称知道怀疑论假设为假所传递的语用内容没有超出其语义内容，因此，我们可以有保证地或恰当地做出这一声称；但在怀疑论语境中，会话适当性条件或有保证的可断言性条件难以得到满足，这些知识声称会传递一些错误的、超出其语义内容的语用内容，因而在会话上是不适当的，是没有保证的。相反，此时否认我们具有知识，在会话上反倒是适当的，是有保证的。由于人们常常错误地把一个话语的会话适当性条件或有保证的可断言性条件当作其真值条件，所以会错误地以为我们在该语境中不具有关于常识命题或怀疑论假设为假的知识。摩尔主义者的这种策略被称为有保证的可断言性策略（warranted assertability maneuvers，WAMs）。

但德罗斯质疑有保证的可断言性策略能够成功回应怀疑论。他指出，一种成功的 WAM 必须满足三个条件，而所有的 WAMs 都无法同时满足这三个条件。

德罗斯认为，成功的 WAMs 涉及的是这种情况：同一语境中的某个断言和它的对立面看似都是错误的，我们必须解释其中某个断言（准确地说是采用 WAMs 的人认为正确的那个断言）为何看起来是错误的。德罗斯因此提出：

> （Ⅰ）WAMs 会取得成功，仅当我们需要解释的只是某个看似错误的断言——尤其是，这个看似错误的断言与同一语境中的另一看似错误的断言相冲突——为何看似错误。[①]

其次，德罗斯注意到，WAMs 往往求助这个看似错误的断言所产生的某个错误隐含（implicature）来解释这个看似错误的断言为何看似错误。在这里，隐含是做出一个断言所传递出来的东西，而不

① Keith DeRose, "Contextualism: An Explanation and Defense," in J. Greco and E. Sosa, eds., *The Blackwell Guide to Epistemology*, Oxford: Blackwell, 1999, p. 197.

是这个断言自身所说内容的一部分。德罗斯因此提出：

> (Ⅱ) WAMs 会取得成功，仅当仅凭［做出那个断言］产生的错误隐含就能提供所需要的解释。[①]

最后，为防止求助特殊的或特设性的规则，尤其某些仅适用于“知道”及其同源词的规则，德罗斯引入了第三个条件：

> (Ⅲ) WAMs 会取得成功仅当：在解释某个看似错误的断言为什么没有保证时，诉诸的是一般的会话规则。[②]

不过布莱克认为德罗斯给出的三个条件失之偏颇，特别是第一个条件过于严格。在布莱克看来，一个成功的 WAM 需要处理的是两个相互冲突的表象（appearances），因此必须对其中某个表象加以解释。因此重要的事情不是某个断言和它的对立面看起来是假的，而是某个断言和它的对立面看起来都有相同的真值（truth value）：即使在某个断言和它的对立面看起来都是真的情况下，同样存在 WAMs 所承认的两个相互冲突的表象，必须对其中的某个表象加以解释。因此，布莱克将德罗斯的第一个条件修改如下：

> (Ⅰ*) WAMs 会取得成功，仅当：或者我们需要解释某个看似错误的断言——但这个看似错误的断言与同一语境中的另一看似错误的断言相冲突——为何看似错误；或者我们需要解

---

① Keith DeRose, "Contextualism: An Explanation and Defense," in J. Greco and E. Sosa, eds., *The Blackwell Guide to Epistemology*, Oxford: Blackwell, 1999, p. 200.

② 根据德罗斯的说法，他的 WAM 求助于他所说的“断言更强”对话规则，根据这个规则，“当你能够断言两件事中的任何一件，那么，在其他条件等同的情况下，如果你断言其中的任何一件事，就断言更强的那件事”。参见 Keith DeRose, "Contextualism: An Explanation and Defense," in J. Greco and E. Sosa, eds., *The Blackwell Guide to Epistemology*, Oxford: Blackwell, 1999, p. 196。

释某个看似正确的断言——尤其是，这个看似正确的断言与同一语境中的另一看似正确的断言相冲突——为何看似正确。[①]

随后，布莱克根据对（Ⅰ）所做的修改修改了另外两个条件：

（Ⅱ*）WAMs会取得成功，仅当仅凭某种适当隐含就能提供所需要的解释，即或者仅仅诉诸一个错误的隐含（implicature）来解释它为什么看似错误，或者仅仅诉诸一个正确的隐含来解释它为什么看似正确。[②]

（Ⅲ*）WAMs会取得成功仅当：在解释某些看似错误的断言为什么没有保证时，或解释某些看似真实的断言为什么有保证时，诉诸的是一般的会话规则。[③]

如果我们认可经布莱克修订后的三个条件，因此，摩尔主义面临的挑战就是用满足条件（Ⅰ*）、（Ⅱ*）和（Ⅲ*）的WAMs来捍卫摩尔主义对怀疑论难题的回应。

二　对摩尔式有保证的可断言性策略的初步说明

摩尔式有保证的可断言性策略始于同一语境（怀疑论语境）中两个看似为真但又相互冲突的断言。假设我们身处怀疑论语境，在该语境中，怀疑论假设已经被提出。再假设该语境中的所有会话参与者都本着合作的态度，严肃地对待怀疑论假设。那么在这一语境中，我们会在直觉上认为我们不知道我们有手。然而，与此同时，

① Tim Black, "A Warranted-assertability Defense of a Moorean Response to Skepticism," *Acta Analytica* 23(2008): 192.

② Tim Black, "A Warranted-assertability Defense of a Moorean Response to Skepticism," *Acta Analytica* 23(2008): 192.

③ Tim Black, "A Warranted-assertability Defense of a Moorean Response to Skepticism," *Acta Analytica* 23(2008): 193.

我们仍然会伴有另一相反的直觉，即在直觉上认为我们确实知道我们有手。当然，我们关于这一直觉的强度会有所不同，在知与不知之间，大多数人多少会有点摇摆不定。但无论如何，即便在怀疑论语境中，我们大多数人仍能感受到我知道我有手这一直觉带给我们的压力。事实上，在怀疑论语境中，我们面临的正是两个看似都正确但又相互矛盾的断言：

(1) 我不知道我有手；

(2) 我知道我有手。

由于摩尔主义者认为即便在怀疑论语境中我也知道我有手，即认为（2）为真，（1）为假，所以他必须解释：（1）既然为假，却为何看似为真。也就是说，既然你知道你有手，却为何看似你不知道你有手。因此，怀疑论的摩尔式回应满足条件（Ⅰ*）。

身处怀疑论语境，在承认你知道你有手的情况下，如何解释看似你不知道你有手呢？摩尔主义的答复是：此语境中，尽管你知道你有手，但断言你知道你有手会产生错误的会话隐含，因而是无保证的；相反，如果你此时断言你不知道你有手则不会产生错误的会话隐含，因而是有保证的，正是这一断言的有保证性导致了这一断言看似为真。这里有两个问题需要解决：其一，摩尔主义区分了知识断言的语义蕴涵和语用隐含，前者的真值决定知识断言的真值，后者的真值决定知识断言的有无保证性，并影响其表面上或直观上的真值。显然，这也确保了摩尔式 WAMs 能满足条件（Ⅱ*），它的确是诉诸某种适当的会话隐含来说明知识断言为何看似为真，即诉诸在怀疑论语境中做出该断言将产生的正确隐含来解释这一断言的有保证性，进而解释其为何看似为真。但问题是如何区分知识断言的语义蕴涵和语用隐含呢？其二，摩尔主义需要阐明知识归赋语用隐含的产生机制，而且，这种说明必须满足条件（Ⅲ*），它必须诉诸一般的会话规则。

对这两个问题的回答都与我们前面提到过的语用论恒定主义有关。这一理论在一些重要的主张上与德雷斯基-诺齐克路线以及摩尔主义是一致的，它同样认为知识标准是恒定不变的，不随语境的变化而变化，而且知识标准（至少对于普通命题而言）也没那么严苛，即便在强语境中，这一标准也能得到满足，认知者一样具有知识。事实上，在解决知识归赋的语境敏感性难题方面，它既可以服务于德雷斯基-诺齐克路线（如果他不承认我们能知道怀疑论假设为假），也可以服务于摩尔主义（如果他不承认我们能知道怀疑论假设为假）。语用论恒定主义如何解释强语境中的知识缺乏直觉呢？这一理论的支持者求助的正是有保证的可断言性策略：在强语境中做出我们具有知识的断言会产生错误的会话隐含，因而是无保证的；相反，若做出我们缺乏知识的断言则不会产生这种错误的会话隐含，因而是有保证的，进而看起来是真的。因此，语用论恒定主义同样需要区分知识断言的语义蕴涵和语用隐含，同样需要求助于一般的会话规则来说明语用隐含的产生机制。

如何区分知识断言的语义蕴涵和语用隐含呢？语用论恒定主义者的立论基础是区分相关的（relevant）认知立场和凸显的（salient）认知立场。这一区分最先由赖肖提出，并为布朗、布莱克等语用论恒定主义者所继承。在《知识归赋的语境敏感性》一文中，赖肖将知识归赋句在语义上表达的命题和它在语用上传递的命题区分开来：

> “S知道p”这个句子在字面上所表达的命题是S知道p……。S知道p至少蕴涵：S相信p，p以及S具有良好的认知立场——特别是……S关于p的认知立场好到足以使他知道p。……一个关于“S知道p”的话语在语用上所传递的命题是一个具有如下形式的命题：“S关于p的认知立场好到足

以……”这里省略的内容需要依据语境来完成。[①]

如何衡量认知立场强度呢？赖肖认为，S关于p的认知立场的强弱（好坏）与S能够排除的非p可能性（即p的替代项）的范围有关。S能够排除的替代项的范围越大，他对p的认知立场就越强，反之则越弱。作为相关替代论的捍卫者，赖肖同样认为，S知道p并不要求S能够排除p的所有替代项，它只要求S能够排除p的所有相关替代项。进一步，赖肖主张区分了“相关替代项”和“凸显替代项”。前者是指“如果S要知道p，那么他必须排除的那些相反可能性”；后者则指“在一定情形下（参与会话的）各方想到的那些相反可能性”[②]。这一区分正是赖肖和语境主义者的分歧所在。在语境主义者那里，凸显替代项必定是相关替代项（由敏感性规则所控制）。赖肖否认这一点。他写道：

> 相关替代项是由那些我们这些（正常的）人认为很可能与主体所说知道的东西相反的可能性来确定的。……仅仅提到某个非p替代项，或者仅仅是说话者在说“S知道p”时想起某些非p替代项这一事实，并不会影响句子所意指（mean）的东西（即句子在字面上所表达的东西）。……它们与语义问题无关……。[③]
>
> 尽管只有相关替代项会影响一个特定知识归赋句子在字面上所表达的东西，但是那些凸显替代项……会与通过说出该句子在语用上将传递的东西直接相关。[④]

---

① Patrick Rysiew, “The Context-Sensitivity of Knowledge Attributions,” *Noûs* 35 (2001): 487 - 488.

② Patrick Rysiew, “The Context-Sensitivity of Knowledge Attributions,” *Noûs* 35 (2001): 488.

③ Patrick Rysiew, “The Context-Sensitivity of Knowledge Attributions,” *Noûs* 35 (2001): 488.

④ Patrick Rysiew, “The Context-Sensitivity of Knowledge Attributions,” *Noûs* 35 (2001): 490.

在上面引文中，赖肖明确指出，相关替代项关涉知识归赋句的语义内容，而凸显替代项关涉知识归赋句的语用隐含。换言之，断言 S 知道 p 在语义上所表达的命题是：S 关于 p 的认知立场好到足以能使他排除 p 的所有相关替代项；断言 S 知道 p 在语用上所传递的命题则是：S 关于 p 的认知立场好到足以使他能够排除 p 的所有凸显替代项。由于相关替代项与凸显替代项不必相同，而且它们通常也不会相同，因而，一个句子在语义上蕴涵的命题和通过说出该句子在语用上传递的命题在意义和真值上都会有所差别。

考虑一下第三章中的银行案例，依据赖肖的观点，不论在低风险情形，还是高风险情形，德罗斯始终知道银行星期六营业，因为这一知识并不要求他能排除“银行会改变营业时间”这一不太可能的可能性。当德罗斯说他知道银行明天营业时，其字面意义或者在语义上所表达的命题是：他具有良好的认知立场，他能够排除那些我们通常认为有可能发生的相反可能性。德罗斯事实上的确具有这种认知立场，因而，不论是在“低”语境的案例 A 中，还是在“高”语境的案例 B 中，德罗斯的这一断言都是真的。不过，德罗斯的上述断言在两种语境中所传递的命题是不同的。在案例 A 中，德罗斯和他的妻子没有考虑或想到“银行可能改变营业时间”这些不太可能的可能性，即这些替代项在该语境中没有被凸显，即不是凸显替代项。事实上，这里的凸显替代项没有超出相关替代项的范围。所以，德罗斯断言他知道银行星期六将营业所传递的命题也是：他具有良好的认知立场，他能够排除那些我们通常认为有可能发生的相反可能性。由于德罗斯的确具有这种认知立场，德罗斯的上述断言在会话上就是有保证的或者说是恰当的。但是，在案例 B 中，由于德罗斯妻子的提醒，德罗斯认识到在周一前存钱的实践重要性，进而会考虑一些以前未曾考虑到的可能性，尽管这些可能性微乎其微。此时德罗斯断言他知道银行星期六将营业所传递的命题也是：他具有良好的认知立场，他能够排除这些凸显的相反可能性。由于德罗斯不具有如此强的认知立场，他并不能排除这些凸显的相反可能性，所以德罗斯断言他知道银行星期六将营业会产生一个错误的会话隐含，因而就是没有保证的。

这一区分同样可运用于怀疑论情形。摩尔主义者也可以解释：即使身处彻底怀疑论语境，我也知道我有手。这是因为，根据摩尔主义，相关认知立场不随语境的变化而变化。因此，不论身处普通语境，还是怀疑论语境，知识所要求的相关认知立场都是一样的，它们都要求认知主体的认知立场必须好到足以排除所有在认知上相关的替代项。由于我的确具有这种相关认知立场，所以即使身处在彻底怀疑论语境，我也能知道我有手。只不过，在怀疑论语境中我不能断言我知道我有手，因为这样做会隐含或语用上传递我具有凸显的认知地位的信息。而且，我们还有另一更保守的替代方式，我们可以有保证地断言我不知道我有手。

现在的问题是，为什么在强语境和怀疑论语境中断言 S 知道 p 会产生这种语用隐含呢？即为什么会在语用上传递出 S 关于 p 的认知立场好到足以使他能够排除 p 的所有凸显替代项这一信息呢？这将涉及另一问题，即如何依据一般的会话规则来说明语用隐含产生机制的问题。

三　知识归赋会话隐含的产生机制

关于知识归赋语用隐含的产生机制，语用论恒定主义者诉诸格赖斯的会话隐含理论来加以说明。不过，不同的语用论恒定主义者在此问题上分歧很大：赖肖和布朗主张诉诸格赖斯的关系准则（maxim of relation），布莱克则主张诉诸相关性准则（maxim of relevance）和量的准则——准确地说是强度准则（maxim of strength）——的适当结合。

赖肖认为知识归赋语用隐含的产生受制于格赖斯（H. P. Grice）的合作原理（cooperative principle）：

在参与会话时，你要依据你所参与的谈话交流的公认目的或方向，让你的会话贡献（conversational contribution）符合这种需要。①

赖肖进一步指出，这些语用现象的产生特别依赖于格赖斯的关系准则。

依据（CP），我们做出的知识归赋通常会造成这些语用现象。特别是关系准则——“使之相关!”——合理地承保了这些现象……②

在解释银行案例时，赖肖写道：

只要德罗斯妻子已经使得他们在星期一之前把钱存入银行账户的重要性变得明显——否则，他们已经写好的一张“巨额而且重要”的支票会被银行退票等等。他们自然就会考虑一些迄今仍未考虑的可能性：也许银行刚刚改了营业时间；也许由于某种特殊的职业假期，银行本周六将停业……③

也就是说，在银行案例中，德罗斯妻子提到在周一之前存钱的重要性，这一实践重要性会导致他们考虑那些未考虑的可能性，并通过提及这些可能性（如银行有可能改变营业时间）来改变会话的目的或方向。一旦德罗斯的妻子将使这些无关的错误可能性得到凸显，断言德罗斯知道银行在星期六会开门营业在语用上就会隐含德罗斯能够排除这些凸显的可能性，隐含德罗斯具有凸显的认知立场。

---

① H. P. Grice, “Logic and conversation,” in A. P. Martinich, ed., *The Philosophy of Language*, New York: Oxford University Press, 1996, pp. 158-159.

② Patrick Rysiew, “The Context-Sensitivity of Knowledge Attributions,” *Noûs* 35(2001): 491.

③ Patrick Rysiew, “The Context-Sensitivity of Knowledge Attributions,” *Noûs* 35(2001): 490.

因为德罗斯不能排除这一可能性，所以他不能有保证地断言他知道银行在星期六会开门营业（尽管这一声称照字面意义是正确的）；相反，他可以有保证地断言自己不知道银行会在星期六会营业，这一断言尽管照字面意义是错误的，却传递了一个正确的信息：他不能够排除银行改变营业时间的那些可能性。

布朗认为赖肖未充分认识到实践重要性对知识归赋的全部影响。布朗指出，在赖肖那里，相关问题的实践重要性需要通过使错误可能性得到凸显才能影响知识归赋的语用隐含。但按照赖肖对凸显替代项的界定，不论实践重要性如何，只要说话者提到某种相反可能性，该替代项就会成为凸显替代项。因此，在赖肖对知识归赋会话隐含产生机制的说明中，实践重要性的作用实际上是无关紧要的。在布朗看来，实践重要性对知识归赋会话隐含的影响更为重要，被提及的某种错误可能性能否影响知识归赋，这受制于讨论中的问题的实践重要性。比如，在前面的案例中，被提及的错误可能性之所以使相关的知识断言变得不合适或没有保证，正是由于相关问题的实践重要性。在相关问题不具有实践重要性的场合，尽管一种错误可能性被提出，我们通常会通过质疑这一错误可能性的存在来阻止其破坏知识的倾向。为说明这一问题，布朗给出了一个机场案例的变体：

> 设想史密斯和他的旅伴琼斯的一段谈话。他们都知道，对他们而言，飞机是否停靠芝加哥无关紧要。琼斯出于好奇地问道：飞机会停靠芝加哥吗？为了回答琼斯这一无聊的询问，史密斯说：哦！我知道飞机会停靠芝加哥——这个航行线路表上写得很清楚。假设琼斯现在提到航行线路表有打印错误的可能性，这一错误可能性的提出会破坏相关的知识归赋。然而，当飞机是否停靠芝加哥无关紧要时，我们完全可以阻止这种破坏知识的倾向。例如，史密斯可以答道：那怎么可能呢？但是，

> 如果对于史密斯和琼斯来说飞机是否停靠芝加哥非常重要，史密斯的这一答复就不能成功地阻止那种破坏知识的倾向。[①]

这一案例与科恩的机场案例的不同在于：对于史密斯和琼斯而言，飞机停不停芝加哥无关紧要。因此，当琼斯提到航行线路表可能有印刷错误时，他可以通过质疑这一错误可能性的存在来有效地恢复知识断言的有保证性。

对实践重要性的强调还能很好地解释人们对我们在日常生活中提到怀疑论的可能性和在知识论课堂上提到怀疑论的可能性的态度的差异。比如，对于日常生活而言，这种可能性存在与否是无关紧要的，所以人们可以有效地阻止它破坏知识的倾向；但在知识论课堂中，这种可能性存在与否就具有实践的重要性，此时，仅凭一句"那怎么可能呢?"是无法阻止它破坏知识的倾向的。

另外，布朗进一步运用格赖斯的关系准则来阐明知识归赋语用隐含的产生机制。与赖肖用认知主体能够排除的相关替代项范围来表征其认知立场强度不同，布朗跟从德罗斯，主张依据主体的信念追踪事实所抵达的可能世界的范围来衡量其认知立场强度。按照布朗的恒定主义观点，为了算作知识，主体的信念必须追踪事实到哪些可能世界，这是不依赖于语境的，但是，

> 在某些语境中，由于格赖斯的关系准则，一种知识归赋可能在语用上传递如下信息：主体的信念能够追踪事实到更大范围的可能世界。[②]

运用到银行案例，不论是在低风险语境中，还是在高风险语境

---

① Jessica Brown, "Contextualism and Warranted Assertibility Manoeuvres," *Philosophical Studies* 130(2006):435.

② Jessica Brown, "Contextualism and Warranted Assertibility Manoeuvres," *Philosophical Studies* 130(2006):424-425.

中，为了算作知识，德罗斯的信念都只需追踪事实到该银行星期六不轻易改变营业时间的可能世界。因此，德罗斯的自我知识归赋都为真。然而，“德罗斯在高语境中的知识归赋将在语用上传递这样一个错误信息：德罗斯具有更强的认知立场，他的信念能追踪事实到更大范围的可能世界。”[①] 但依据假定，德罗斯不具有这种更强的认知立场。因而，如果德罗斯此时继续断言他知道银行星期六营业，那么这一声称在会话上是没有保证的或者说是不恰当的。相反，德罗斯此时若断言他不知道银行星期六营业，则在会话上倒是有保证的或者说是恰当的。

但布莱克认为，赖肖和布朗引入的关系准则会破坏知识恒定主义者的基本目标，即破坏我们在高标准语境中具有知识这一恒定主义主张。因为，依据关系准则，在高标准语境中会话要求我们具有更强的认知立场，它不仅要求我们能够排除一般的错误可能性，而且要求我们能够排除那些不太可能的错误可能性。按照相关替代知识论，S 知道 p 仅当 S 对 p 的认知立场强到足以排除所有相关的错误可能性。如果接受这种知识概念，那么布朗就得否认我们在高标准语境中具有知识，因为在那种语境中，我们没有那么强的认知立场，我们并不能排除那些不太可能的错误可能性。在银行案例中，当德罗斯妻子提醒德罗斯考虑在星期一之前把钱存入银行账户的重要性，并提到银行有可能改变营业时间时，依据格赖斯的关系准则，会话要求德罗斯具有很强的认知立场，要求他能够排除银行改变营业时间的可能性。而德罗斯并不具有这么强的认知立场，他并不能排除银行改变营业时间的可能性。而德罗斯只有在其认知立场强到足以排除这些相关可能性时才知道银行星期六上午营业，因而德罗斯在高标准语境中缺乏知识。

更重要的是，布莱克拒绝对关系准则的这一理解。赖肖指出，

---

① Jessica Brown, “Contextualism and Warranted Assertibility Manoeuvres,” *Philosophical Studies* 130(2006): 425-426.

当我们正确地理解了关系准则时，我们就可以看到，高风险语境和怀疑论语境中的知识断言并没有违背相关性。这意味着赖肖和布朗对我们在怀疑论语境下做出的真断言为什么没有保证的解释是不成功的。在赖肖和布朗那里，如果我们做出的真断言隐含 S 对 p 具有凸显的认知立场这一错误信息，那么我们做出的真断言就违背了相关性，它与后续的谈话无关。然而，如果被恰当理解的话，相关性只要求知识归赋与正考虑的事情相关即可。一个知识归赋即使在语用上传递了一个错误信息，它仍然可以满足相关性这个条件。在高风险语境的银行案例中，德罗斯不具有凸显的认知立场，他不能排除银行改变营业时间的可能性。但是，既然德罗斯夫妇谈话的目的是要确定德罗斯是否知道银行星期六营业，德罗斯断言他知道银行星期六营业，这显然没有脱离他们的对话主题，怎么能说它违背了相关性呢？同样，在怀疑论语境下，我不具有凸显的认知立场。然而，既然我们谈话的目的是确定我是否知道我有手（或者我不是一个缸中之脑），我的断言“我知道我有手”显然也与我们谈话的话题有关。因此，在怀疑论语境下，我们做出的知识归赋确实是相关的，它并不违反关系准则。因此，诉诸相关性来解释我们做出的知识断言在怀疑论语境中没有保证是不成功的。

不过，布莱克也注意到赖肖的方案还暗示了另外一种不同的解释。由于关系准则支配着我们的对话，断言 S 知道 p 就会向会话伙伴传递出如下信息：S 可以消除所有在认知上凸显的 p 的替代项。在 S 不能将这些替代项全部消除的情况下，断言 S 知道 p 就是没有保证的，因为它会违反格赖斯的质的准则（a maxim of quality）：

> 不说你确信为假的东西，不说你缺乏充分证据的东西。[①]

① H. P. Grice, "Logic and Conversation," in A. P. Martinich, ed., *The Philosophy of Language*, New York: Oxford University Press, 1996, p. 159.

布莱克否定了这种赖肖式解释，因为它会导致我们在某些急需WAM的时候无法采用WAMs，因为这些情形中采用的WAMs无法满足条件（Ⅱ*）。比如存在如下情形，其中，我的断言符合关系准则，它也具有错误的隐含，并且看似是错误的；它同时也符合质的准则，因为我既不相信它是假的，也没有缺乏足够支持它的证据。例如，假设有一位摩尔主义者，理论上他具有充分的信息，他在怀疑论语境中断言他知道他有手。显然，这一断言与目前的谈话有关，因而符合关系准则；这一断言也具有一个错误隐含，错误地隐含他可以消除包括怀疑论假设在内的所有凸显替代项，如他可以排除他是BIV的可能性；而且，这一断言看起来也是错误的。然而，这一断言也符合质的准则，因为他并不相信他的断言是假的（即他仍然相信他知道他有手），而且他也不乏支持其断言的证据。在这种情况下，我们的WAMs不满足条件（Ⅱ*），因为我的这个看似错误的断言并不是没有保证的。布莱克对此的解释是：将关系准则与质的准则做此般结合，会打破断言的隐含（由关系准则主导）和断言的有无保证性（由质的准则主导）之间的联系。按照这一图景，一个断言有保证这一事实与它具有一个真隐含完全无关；同样，一个断言无保证这一事实也与它有一个假隐含完全无关。

布莱克因此断言，任何一种对会话隐含的说明都必须满足如下两个条件：其一，关系准则必须被理解为只要求会话者做出的断言与手头的事情有关系或有联系；其二，不能破坏断言具有的隐含和它有无保证性之间的联系，因为这样做将使我们在某些需要WAMs的情况下无法提供WAMs。

前面的讨论已经表明，不论是关系准则，还是关系准则与质的准则的某种结合，都无法给出满足这些条件的建议。布莱克建议我们求助于格赖斯的量的准则，特别是他的第二条量的准则：

Q2：不要提供比需要的信息更多的信息。[①]

很多认为格赖斯的 Q2 与关系准则没什么区别。布莱克承认两者有相似之处，但也有区别。我们既可以通过提供无关的信息来违背 Q2，也可以通过提供过多的相关信息来违背 Q2。这样，布莱克认为格赖斯第二条量的准则 Q2 实际上包含了两条子准则：相关性准则和强度准则。布莱克历数了将强度规则和相关性准则区分开的三点好处。

其一，它符合我们的某种"前理论直觉"（pre-theoretical intuition）：一个断言是无关的仅当它偏离了会话的主题。而且，它也契合基于这一直觉建立起来的会话理论。莱文森就写道：

> 根据"我们的理论前直觉"，相关性关涉的是关联性（connectedness）和协作性活动……［以这种方式解释相关性］也是沿着格赖斯所打算的路线：格赖斯在 1989 年发表的文献（第 222 页）中非常明确提到那种与特定计划和目标的相关性。[②]

事实上，即便是格赖斯本人，也提出过类似主张，只要对话贡献"切合主题"，它就是相关的。因此，基于这一"前理论直觉"，我们应将相关的断言解释为与当前的对话主题相关的断言，而这要求我们将强度准则与相关性准则区分开来。

其二，不论是前文提及的那些高风险案例，还是格赖斯用来阐明关系准则的著名例子，都表明确实存在这样的区分。在怀疑论语境和高风险的银行案例中，知识归赋会提供过量的相关信息，因此它违反的是强度准则，而不是相关性准则。而格赖斯用来阐述关系

---

① H. P. Grice, "Logic and Conversation," in A. P. Martinich, ed., *The Philosophy of Language*, New York: Oxford University Press, 1996, p. 159.

② S. C. Levinson, *Presumptive Meanings: The Theory of Generalized Conversational Implicature*, Cambridge: The MIT Press, 2000, p. 380, note 4.

准则的那些典型案例表明，只要一个断言或多或少明显偏离谈话主题时，它就是无关的。格赖斯提供的一个例子是：

> A 站在一辆显然开不动的汽车旁，B 正朝这边走来，发生了以下交谈：A 说："我的汽油用完了。" B 回答说："在拐角处有一家修车的铺子。"①

根据格赖斯，B 的陈述符合相关性准则，因此是适当的。而且，它似乎也符合这一准则，因为它可以被 A 认为与他的问题在主题上是相关的。

格赖斯提供的另一个例子是：

> 在一次高雅的茶会上，A 说"X 夫人是个破鞋"，举座顿时鸦雀无声，过了一刻 B 说："今年夏天的天气一直很不错，是吧？"对于 B 的回应，格赖斯说："B 公然拒绝把他所说的东西与 A 先前的议论掺合在一起。"②

在这里，B 的回应之所以似乎无关，首先是因为它与 A 的断言在话题上完全无关——B 的回答与当前的谈话主题截然不同。

这些例子都表明了这样一个事实：相关的断言是那些与当前的谈话主题有关的断言。而这一事实支持强度准则和相关性准则的区分。认识不到这种区分，就会迫使我们背弃一种深深根植于直觉和理论中的一种区分，它迫使我们承认，超过信息量阈值的任何信息都必须被视为无关。因此，我们应该明确地将相关性准则和强度准则区分开来。

---

① H. P. Grice, "Logic and Conversation," in A. P. Martinich, ed., *The Philosophy of Language*, New York: Oxford University Press, 1996, p. 162.

② H. P. Grice, "Logic and Conversation," in A. P. Martinich, ed., *The Philosophy of Language*, New York: Oxford University Press, 1996, p. 164.

其三，格赖斯主义语用论和新格赖斯主义语用论也支持这一区分。布莱克宣称，当格赖斯主张把相关性和特定的计划、目标连接起来的时候，格赖斯本人实际上就暗示了这一区分。新格赖斯主义语用论的代表人物莱维森更明确提出，格赖斯的量的准则涉及的是会话贡献提供的信息量，它能够产生一般的会话隐含（general conversational implicature，GCI）；而相关性准则只与直接的甚至是可变的会话目标有关，它产生特殊的会话隐含（particular conversational implicature，PCI）。因此，我们应该区分相关性准则和涉及会话贡献所提供的信息量的其他准则。

求助于强度准则，布莱克解释了高风险语境中知识归赋所产生的语用隐含。在银行案例中，德罗斯和他妻子之间的会话涉及他们是否应该现在排队存钱还是到星期六来存钱这一实践问题。而且，在该语境中，德罗斯妻子提醒他在星期一之前把钱存入账户非常重要，且提到银行改变营业时间的可能性。给定这些风险和提到的错误可能性，该语境中的对话显然要求德罗斯具有强大的认知立场，他必须排除那些甚至是不太可能的错误可能性，诸如银行改变营业时间的可能性。如果德罗斯断言他知道银行星期六开门营业，那么这一断言会隐含他具有这种更强的凸显的认知立场。布莱克认为：

> 说一个断言比另一个断言强，就是说它更富有信息。更技术性一点，如果命题 q 排除的事态集是命题 p 排除的事态集的一个适当子集，那么 p 比 q 更富有信息。[①]

如果德罗斯在高风险语境中断言他知道银行星期六会开门营业，那么就会传递出他有证据消除银行星期六不会营业这一凸显替代项的信息。相反，如果他断言他不知道银行星期六会营业，那么就不会

① Tim Black, "A Warranted-assertability Defense of a Moorean Response to Skepticism," *Acta Analytica* 23(2008): 187-205.

传递出这一信息。因此，前一断言比后一断言更富有信息，因而是一种更强的断言。但问题是，德罗斯实际上并不具有这么强的认知立场。因而，他的断言尽管是对的，但是由于做出这一断言隐含太强的认知立场，因而是没有保证的。

那么，德罗斯断言他不知道银行将开门营业的有保证性为何会导致他具有知识是错误的这一假象呢？依据强度准则，德罗斯在高风险语境中断言他不知道银行将在星期六开门营业是有保证的。这种有保证的断言会产生一个错误隐含：他关于银行将在星期六开门营业的信念不满足知识的标准。这一错误的隐含反过来这样一种适当性：他知道银行将开门营业是错误的。正是以这种方式，德罗斯断言他不知道银行将开门营业的有保证性能够导致我们错误地以为他具有知识是错误的。

强度准则同样可以为摩尔式反怀疑论回应提供辩护。在怀疑论语境中，我们和我们的对话者之间的对话涉及这样一些可能性，比如我是一个 BIV。而且，在这种语境中，我们的对话者提醒我们，如果我是一个没有身体的 BIV，我同样会拥有我现在所拥有的知觉经验。鉴于上述错误的可能性，对话中凸显的是这样一个认知立场，它能好到足以排除这些不太可能的可能性，比如我是一个没有身体的 BIV 的可能性。考虑到对话受制于相关性，如果回应对方说我知道我有手，就会隐含我具有这种凸显的认知立场——一个我实际上并不具有的认知立场。有鉴于此，我们的断言将过强，因此将违反强度准则。这样，即使我们的断言是正确的，它也是没有保证的。

在怀疑论语境中断言我知道我的手，这一断言比其他断言更强，乃是因为这一断言比其他断言提供了更多的相关信息。在怀疑论语境下断言我知道我有手会传递出如下信息：我可以消除我有手的任何凸显替代项，特别是，我能够排除我是一个无手的 BIV 的可能性。然而，如果做出不同的断言，如断言我不知道我有手（或我不知道我是否有手），则不会传递出这些信息，相反，此时传递出的信息是：我不能消除所有的凸显替代项，比如我不能排除我是无手的BIV的可能性。因此，断言我知道自己有手比断言我不知道自己有手更有信息，因而更强。

然而，为什么我们在怀疑论语境下的断言会过强呢？它会太强，准确地说，一是因为它隐含我能够消除那些凸显的错误可能性，但我实际上并不能消除这些可能性；二是因为我能够做出一个不携带此强隐含的弱断言。尽管断言“我知道我有手”与正在进行的对话有关，不违背相关性准则，但它所传递出的信息将超过信息量的阈值，因此违反了强度准则。显然，这一解释没有打破断言具有的特定隐含和它有无保证之间的联系，因为它坚持一个断言的虚假隐含直接决定了它是无保证的。

但我们断言我不知道我有手呢？根据量的准则，这个断言在怀疑论语境下是有保证的。在这些语境中，凸显的是这样一种立场：它好到足以消除那些甚至不太可能的错误可能性。鉴于我们的谈话受关系准则支配，断言我不知道自己有手就在语用上传递了这样一个真理，即我不能消除所有凸显的可能性。而且，由于我事实上无法全部消除这些可能性，我的断言就是依据适当的强度准则做出的，它没有超过信息量的阈值。这一解释同样没有打破断言具有的特定隐含和它有无保证性之间的联系，因为它坚持认为一个断言的真隐含直接决定了它的有保证性。

那断言我不知道我有手的有保证性为何会造成我真的不知道我有手这一假象呢？如前所述，根据格赖斯的强度准则，在怀疑论语境中我能有保证地断言我不知道我有手。这个有保证的断言会产生如下真隐含：我不能消除我有手的所有凸显替代项。反过来，这个真隐含，加上在彻底怀疑论语境中凸显的那个更高的认知立场，可以造成我不知道我有手这一假象，即导致我们错误地以为我不知道我有手。

总结一下，摩尔主义者提出的WAMs满足了德罗斯的所有条件。

首先，它需要解释一种表面真理，即解释断言“我不知道我有手”为什么表面上是真的，这一表面真理将与同一语境下的另一表面真理——断言“我知道我有手”表面上是真的——相冲突。其次，为解释这种表面真理，摩尔主义者的 WAMs 只需求助于真隐含——例如我不能消除我有手的所有凸显替代项——的产生。最后，在解释为什么我们断言我不知道我有手是有保证的时，摩尔主义者求助于一般的会话规则，即相关性准则和量的准则。因此，摩尔主义者可以用满足德罗斯的所有三种条件的 WAMs 来捍卫它。

四　语义蕴涵，还是语用隐含：一种可能的反驳及回应

语用论策略的一个问题是知识归赋的语用隐含似乎不能通过语用隐含的标准检验。依据格赖斯的观点，检验一个话语在语用上是否隐含某一声称的标准方法是能否“消除”该隐含。有人可能会想，S 可以消除 p 的所有凸显替代项是否真的是断言 S 知道 p 的隐含，如果是，那么它应该是可以取消的。否则，这一所谓隐含更像是一种语义蕴涵（semantic entailment），而不是一种语用隐含（pragmatic implicature）。幸运的是，这里的隐含是可以被取消的。当我们断言 S 知道 p，我们的断言隐含 S 可以消除 p 的所有凸显替代项。但我们可以通过如下断言来取消这一隐含：S 知道 p，但他并不能消除 p 的所有凸显替代项。

在高风险的银行案例中，消除会话隐含的方式有：我们可以说“我知道银行将在周六营业”，但这并不意味着我可以排除银行周六营业的所有凸显替代项。知识只要求我排除那些相关替代项，或只要求我的信念与相关认知世界中的事实相匹配，但在这一案例中，银行会因某个突发事件取消周六的营业的可能性不是相关替代项，或者发生这一事件的可能世界不是认知相关世界。

类似地，在怀疑论语境中，消除会话隐含的方式包括：我们可以说，我知道我有手，但这并不意味着我可以排除我有手的所有凸

显替代项。知识只要求我排除那些相关替代项，或只要求我的信念与相关认知世界中的事实相匹配，但在这一案例中，我是无手的BIV的可能性不是相关替代项，或者发生这一事件的可能世界不是认知相关世界。

反对者可能会说，你确实可以以这种方式消除这些隐含，但这是一种让人感觉不怎么舒适的消除方法。不过，摩尔式WAMs的支持者可以争辩说，语用隐含的标准检验并没有说要“舒适地”消除该隐含，格赖斯自己都承认有些隐含不可能被“舒适地”消除。实际上，在那种说话者容易混淆一个话语字面上所说的东西和它语用上传递的东西的案例中，我们应该允许一种不舒服的消除方式。

结　论

基于对怀疑论论证结构的分析，本书揭示了怀疑论问题的实质，阐明了反怀疑论的可能路径，并在详细说明和批判几种主要的反怀疑论尝试的基础上，为基于安全论的新摩尔主义提供辩护。本书的主要结论有如下几个方面。

其一，尽管不充分决定性原理与闭合原理互不蕴涵，但闭合论证蕴涵不充分决定性论证，但反之不然，因此后者是一种更为根本的怀疑论论证。不过，由于闭合论证具有高度的直觉合理性，就说服力而言，它仍是一种独立的怀疑论论证。但既然不充分决定性论证在逻辑上弱于闭合论证，所以我们可以基于不充分决定性论证来分析反怀疑论的可能路径。

其二，反怀疑论路线大体可分为三类。(1) 反闭合的恒定主义，即德雷斯基-诺齐克主义，其理论依据是知识相关替代论和知识追踪论，其基本策略是：承认不充分决定性假定，并以“承认原理（Z），反对闭合原理”的方式来强拒斥不充分决定性原理。(2) 承认闭合的恒定主义，即摩尔主义，大体可分为两类。一是麦克道威尔式新摩尔主义，其反怀疑论的理论依据是知觉析取论，其基本策略是拒斥不充分决定性假定，承认不充分决定性原理；二是除麦克道威尔式新摩尔主义之外的摩尔主义，其反怀疑论的理论依据分歧甚大，包括基于常识的古典摩尔主义和基于某种知识理论的新摩尔主义，其基本策略是：承认不充分决定性假定，并以“强拒斥原理（Z），承认闭合原理”的方式来强拒斥不充分决定性原理。(3) 承认闭合的非恒定主义，即语境主义，其理论依据是一种作为知识归赋理论的语境主义，其基本策略是：承认不充分决定性假定，并以“承认闭合原理，弱拒斥原理（Z）”的方式弱拒斥不充分决定性原理。

其三，三大反怀疑论路线中，德雷斯基-诺齐克主义面临反闭合问题，语境主义面临语境动力学问题和日常语言基础问题，相对而言，摩尔主义是一种较为合理的反怀疑论路线，但现有的摩尔主义各有其难以克服的问题，如经典摩尔主义面临无知识理论支持所引起的独断论问题、乞题问题以及会话不适当性问题，麦克道威尔式新摩尔主义面临乞题问题，索萨式新摩尔主义面临克里普克反例问题和如何解释怀疑论论证的直觉吸引力的问题。

其四，为基于安全论的新摩尔主义提供了两个方面的辩护。一是消除克里普克式反例对知识安全论的威胁，以夯实新摩尔主义的知识论基础；二是借鉴语用论恒定主义者在解释知识归赋语境敏感性时所采用的语用策略，摩尔主义者完全可以采用有保证的可断言性条件的语境敏感性来解释怀疑论的直觉吸引力。

本书是基于知识本性来解决怀疑论问题，偏重的是一种诺齐克所说的哲学解释，而非哲学论证，这在很大程度上使得本书未能讨论先验论证和现象主义这两种极为重要的反怀疑论主张；同时，本书所立足的英美分析哲学语境也使得本书未能充分吸收大陆哲学尤其是现象学的营养。另外，英美知识论中的反怀疑论方案汗牛充栋，在评价各种可能的反怀疑论方案时，我们只能关注那些重要的或者影响较大的反怀疑论方案，一些影响虽小但实则极富意义的反怀疑论方案，如主体语境主义、推论语境主义、对比主义等都不在讨论之列。特别是，本书忽略了安全论与德性知识论融合的可能性。事实上，作为知识安全论的代表性人物之一的索萨已转向为一位德性知识论者，另一位代表性人物普里查德更是将安全论与德性知识论相结合，发展了一种反运气的德性知识论，德性知识论是一个尚需深入研究的问题。此外，维特根斯坦关于“枢轴式命题”的讨论已被部分学者用来回应怀疑论问题，并用来解释摩尔式反怀疑论断言的不适当性，这也是尚需深入研究的问题。

参考文献

曹剑波：《闭合论不是重言式——当代西方知识论对怀疑主义的重要论证方式的批判》，《厦门大学学报》（哲学社会科学版）2004年第6期。

曹剑波：《相关选择论——当代知识论对怀疑主义的批判》，《自然辩证法研究》2004年第11期。

曹剑波：《怀疑主义难题的语境主义解答——基思·德娄斯的虚拟条件的语境主义评价》，《自然辩证法研究》2005年第6期。

曹剑波：《维特根斯坦论有意义的怀疑——〈论确定性〉的怀疑观管窥》，《华东师范大学学报》（哲学社会科学版）2005年第5期。

曹剑波：《缸中之脑知道“我不是缸中之脑”吗？——怀疑主义的普特南式解答议评》，《自然辩证法通讯》2006年第2期。

曹剑波：《怀疑主义难题的摩尔式解答》，《南京社会科学》2006年第6期。

曹剑波、张立英：《知识论语境主义对怀疑主义难题的解答》，《厦门大学学报》（哲学社会科学版）2007年第3期。

曹剑波：《怀疑主义是自我反驳的吗?》，《自然辩证法通讯》2008年第3期。

曹剑波：《绝对不可错论是怀疑主义的根基——以彼得·乌格为例》，《世界哲学》2008年第6期。

曹剑波：《知识是标识的、对比的、还是语境的？——知识结构的理论与怀疑主义难题的解答》，《哲学动态》2009年第3期。

曹剑波：《“知道”的语境敏感性：质疑与辩护》，《厦门大学学报》（哲学社会科学版）2009年第4期。

曹剑波：《怀疑主义根源于绝对不可错论——以笛卡尔的做梦论证为例》，《云南大学学报》（社会科学版）2009年第5期。

曹剑波：《知识论怀疑主义的重要论证方式之一：来自可错性论证》，《南京社会科学》2009年第6期。

曹剑波：《知识与语境：当代西方知识论对怀疑主义难题的解答》，上海人民出版社，2009。

曹剑波：《批驳怀疑论的最佳策略：语境不可错论》，《北京师范大学学报》（社会科学版）2010年第2期。

曹建波：《知识是绝对的，还是有程度的?》，《哲学研究》2022年第6期。

陈嘉明：《维特根斯坦的确定性与生活形式》，《哲学动态》1997年第1期。

陈嘉明：《西方的知识论研究概况》，《哲学动态》1997年第6期。

陈嘉明：《西方的知识论研究概况（续）》，《哲学动态》1997年第7期。

陈嘉明：《当代西方知识论的“基础主义”》，《复旦学报》（社会科学版）1998年第6期。

陈嘉明：《当代西方知识论的外在主义》，《哲学动态》1998年第10期。

陈嘉明：《葛梯尔问题与知识的条件（上）》，《哲学动态》2000年第12期。

陈嘉明：《葛梯尔问题与知识的条件（下）》，《哲学动态》2001年第1期。

陈嘉明：《信念与知识》，《厦门大学学报》（哲学社会科学版）2002年第6期。

陈嘉明：《德性知识论》，《东南学术》2003年第1期。

陈嘉明:《当代知识论中知识的确证问题》,《复旦学报》(社会科学版)2003年第2期。

陈嘉明:《当代知识论:概念、背景与现状》,《哲学动态》2003年第5期。

陈嘉明:《知识与确证:当代知识论引论》,上海人民出版社,2003。

陈嘉明:《论作为西方知识论主流性观念的基础主义》,《文史哲》2004年第4期。

陈嘉明:《经验基础与知识确证》,《中国社会科学》2007年第1期。

陈嘉明:《先验论证刍论》,《哲学研究》2009年第11期。

陈嘉明:《语境主义对知识的辩护与困境》,《洛阳师范学院学报》2012年第9期。

陈晓平:《盖梯尔问题与语境主义》,《哲学分析》2013年第3期。

程炼:《刘易斯与怀疑论》,《云南大学学报》(社会科学版)2004年第6期。

方刚:《反驳哲学怀疑论的新视角——论维特根斯坦对摩尔反驳怀疑论之论证的反驳》,《学术界》2005年第5期。

洪晓楠、于成学:《论西方哲学对知识本质的探索》,《大连理工大学学报》(社会科学版)2004年第9期。

黄敏:《怀疑论,常识与实践》,《现代哲学》2007年第4期。

王华平:《怀疑论与新摩尔主义》,《自然辩证法研究》2009年第8期。

王庆节:《知识与怀疑——当代英美哲学关于知识本性的讨论探析》,《中国社会科学》2002年第4期。

王荣江:《知识论的当代发展:从一元辩护走向多元理解》,《自然辩证法通讯》2004年第4期。

徐向东：《先验论证与怀疑论》，《北京大学学报》（哲学社会科学版）2005年第2期。

徐向东：《怀疑论、知识与辩护》，北京大学出版社，2006。

尹维坤：《语境转换：归赋者语境主义之症结》，《自然辩证法研究》2013年第7期。

翟振明：《有无之间：虚拟实在的哲学探险》，孔红艳译，北京大学出版社，2007。

张立英：《基础主义的确证观》，《山东师范大学学报》（人文社会科学版）2004年第5期。

〔奥〕维特根斯坦：《哲学研究》，李步楼译，商务印书馆，1996。

〔英〕维特根斯坦：《哲学研究》，陈嘉映译，上海人民出版社，2001。

〔奥〕维特根斯坦：《论确实性》，G. E. M. 安斯康、G. H. 冯赖特合编，张金言译，广西师范大学出版社，2002。

〔德〕康德：《纯粹理性批判》，蓝公武译，商务印书馆，1960。

〔德〕康德：《纯粹理性批判》，邓晓芒译，人民出版社，2004。

〔法〕笛卡尔：《第一哲学沉思集》，庞景仁译，商务印书馆，1986。

〔美〕丹西：《当代知识论导论》，周文彰，何包钢译，中国人民大学出版社，1990。

〔美〕克里普克：《命名与必然性》，梅文译，上海译文出版社，2001。

〔美〕马蒂尼奇：《语言哲学》，牟博等译，商务印书馆，1998。

〔美〕普特南：《理性、真理与历史》，童世俊，李光程译，上海译文出版社，1997。

〔美〕塞尔：《心灵、语言与社会——实在世界中的哲学》，李步楼译，上海译文出版社，2001。

〔英〕罗素：《哲学问题》，何兆武译，商务印书馆，1999。

〔英〕休谟：《人类理解研究》，关文运译，商务印书馆，1957。

〔英〕休谟：《人性论》，关文运译，商务印书馆，1980。

Adams, F. and M. Clarke. 2005. "Resurrecting the Tracking Theories." *Australasian Journal of Philosophy*, Vol. 83, pp. 207–221.

Annis, D. 1978. "A Contextual Theory of Epistemic Justification." *American Philosophical Quarterly*, Vol. 15, pp. 213–219.

Audi, R. 1995. "Deductive Closure, Defeasibility and Scepticism: A Reply to Feldman." *Philosophical Quarterly*, Vol. 45, pp. 494–499.

Ayer, A. 1973. *The Central Questions of Philosophy*. London: Weidenfeld Nicolson.

Bardon, A. 2005. "Performative Transcendental Arguments." *Philosophia*, Vol. 33, pp. 69–95.

Baumann, P. 2006. "Information, Closure, and Knowledge: On Jäger's Objection to Dretske." *Erkenntnis*, Vol. 64, pp. 403–408.

Bech, K. 1994. "Conversational Impliciture." *Mind and Language*, Vol. 9, pp. 124–162.

Bech, K. 2001. "Speaking Loosely: Sentence Nonliterality." *Midwest Studies in Philosophy*, Vol. 25, pp. 249–263.

Bech, K. 2005. "The Emperor's New 'Knows'." In *Contextualism in Philosophy: On Epistemology, Language and Truth*, edited by G. Preyer and G. Peter. New York: Oxford University Press, pp. 51–89.

Bergström, L. 1993. "Quine, Underdetermination, and Skepticism." *The Journal of Philosophy*, Vol. 90, pp. 331–358.

Blaauw, M. 2005. *Epistemological Contextualism*. New York: Rodopi.

Black, T. 2005. "Classic Invariantism, Relevance and Warranted Assertability Manoeuvres." *The Philosophical Quarterly*, Vol. 55, pp.

328-336.

Black, T. 2008. "Defending a Sensitive Neo-Moorean Invariantism." In *New Waves in Epistemology*, edited by V. F. Hendricks and D. Pritchard. New York: Palgrave-Macmillan, pp. 8-27.

Black, T. 2008. "A Warranted-assertability Defense of a Moorean Response to Skepticism." *Acta Analytica*, Vol. 23, pp. 187-205.

Blome-Tillmann, M. 2006. "A Closer Look at Closure Scepticism." *Proceedings of the Aristotelian Society*, Vol. 106, pp. 381-390.

Blome-Tillmann, M. 2009. "Contextualism, Safety and Epistemic Relevance." *Philos Stud*, Vol. 143, pp. 383-394.

Bonjour, L. 1987. "Nozick, Externalism, and Skepticism." In *The Possibility of Knowledge*, edited by L. Luper-Foy. Totowa, NJ: Rowman & Littlefield, pp. 297-313.

Brady, M. and D. Pritchard. 2005. "Epistemological Contextualism: Problems and Prospects." *The Philosophical Quarterly*, Vol. 55, pp. 161-171.

Brendel, E. and C. Jäger. 2004. "Contextualist Approaches to Epistemology: Problems and Prospects." *Erkenntnis*, Vol. 61, pp. 143-172.

Brown, J. 2005. "Adapt or Die: The Death of Invariantism?" *The Philosophical Quarterly*, Vol. 55, pp. 263-285.

Brown, J. 2006. "Contextualism and Warranted Assertibility Manoeuvres." *Philosophical Studies*, Vol. 130, pp. 407-435.

Brueckner, A. 1985. "Skepticism and Epistemic Closure." *Philosophical Topics*, Vol. 13, pp. 89-117.

Brueckner, A. 1986. "Brains in a Vat." *The Journal of Philosophy*, Vol. 83, pp. 148-167.

Brueckner, A. 1994. "Knowledge of Content and Knowledge of the World." *The Philosophical Review*, Vol. 103, pp. 327-343.

Brueckner, A. 1994. "The Structure of the Skeptical Argument." *Phi-*

losophy and Phenomenological Research, Vol. 54, pp. 827–835.

Brueckner, A. 1994. "The Shifting Content of Knowledge Attributions." *Philosophy and Phenomenological Research*, Vol. 54, pp. 123–126.

Brueckner, A. 2002. "The Consistency of Content-Externalism and Justification-Internalism." *Australasian Journal of Philosophy*, Vol. 80, pp. 512–515.

Brueckner, A. 2004. "Strategies for Refuting Closure for Knowledge." *Analysis*, Vol. 64, pp. 333–335.

Brueckner, A. 2005. "Contextualism, Hawthorne's Invariantism and Third-Person Cases." *The Philosophical Quarterly*, Vol. 55, pp. 315–318.

Brueckner, A. 2010. *Essays on Skepticism*. New York: Oxford University Press.

Butchvarov, P. 1998. *Skepticism about the External World*. New York: Oxford University Press.

Campbell, K., M. Rourke and H. Silverstein. 2010. *Knowledge and Skepticism*. Cambridge: The MIT Press.

Cappelen, H. and E. Lepore. 2003. "Context Shifting Arguments." *Philosophical Perspectives*, Vol. 17, pp. 25–50.

Chisholm, R. 1966. *Theory of Knowledge*. London: Prentice-Hall.

Christensen, D. 1993. "Skeptical Problems, Semantical Solutions." *Philosophy and Phenomenological Research*, Vol. 53, pp. 301–321.

Cohen, S. 1986. "Knowledge and Context." *Journal of Philosophy*, Vol. 83, pp. 574–583.

Cohen, S. 1987. "Knowledge, Context, and Social Standards." *Synthese*, Vol. 73, pp. 3–26.

Cohen, S. 1988. "How to be a Fallibilist." *Philosophical Perspectives*, Vol. 2, pp. 91–123.

Cohen, S. 1998. "Two Kinds of Skeptical Argument." *Philosophy and Phenomenological Research*, Vol. 58, pp. 143–159.

Cohen, S. 1998. "Contextualist Solutions to Epistemological Problems: Scepticism, Gettier, and the Lottery." *Australasian Journal of Philosophy*, Vol. 76, pp. 289–306.

Cohen, S. 1999. "Contextualism, Skepticism, and the Structure of Reasons." *Philosophical Perspectives*, Vol. 13, pp. 57–89.

Cohen, S. 2000. "Contextualism and Skepticism." *Philosophical Issues*, Vol. 10, pp. 94–107.

Cohen, S. 2004. "Knowledge, Assertion, and Practical Reasoning." *Philosophical Issues*, Vol. 14, pp. 482–491.

Cohen, S. 2005. "Knowledge, Speaker and Subject." *The Philosophical Quarterly*, Vol. 55, pp. 199–212.

Cole, M. E. 2005. *Semantics, Pragmatics, and Knowledge Attributions: Trying to Solve the Problem of Skepticism*. Ph. D. dissertation, University of California.

Dancy, J. 1985. *An Introduction to Contemporary Epistemology*. Oxford: Blackwell.

Daukas, N. 2002. "Skepticism, Contextualism, and the Epistemic 'Ordinary'." *The Philosophical Forum*, Vol. 33, pp. 63–79.

Davis, W. A. 2004. "Are Knowledge Claims Indexical?" *Erkenntnis*, Vol. 61, pp. 115–139.

David, M. and T. A. Warfield. 2008. "Knowledge-Closure and Skepticism." *Epistemology*, Vol. 53, pp. 137–189.

DeRose, K. 1992. "Contextualism and Knowledge Attributions." *Philosophy and Phenomenological Research*, Vol. 52, pp. 913–929.

DeRose, K. 1995. "Solving the Skeptical Problem." *Philosophical Review*, Vol. 104, pp. 1–52.

DeRose, K. 1996. "Relevant Alternatives and the Content of Knowledge Attributions." *Philosophy and Phenomenological Research*,

Vol. 56, pp. 193–197.

DeRose, K. 1996. "Knowledge, Assertion, and Lotteries." *Australasian Journal of Philosophy*, Vol. 74, pp. 568–580.

DeRose, K. 1999. "Contextualism: An Explanation and Defense." In *The Blackwell Guide to Epistemology*, edited by J. Greco and E. Sosa. Oxford: Blackwell, pp. 187–205.

DeRose, K. 2000. "Now You Know It, Now You Don't." *Proceedings of the Twentieth World Congress of Philosophy*, Vol. 5, pp. 91–106.

DeRose, K. 2002. "Assertion, Knowledge and Context." *Philosophical Review*, Vol. 111, pp. 167–203.

DeRose, K. 2004. "Single Scoreboard Semantics." *Philosophical Studies*, Vol. 119, pp. 1–21.

DeRose, K. 2004. "The Problem with Subject-Sensitive Invariantism." *Philosophy and Phenomenological Research*, Vol. 68, pp. 346–350.

DeRose, K. 2004. "Sosa, Safety, Sensitivity, and Skeptical Hypotheses." In *Sosa and His Critics*, edited by J. Greco. Oxford: Blackwell Publishers, pp. 22–41.

DeRose, K. 2005. "The Ordinary Language Basis for Contextualism, and the New Invariantism." *The Philosophical Quarterly*, Vol. 55, pp. 172–198.

DeRose, K. 2006. "Bamboozled by Our Own Words: Semantic Blindness and Some Arguments Against Contextualism." *Philosophy and Phenomenological Research*, Vol. 73, pp. 316–338.

DeRose, K. 2009. *The Case for Contextualism*. New York: Oxford University Press.

Donnellan, K. 1966. "Reference and Definite Descriptions." *Philosophical Review*, Vol. 75, pp. 281–304.

Dretske, F. 1970. "Epistemic Operators." *Journal of Philosophy*,

Vol. 67, pp. 1007-1023.

Dretske, F. 1971. "Conclusive Reasons." *Australasian Journal of Philosophy*, Vol. 49, pp. 1-22.

Dretske, F. 1981. "The Pragmatic Dimension of Knowledge." *Philosophical Studies*, Vol. 40, pp. 363-378.

Dretske, F. 1981. *Knowledge and the Flow of Information*. Cambridge: The MIT Press.

Dretske, F. 2005. "The Case against Closure." In *Contemporary Debates in Epistemology*, edited by M. Steup and E. Sosa, Oxford: Blackwell Publishers, pp. 13-26.

Dretske, F. 2006. "Information and Closure." *Erkenntnis*, Vol. 64(3), pp. 409-413.

Engel, M. 2004. "What's Wrong with Contextualism, and a Noncontextualist Resolution of the Skeptical Paradox." *Erkenntnis*, Vol. 61, pp. 203-231.

Feldman, R. 1995. "In Defense of Closure." *The Philosophical Quarterly*, Vol. 45, pp. 487-494.

Feldman, R. 1999. "Contextualism and Skepticism." *Philosophical Perspectives*, Vol. 13, pp. 91-114.

Feldman, R. 2001. "Skeptical Problems, Contextualist Solutions." *Philosophical Studies*, Vol. 103, pp. 61-85.

Frances, B. 2005. *Scepticism Comes Alive*. New York: Oxford University Press.

Gettier, E. 1963. "Is Justified True Belief Knowledge?" *Analysis*, Vol. 23, pp. 121-123.

Goldman, A. 1976. "Discrimination and Perceptual Knowledge." *Journal of Philosophy*, Vol. 73, pp. 771-791.

Greco, J. 2000. "Scepticism and Epistemic Kinds." *Philosophical*

Issues, Vol. 10, pp. 366-376.

Grice, H. P. 1996. "Logic and conversation." In *The Philosophy of Language*, edited by A. P. Martinich, New York: Oxford University Press, pp. 156-167.

Hale, B. 2000. "Transmission and Closure." *Philosophical Issues*, Vol. 10, pp. 173-190.

Hales, S. 1995. "Epistemic Closure Principles." *Southern Journal of Philosophy*, Vol. 33, pp. 185-201.

Hawthorne, J. 2004. *Knowledge and Lotteries*. New York: Oxford University Press.

Hawthorne, J. 2005. "The Case for Closure." In *Contemporary Debates in Epistemology*, edited by M. Steup and E. Sosa, Oxford: Blackwell, pp. 26-43.

Heller, M. 1999. "Relevant Alternatives and Closure." *Australasian Journal of Philosophy*, Vol. 77, pp. 196-208.

Hofmann, F. 2004. "Why Epistemic Contextualism Does Not Provide an Adequate Account of Knowledge: Comments on Barke." *Erkenntnis*, Vol. 64, pp. 233-240.

Hookway, C. 1990. *Scepticism*. London: Routledge.

Hookway, C. 2000. "Scepticism and the Principle of Inferential Justification." *Philosophical Issues*, Vol. 10, pp. 344-365.

Iacono, L. 2008. "Warranted Assertability Maneuvers and the Rules of Assertion." *Pacific Philosophical Quarterly*, Vol. 89, pp. 460-469.

Ichikawa, J. J. and M. Steup. 2017. "The Analysis of Knowledge." First published Tue. Feb. 6, 2001; substantive revision Tue. Mar. 7, 2017. Retrieved from http://plato.stanford.edu/entries/knowledge-analysis.

Jacobson, S. 2001. "Contextualism and Global Doubts about the

World. "*Synthese*, Vol. 129, pp. 381-404.

Jäger, C. 2004. "Skepticism, Information, and Closure: Dretske's Theory of Knowledge. "*Erkenntnis*, Vol. 61, pp. 187-201.

Janvid, M. 2006. "Contextualism and the Structure of Skeptical Arguments. "*Dialectica*, Vol. 60, pp. 63-77.

Klein, P. 2000. "Contextualism and the Real Nature of Academic Skepticism. "*Philosophical Issues*, Vol. 10, pp. 108-116.

Klein, P. 2004. "Closure Matters: Academic Skepticism and Easy Knowledge. "*Philosophical Issues*, Vol. 14, pp. 165-184.

Kompa, N. 2005. "The Semantics of Knowledge Attributions. "*Acta Analytica*, Vol. 20, pp. 16-28.

Kornblith, H. 2000. "The Contextualist Evasion of Epistemology. "*Philosophical Issues*, Vol. 10, pp. 24-32.

Kripke, S. 1997. "Speaker's Reference and Semantic Reference. "*Midwest Studies in Philosophy*, Vol. 2, pp. 255-276.

Landesman, C. and R. Meeks. 2003. *Philosophical Skepticism*. Oxford: Blackwell.

Lehrer, K. 1990. *Theory of Knowledge*. Boulder, Colorado: Westview Press.

Lehrer, K. 2000. "Sensitivity, Indiscernibility and Knowledge. "*Philosophical Issues*, Vol. 10, pp. 33-37.

Lemos, N. 2007. *An Introduction to the Theory of Knowledge*. Cambridge: Cambridge University Press.

Levinson, S. C. 1983. *Pragmatics*. Cambridge: Cambridge University Press.

Levinson, S. C. 2000. *Presumptive Meanings: The Theory of Generalized Conversational Implicature*. Cambridge: The MIT Press.

Lewis, D. 1973. *Counterfactuals*. Oxford: Blackwell.

Lewis, D. 1979. "Counterfactual Dependence and Time's Arrow. "*Nous*, Vol. 13, pp. 455-476.

Lewis, D. 1979. "Scorekeeping in a Language Game." *Journal of Philosophical Logic*, Vol. 8, pp. 339–359.

Lewis, D. 1986. *On the Plurality of Worlds*. Mass.: Blackwell.

Lewis, D. 1996. "Elusive Knowledge." *Australasian Journal of Philosophy*, Vol. 74, pp. 549–567.

Lipton, P. 2004. *Inference to the Best Explanation*. London and New York: Routledge.

Luper, S. 2003. *The Skeptics: Contemporary Essays*. Aldershot: Ashgate Pub Ltd.

Martin, M. 2007. "Epistemic Contextualism and the Semantics-Pragmatics Distinction." *Synthese*, Vol. 155, pp. 99–125.

Moore, G. E. 1959. "A Defence of Common Sense." In *Philosophical Papers*, by G. E. Moore. London: George Allen & Unwin Ltd, pp. 32–59.

Moore, G. E. 2000. "Proof of an External World." In *Epistemology: An Anthology*, edited by E. Sosa and J. Kim. Malden: Blackwell Publishers, pp. 24–26.

Moore, G. E. 2000. "Four Forms of Scepticism." In *Epistemology: An Anthology*, edited by E. Sosa and J. Kim. Malden: Blackwell Publishers, pp. 27–28.

Moore, G. E. 2000. "Certainty." In *Epistemology: An Anthology*, edited by E. Sosa and J. Kim, Malden: Blackwell Publishers, pp. 29–32.

Morton, A. 1977. *A Guide Through the Theory of Knowledge*. Malden: Blackwell.

Moser, P. K. 1989. *Knowledge and Evidence*. New York: Cambridge University Press.

Moser, P. K. 2002. *The Oxford Handbook of Epistemology*. New York: Oxford University Press.

Neta, R. 2003. "Contextualism and the Problem of the External

World. "*Philosophy and Phenomenological Research*, Vol. 66, pp. 1-31.

Neta, R. 2003. "Skepticism, Contextualism, and Semantic Self-Knowledge."*Philosophy and Phenomenological Research*, Vol. 67, pp. 396-411.

Nozick, R. 1981. *Philosophical Explanations*. Cambridge: Harvard University Press.

Partee, B. H. 2004. "Comments on Jason Stanley's 'On the Linguistic Basis for Contextualism'."*Philosophical Studies*, Vol. 119, pp. 147-159.

Prades, J. L. 2000. "Scepticism, Contextualism and Closure." *Philosophical Issues*, Vol. 10, pp. 121-131.

Preyer, G. and Peter, G. 2005. *Contextualism in Philosophy: On Epistemology, Language and Truth*. New York: Oxford University Press.

Pritchard, D. 2000. "Closure and Context." *Australasian Journal of Philosophy*, Vol. 78, pp. 275-280.

Pritchard, D. 2001. "Contextualism, Scepticism, and the Problem of Epistemic Descent."*Dialectica*, Vol. 55, pp. 327-349.

Pritchard, D. 2002. "Two Forms of Epistemological Contextualism." *Grazer Philosophische Studien*, Vol. 64, pp. 19-55.

Pritchard, D. 2002. "Resurrecting the Moorean Response to Scepticism." *International Journal of Philosophical Studies*, Vol. 10, pp. 283-307.

Pritchard, D. 2005. "Neo-Mooreanism Versus Contextualism." *Grazer Philosophische Studien*, Vol. 67, pp. 20-43.

Pritchard, D. 2005. "Contextualism, Scepticism and Warranted Assertibility Manoeuvres." In *Knowledge and Skepticism*, edited by J. K. Campbell, M. O'Rourke, and H. Silverstein. Cambridge: The MIT Press, pp. 85-103.

Pritchard, D. 2005. "The Structure of Sceptical Arguments."*The Philosophical Quarterly*, Vol. 55, pp. 37-52.

Pritchard, D. 2007. "How to be a Neo-Moorean."In *Internalism and Externalism in Semantics and Epistemology*, edited by S. Goldberg. New

York: Oxford UP, pp. 68-99.

Pritchard, D. 2012. *Epistemological Disjunctivism*. Oxford: Oxford University Press.

Pryor, J. 2001. "Highlights of Recent Epistemology." *British Journal for the Philosophy of Science*, Vol. 52, pp. 95-124.

Pryor, J. 2004. "Comments on Sosa's 'Relevant Alternatives, Contextualism Included'." *Philosophical Studies*, Vol. 119, pp. 67-72.

Putnam, H. 1981. *Reason, Truth and History*. New York: Cambridge University Press.

Pynn, G. D. 2008. *Skepticism, Assertion, and a Priori Justification*. Ph. D. Dissertation, Yale University.

Richard, M. 2004. "Contextualism and Relativism." *Philosophical Studies*, Vol. 119, pp. 215-242.

Rieber, S. 1998. "Skepticism and Contrastive Explanation." *Noûs*, Vol. 32, pp. 189-204.

Ruloff, C. P. 2008. "Warrant, Indiscernibility Skepticism, and the Internalism/Externalism Debate." Ph. D. Dissertation, The Claremont Graduate University.

Rysiew, P. 2001. "The Context-Sensitivity of Knowledge Attributions." *Noûs*, Vol. 35, pp. 477-514.

Salmon, N. 1986. *Frege's Puzzle*. CA: Ridgeview Publishing Company.

Salmon, N. 1991. "The Pragmatic Fallacy." *Philosophical Studies*, Vol. 63, pp. 83-97.

Schaffen, J. 2001. "Knowledge, Relevant Alternatives, and Missed Clues." *Analysis*, Vol. 61, pp. 202-208.

Schaffen, J. 2004. "From Contextualism to Contrastivism." *Philosophical Studies*, Vol. 119, pp. 73-103.

Schaffen, J. 2004. "Skepticism, Contextualism, and Discrimination."

Philosophy and Phenomenological Research, Vol. 69, pp. 138–155.

Schaffen, J. 2005. "Contrastive Knowledge." In *Oxford Studies in Epistemology* 1, edited by T. S. Gendler and J. Hawthorne. New York: Oxford University Press, pp. 235–271.

Schiffer, S. 1996. "Contextualist Solutions to Scepticism." *Proceedings of the Aristotelian Society*, Vol. 96, pp. 317–333.

Sosa, E. 1991. *Knowledge in Perspective: Selected Essays in Epistemology*. New York: Cambridge University Press.

Sosa, E. 1994. "Philosophical Skepticism and Epistemic Circularity." *Proceedings of the Aristotelian Society*, Vol. 68, pp. 263–290.

Sosa, E. 1997. "How to Resolve the Pyrrhonian Problematic: A Lesson from Descartes." *Philosophical Studies*, Vol. 85, pp. 229–249.

Sosa, E. 1997. "Reflective Knowledge in the Best Circles." *Journal of Philosophy*, Vol. 94, pp. 410–430.

Sosa, E. 1999. "How to Defeat Opposition to Moore." *Philosophical Perspectives*, Vol. 13, pp. 141–153.

Sosa, E. 2000. "Skepticism and Contextualism." *Philosophical Issues*, Vol. 10, pp. 1–18.

Sosa, E. 2000. "Replies." *Philosophical Issues*, Vol. 10, pp. 38–42.

Sosa, E. 2004. "Relevant Alternatives, Contextualism Included." *Philosophical Studies*, Vol. 119, pp. 35–65.

Sosa, E. 2007. *A Virtue Epistemology: Apt Belief and Reflective Knowledge*, Vol. 1. New York: Oxford University Press.

Sosa, E. 2009. *Reflective Knowledge: Apt Belief and Reflective Knowledge*, Vol. 2. New York: Oxford University Press.

Sosa, E. 2011. *Knowing Full Well*. Princeton: Princeton University Press.

Stanley, J. 2004. "On the Linguistic Basis for Contextualism." *Philosophical Studies*, Vol. 119, pp. 119–146.

Stern, R., ed. 1999. *Transcendental Arguments: Problems and Prospects.* New York: Oxford University Press.

Stern, R. 2004. *Transcendental Arguments and Scepticism: Answering the Question of Justification.* New York: Oxford University Press.

Stine, G. 1976. "Skepticism, Relevant Alternatives, and Deductive Closure." *Philosophical Studies*, Vol. 29, pp. 249–261.

Stone, J. 2007. "Contextualism and Warranted Assertion." *Pacific Philosophical Quarterly*, Vol. 88, pp. 92–113.

Strawson, P. F. 1985. *Skepticism and Naturalism: Some Varieties.* New York: Columbia University Press.

Stroud, B. 1984. *The Significance of Philosophical Scepticism.* New York: Oxford University Press.

Stroud, B. 2000. *Understanding Human Knowledge: Philosophical Essays.* New York: Oxford University Press.

Tomberlin, J. 2000. "Skepticism, Tracking, and Warrant." *Philosophical Issues*, Vol. 10, pp. 19–23.

Unger, P. 1971. "A Defence of Skepticism." *Philosophical Review*, Vol. 80, pp. 198–219.

Unger, P. 1975. *Ignorance.* New York: Oxford University Press.

Unger, P. 1984. *Philosophical Relativity.* New York: Oxford University Press.

Vahid, H. 2005. *Epistemic Justification and the Skeptical Challenge.* New York: Palgrave Macmillan.

Vogel, J. 1990. "Are There Counterexamples to the Closure Principle?" In *Doubting*, edited by M. D. Roth and G. Ross. Lancaster: Kluwer Academic Publishers, pp. 13–27.

Vogel, J. 1997. "Skepticism and Foundationalism: A Reply to Michael Williams." *Journal of Philosophical Research*, Vol. 22, pp. 11–28.

Vogel, J. 1999. "The New Relevant Alternatives Theory." *Philosophical Perspectives, Vol.* 13, pp. 155-180.

Vogel, J. 2004. "Skeptical Arguments." *Philosophical Issues*, Vol. 14, pp. 426-455.

Vogel, J. 2007. "Subjunctivitis." *Philos Stud*, Vol. 134, pp. 73-88.

Warfield, T. 2004. "When Epistemic Closure does and does not Fail: A Lesson from the History of Epistemology." *Analysis*, Vol. 64, pp. 35-41.

Weintraub, R. 1997. *The Sceptical Challenge*. New York: Routledge.

Williams, M. 1988. "Epistemological Realism and the Basis of Scepticism." *Mind*, Vol. 97, pp. 415-439.

Williams, M. 2001. "Contextualism, Externalism and Epistemic Standards." *Philosophical Studies*, Vol. 103, pp. 1-23.

Williamson, T. 1996. "Knowing and Asserting." *Philosophical Review*, Vol. 105, pp. 489-523.

Williamson, T. 2000. *Knowledge and Its Limits*. New York: Oxford University Press.

Williamson, T. 2005. "Contextualism, Subject-Sensitive Invariantism and Knowledge of Knowledge." *The Philosophical Quarterly*, Vol. 55, pp. 213-235.

Wong, W. H. 2001. *Rational Resistance to Skepticism*. Ph. D. dissertation, University of California.

Wright, C. 2005. "Contextualism and Scepticism: Even-Handedness, Factivity and Surreptitiously Raising Standards." *The Philosophical Quarterly*, Vol. 55, pp. 236-262.

Yalcin, U. 1992. "Skeptical Arguments from Underdetermination." *Philosophical Studies*, Vol. 68, pp. 1-34.

Yourgrau, P. 1983. "Knowledge and Relevant Alternatives." *Synthese*, Vol. 55, pp. 175-190.

附录　怀疑论论证的结构*

怀疑论既可以理解为某种不充分决定性（underdetermination）原理的必然结果，也可以理解为某种演绎闭合（closure）原理的产物。这两种认知原理以及这两种论证方式有何关系呢？在深入分析怀疑论论证结构的基础上，布鲁克勒（Anthony Brueckner）认为怀疑论论证必须求助于不充分决定性原理，但不必求助于认知闭合原理[①]。科恩（Stewart Cohen）则认为这两种认知原理为两种独立的怀疑论论证提供了基础，但逻辑上基于演绎闭合原理的怀疑论论证（简称演绎闭合论证）比基于不充分决定性原理的怀疑论论证（简称不充分决定性论证）更难以反驳[②]。普里查德（Duncan Pritchard）的最近研究则表明，逻辑上不充分决定性论证比演绎闭合论证更难以反驳，不过，最基本的怀疑论论证是一种在逻辑上与不充分决定性论证等价的基于弱演绎闭合原理的怀疑论论证（简称弱演绎闭合论证）[③]。

本文将回顾这场由布鲁克勒发动的仔细检查怀疑论论证的逻辑结构的运动，并为这样一种观点提供辩护：在逻辑上不充分决定性原理与演绎闭合原理互不蕴涵；同时，我们应该区分两种类型的怀疑论论证——整体（global）怀疑论假设论证和限制性（restricted）怀疑论假设论证。前者只需要求助于不充分决定性原理，演绎闭合

* 该文发表在《哲学研究》2006年第12期，文中观点与本书第二章所述观点有所不同，附于此以作比较。为与正文一致，对某些关键性术语、人名的翻译及格式做了调整。

① Anthony Brueckner, "The Structure of the Skeptical Argument," *Philosophy and Phenomenological Research* 54(1994): 827-835.

② Stewart Cohen, "Two Kinds of Skeptical Argument," *Philosophy and Phenomenological Research* 58(1998): 143-159.

③ Duncan Pritchard, "The Structure of Sceptical Arguments," *The Philosophical Quarterly* 55(2005): 37-52.

原理是多余的；后者只能采用演绎闭合论证，而不能采用不充分决定性论证。

一

布鲁克勒认为，如果我们明白怀疑论论证的结构，那么我们就会发现怀疑论论证只需要求助于不充分决定性原理，演绎闭合原理完全是多余的，规范的笛卡尔式的怀疑论论证（the canonical Cartesian skeptical argument）本质上是一种不充分决定性论证。

布鲁克勒从考虑怀疑论论证（A）开始。令 O 为任意一个关于外部世界的普通命题（ordinary proposition），如我现在坐在电脑前写作或者我有一只手；令 SH 为任意一个与 O 不相容的怀疑论假设（Skepticism Hypothesis），如我现在正在做梦、我被一个恶魔欺骗或者我是一个被电脑输入了经验的缸中之脑等，一种典型的怀疑论论证可以表示如下：

（1A）如果我知道 O，那么我知道¬SH（not-SH）。

（2A）我不知道¬SH。

所以（3A）我不知道 O。

为了维护（1A），怀疑论者必须求助于具有高度直觉合理性（intuitive plausibility）的认知闭合原理。该原理认为知识闭合于已知的逻辑蕴涵之中，它可以大致表述如下：

（CK）对于所有的 S，φ，ψ，如果 S 知道 φ，且 S 知道 φ 蕴涵 ψ，那么 S 知道 ψ。[①]

① Anthony Brueckner, "The Structure of the Skeptical Argument, " *Philosophy and Phenomenological Research* 54(1994): 827.

（CK）之所以被称为闭合原理，是因为这一原理认为："从某个已知的命题到一个已知的为其所蕴涵的命题的移动并没有使我们超出（原有）知识的封闭领域。"[①] 显然，这一原理具有高度的直觉合理性（intuitive plausibility）。例如，假设我知道我现在坐在电脑前写作，似乎我也应该知道我不是一个缸中之脑。因为，按照普特南构建的思想实验[②]，"我现在坐在电脑前写作"蕴涵"我不是一个缸中之脑"（这里假设我也知道这一蕴涵关系）。如果我们接受（CK），并假定我知道O蕴涵¬SH，那么我们就能够推演出"如果我知道O，那么我知道¬SH"，即推演出（1A）。

在为（2A）进行辩护时，怀疑论者还必须求助于不充分决定性原理。这一原理可以大致表述如下：

> （UP）对于所有的S，φ，ψ，如果S的证据支持φ不超过支持某一不相容的假设ψ，那么S的证据没有证成φ。[③]

这一原理具有很大的吸引力，因为如果我们的证据对我们的目标假设的支持程度不超过对另一个与目标假设不相容的假设的支持程度，那么我们的证据怎么能够对目标假设发挥支持性作用呢（且不管它能不能证成目标假设）？例如如果"我相信你现在在广州"的证据对该信念的支持程度不超过它对"我相信你现在在北京"的

① Jonathan Dancy, *An Introduction to Contemporary Epistemology*, Oxford: Blackwell, 1985, p.11.

② Hilary Putnam, "Brains in a Vat, "in Keith DeRose, Ted A. Warfield, eds., *Skepticism: A Contemporary Reader*, New York: Oxford University Press, 1999, pp.27-42.

③ 布鲁克勒在陈述（UP）时的原始表述是：（UP）对于所有的S，φ，ψ，如果S相信φ的证据支持φ不超过支持相信某一不相容的假设ψ，那么S缺乏信念φ的证成（For all S，φ，ψ，if S's evidence for believing that φ does not favor φ over some incompatible hypothesis ψ，then S lacks justification for believing φ）。参见Anthony Brueckner，"The Structure of the Skeptical Argument，" *Philosophy and Phenomenological Research* 54（1994）：830。普里查德也采用了布鲁克勒的表述。在科恩那里，"S的证据不能证成φ"的意思就是"我具为相信φ的证成"。为求表达的一致性，笔者采用科恩的表达方式，在后面涉及布鲁克勒和普里查德的相关表述中，笔者都作了类似的处理。

支持程度，那么我们很难明白我的证据为什么证成了“我相信你现在在广州”这一信念。在“缸中之脑”的思想实验中，“我是缸中之脑”和“我不是缸中之脑”的感觉经验是相同的，即我的证据支持“我相信我不是缸中之脑”不超过支持“我相信我是缸中之脑”，依据（UP），我的证据没有证成“我相信我不是缸中之脑”，而“我证成我不是缸中之脑”是“我知道我不是缸中之脑”的必要条件，因此，我不知道我不是缸中之脑。我们可以把从（UP）推演出（2A）的过程表示如下：

（1）如果我的证据支持¬SH不超过支持SH，那么我不能证成¬SH。

（2）我的证据支持¬SH不超过支持SH。

（3）我没有证成¬SH。

（4）证成¬SH是知道¬SH的必要条件。

（5）我不知道¬SH。

为进一步分析怀疑论的论证结构，布鲁克勒认为存在一个与（CK）类似的证成闭合原理：

（CJ）对于所有的S，φ，ψ，如果S的证据证成φ，且φ蕴涵ψ，那么S的证据证成ψ。[①]

① 布鲁克勒提到了两条原理：（CIJ）对于所有的S，φ，ψ，如果S证成信念φ，且S知道φ蕴涵ψ，那么S证成信念ψ；（CIJ′）对于所有的S，φ，ψ，如果S证成信念φ，且φ蕴涵ψ，那么S证成信念ψ。参见Anthony Brueckner，“The Structure of the Skeptical Argument，” *Philosophy and Phenomenological Research* 54（1994）：831。布鲁克勒认为（CIJ′）比（CIJ）具有更强的合理性，科恩则认为两者具有相同的合理性。在笔者看来，两者都是不合理的。因为即使我证成信念φ，且S知道φ蕴涵ψ（或者φ蕴涵ψ），但如果我不能这两项结合起来，并由之演绎出ψ，那么我仍然没有证成信念ψ。但我们并不能仅仅因此就否认怀疑论论证的吸引力，因为我们可以通过增加这样一些类似条件来修改闭合原理，从而得出怀疑论的结论。为了讨论的方便，笔者忽略了这些细节。

依据（CJ）和（UP），布鲁克勒把论证（A）详细表述为论证（B）：

（1B）如果我的证据证成 O，那么我的证据证成¬SH。[CJ]

（2B）如果我的证据支持¬SH 不超过支持 SH，那么我的证据没有证成¬SH。[UP]

（3B）我的证据支持¬SH 不超过支持 SH。[前提]

（4B）我的证据没有证成¬SH。[2B，3B]

（5B）我的证据没有证成 O。[1B，4B]

（6B）我不知道 O。[5B]①

显然，这一论证需要借助两种认知原理：（CJ）和（UP）。

布鲁克勒认为，怀疑论论证其实借助于（UP）就足够了，（CJ）实际上是多余的，规范的笛卡尔式的怀疑论论证应该是论证（C）：

（1C）如果我的证据支持 O 不超过支持 SH，那么我的证据没有证成 O。[UP]

（2C）我的证据支持 O 不超过支持 SH。[前提]

（3C）我的证据没有证成 O。[1C，2C]

所以（4C）我不知道 O。[3C]②

如果布鲁克勒对怀疑论结构的分析是对的，那么对于怀疑论论证而言演绎闭合原理确实是多余的。因为，按照布鲁克勒的分析，演绎闭合原理必须求助于（CJ）和（UP）这两种认知原理，而一旦求助于（UP），我们完全可以构建一种不需要求助于（CJ）的怀疑论论证（C）。

① Anthony Brueckner, "The Structure of the Skeptical Argument," *Philosophy and Phenomenological Research* 54(1994): 831-832.

② Anthony Brueckner, "The Structure of the Skeptical Argument," *Philosophy and Phenomenological Research* 54(1994): 833.

二

科恩认为，怀疑论论证并不像布鲁克勒所说的那样必然依赖于（UP），而是存在两种独立的怀疑论论证：演绎闭合论证和不充分决定性论证。不过前者的论证强度要高于后者的论证强度。

在科恩看来，布鲁克勒得出错误结论的原因在于他没有看到一种可以不依赖于（UP）的演绎闭合论证。下面是这一论证的基本结构：

（1D）如果我的证据证成 O，那么我的证据证成¬SH。[CJ]

（2D）我的证据没有证成¬SH。[前提]

（3D）我的证据没有证成 O。[1D，2D]

所以（4D）我不知道 O。[3D][①]

我们暂时不考察这一论证是否需要求助于（UP），而是在接受科恩的这一观点的前提下先考察科恩关于这两种怀疑论论证的逻辑关系的论证。

科恩认为，在没有驳斥不充分决定性论证的情况下，演绎闭合论证不能被驳斥；然而，在没有驳斥演绎闭合论证的情况下，不充分决定性论证能够被驳斥。就此而言，演绎闭合论证是一种更强的怀疑论论证。科恩关于这一观点的论证逻辑是：因为（1）在（UP）和（CJ）能得出怀疑论结论的前提下，不充分决定性论证的第二个前提（2C）蕴涵演绎闭合论证的第二个前提（2D），但反之不然；（2）不充分决定性论证的两个前提（UP）与（2C）的合取蕴涵

① Stewart Cohen, "Two Kinds of Skeptical Argument," *Philosophy and Phenomenological Research* 58(1998): 146.

(CJ)，但演绎闭合论证依据的两个前提（CJ）与（2D）的合取不蕴涵（UP）；所以（3）不充分决定性论证蕴涵演绎闭合论证。因而，我们一旦反驳了演绎闭合论证，我们也就反驳了不充分决定性论证；但反之不然。故就可驳斥性（refutability）而言，演绎闭合论证是一种比不充分决定性论证更强的怀疑论论证方式。

我们先看科恩关于不充分决定性论证的两个前提的合取蕴涵了演绎闭合论证的第一个前提（即［(UP)Λ（2C）］→（CJ））的论证。下面是科恩用反证法（reductio）从（UP）与（2C）的合取推演出（CJ）的过程：

（1）我的证据支持O不超过支持SH。[2C]

（2）如果我的证据支持O不超过支持SH，那么我的证据没有证成O。[UP]

（3）我的证据证成O，但是我的证据没有证成¬SH。[(CJ)的否定]

（4）我的证据证成O。[3]

（5）我的证据没有证成O。[1，2][①]

因为（5）与我们的假定（3）的推论（4）相矛盾，所以我们应否认（3），即承认（CJ）：如果我的证据证成O，那么我的证据证成¬SH。

然而，科恩的这一论证是有问题的。因为科恩错误地认为对（CJ）的否定必然蕴涵我的证据证成O。其实，(CJ）的意思是“我的证据证成¬SH”是“我的证据证成O”的必要条件，所以其否命题应该是“我的证据证成¬SH”不是“我的证据证成O”的必要条件。正如普里查德所看到的，科恩的证明“依赖于如下假定：对

① Stewart Cohen, “Two Kinds of Skeptical Argument,” *Philosophy and Phenomenological Research* 54(1994): 149.

(CJ) 的否定必定断言我的证据证成 O。这显然是完全不合理的”[①]。

实际上，如果科恩的论证是对的，那么按照他的逻辑，我们也可以证明与科恩的结论完全相反的命题¬(CJ)：如果我的证据证成 O，那么我的证据没有证成¬SH。

(1′) 我的证据支持 O 不超过支持 SH。[2C]

(2′) 如果我的证据支持 O 不超过支持 SH，那么我的证据没有证成 O。[UP]

(3′) 我的证据证成 O，但是我的证据证成¬SH。[¬(CJ) 的否定]

(4′) 我的证据证成 O。[3′]

(5′) 我的证据没有证成 O。[1′, 2′]

因为 (5′) 与我们的假定 (3′) 的推论 (4′) 相矛盾，所以我们应否认 (3′)，即应该承认¬(CJ)：如果我的证据证成 O，那么我的证据没有证成¬SH。

在笔者看来，这一反驳对科恩的整个论证是致命的。因为如果科恩不能论证“(UP) $\wedge$ (2C) $\rightarrow$ (CJ)”，那么他就不可能证明演绎闭合论证是不充分决定性论证的必要条件，即使他能够证明“在 (UP) 和 (CJ) 能得出怀疑论结论的前提下，(2C) 蕴涵 (2D)”。

其实，要比较不充分决定性论证与演绎闭合论证的相对重要性，如果 (2C) 与 (2D) 都具有直觉合理性 [我们暂且假定 (2D) 具有直觉合理性]，那么我们并不需要考虑 (2C) 与 (2D) 之间的蕴涵关系，而只需要考虑 (UP) 与 (CJ) 之间的蕴涵关系。

① Duncan Pritchard, “The Structure of Sceptical Arguments,” *The Philosophical Quarterly* 55 (2005): 45.

对于这一问题，布鲁克勒认为（CJ）事实上等价于（UP）[①]，科恩和普里查德则认为（CJ）蕴涵（UP），但（UP）不蕴涵（CJ）[②]。我赞成科恩对布鲁克勒关于（UP）蕴涵（CJ）的反驳，但我反对他们三人一致同意的一个观点：（CJ）蕴涵（UP）。我将不再描述科恩对布鲁克勒关于（UP）蕴涵（CJ）的反驳，而只是说明（CJ）不蕴涵（UP）的理由。

为了论证（UP）与（CJ）之间的蕴涵关系，他们都认为需要利用（UP）和（CJ）的另外一种等价（equivalent）表达式：

> （UP′）对于所有的 S，φ，ψ，如果 S 的证据证成 φ，且 φ 和 ψ 不相容，那么 S 的证据支持 φ 超过支持 ψ。
>
> （CJ′）对于所有的 S，φ，ψ，如果 S 的证据证成 φ，且 φ 和 ψ 不相容，那么 S 的证据证成¬ψ。[③]

显然，（CJ′）和（UP′）具有共同的前件（即 S 的证据证成 φ，且 φ 和 ψ 不相容），只是（UP′）的后件是“S 的证据支持 φ 超过支持 ψ”，而（CJ′）的后件是“S 的证据证成¬ψ”。因此，对（UP）与（CJ）之间的蕴涵关系的考察就演变成这样一个问题：在假定“S 的证据证成 φ，且 φ 和 ψ 不相容”的条件下，（CJ′）和（UP′）能否相互推论出对方的后件？

尽管三人在表达方式上有所区别，但基本的论证结构如下：

---

① 参见 Anthony Brueckner, “The Structure of the Skeptical Argument,” *Philosophy and Phenomenological Research* 54(1994): 832。

② 参见 Stewart Cohen, “Two Kinds of Skeptical Argument,” *Philosophy and Phenomenological Research*, 58(1998): 150-152; Duncan Pritchard, “The Structure of Sceptical Arguments,” *The Philosophical Quarterly* 55(2005): 41-44。

③ Anthony Brueckner, “The Structure of the Skeptical Argument,” *Philosophy and Phenomenological Research* 54(1994): 832; Stewart Cohen, “Two Kinds of Skeptical Argument,” *Philosophy and Phenomenological Research* 58(1998): 150; Duncan Pritchard, “The Structure of Sceptical Arguments,” *The Philosophical Quarterly* 55(2005): 42.

(1) 如果 S 的证据证成 φ，且 φ 和 ψ 不相容，那么 S 的证据证成¬ψ。[(CJ′)]

(2) S 的证据证成 φ，且 φ 和 ψ 不相容，[(UP′) 的前件]

(3) S 的证据证成¬ψ。[1, 2]

(4) S 的证据没有证成 ψ。[3]①

(5) S 的证据证成 φ，且 S 的证据没有证成 ψ。[2, 4]

(6) S 的证据支持 φ 超过支持 ψ。[5]②

因而，从“S 的证据证成 φ，且 φ 和 ψ 不相容”这一假设出发，我们能够推论出“S 的证据支持 φ 超过支持 ψ”。即证明了（CJ′）蕴涵（UP′），因而（CJ）蕴涵（UP）。

然而，他们的论证是有问题的。我们并不能由（5）（S 的证据证成 φ，且 S 的证据没有证成 ψ）推演出（6）（S 的证据支持 φ 超过支持 ψ），除非我们预设（UP）。如果放弃（UP），我们很容易给出一个“承认（5）但是否认（6）”的例子。在“缸中之脑”的思想实验中，“我是缸中之脑”和“我坐在电脑前写作”这两种假设具有证据（感觉经验）的等效性，即我的证据支持“我是缸中之脑”和支持“我坐在电脑前写作”的程度是相同的，它们都能够解释“我坐在电脑前写作”这一感觉经验。但是，如果我们否认（UP），比如我们接受莫泽的“决然更好的解释”（decisively better explanation）的观点③，因为“我坐在电脑前写作”比“我是缸中之脑”设定了更少的“无理由的实体”（gratuitous entity），那么相对于

① 普里查德（Pritchard, pp. 41-42）认为，由（3）推论出（4）实际上隐含了一个毫无争议的原则（J）：对于所有的 S，φ，如果 S 的证据证成 φ，那么 S 的证据没有证成¬φ。

② 参见 Anthony Brueckner, “The Structure of the Skeptical Argument,” *Philosophy and Phenomenological Research* 54(1994): 832-834; Stewart Cohen, “Two Kinds of Skeptical Argument,” *Philosophy and Phenomenological Research* 58(1998): 150-151; Duncan Pritchard, “The Structure of Sceptical Arguments,” *The Philosophical Quarterly* 55(2005): 42。

③ Paul K. Moser, *Knowledge and Evidence*, New York: Cambridge University Press, 1989, p. 99.

“我是缸中之脑”这一假设，“我坐在电脑前写作”就是一种对我的感觉经验的“决然更好的解释”。因此，在这种情况下，我的证据证成“我坐在电脑前写作”而没有证成“我是缸中之脑”。既然由（5）推演出（6）隐含了（UP）这一认知原理，那么这一论证的实质是预设（UP）来证明（UP），因而是根本错误的。

至此，我们就很清楚，（CJ）与（UP）的真实关系是：（UP）不蕴涵（CJ），（CJ）也不蕴涵（UP）。因此，我们应该否定科恩与普里查德的相关结论。实际上，如果我们像科恩和普里查德那样认为演绎闭合论证与不充分决定性论证一样是一种独立的怀疑论论证的话，那么因为（CJ）与（UP）互不蕴涵，所以没有哪一种论证是更为根本的。即使我们反驳了演绎闭合论证，我们仍有可能面临不充分决定性论证带来的怀疑论结果，反之亦然。

三

另外，普里查德还提到了一种他认为与不充分决定性论证等价但更为根本的怀疑论论证——弱演绎闭合论证。这一论证依赖于某种弱证成闭合原理：

> （WCJ）对于所有的S，φ，ψ，如果S的证据证成φ，且φ蕴涵ψ，那么S的证据没有证成¬ψ。[①]

基于前面的分析，笔者认为不仅从（WCJ）推论不出（UP），因而不可能与之等价，而且如果我们不预设（UP），那么我们根本就不能基于（WCJ）得出怀疑论的结论。

---

① 普里查德实际做出的是一个更弱的声称：对于所有的S，φ，ψ，如果S的证据证成φ，且S知道φ蕴涵ψ，那么S的证据没有证成¬ψ［Duncan Pritchard，“The Structure of Sceptical Arguments，” *The Philosophical Quarterly* 55（2005）：47］。基于前面对（CJ）采用一种较强的表达这一理由，笔者对它作了修改。不过，这并不会影响我们的论证效果。

普里查德证明（WCJ）蕴涵（UP）的方法与前面极为类似。为此，他也利用了（WCJ）的另外一种等价表达式（WCJ′）：

（WCJ′）对于所有的S，φ，ψ，如果S的证据证成φ，且φ与ψ不相容，那么S的证据没有证成ψ。

普里查德关于（WCJ）蕴涵（UP）的证明可概括如下：

（1）如果S的证据证成φ，且φ与ψ不相容，那么S的证据没有证成ψ。[WCJ′]

（2）S的证据证成φ，且φ与ψ不相容。[（UP′）的前件]

（3）S的证据没有证成ψ。[1，2]

（4）S的证据证成φ，但S的证据没有证成ψ。[2，3]

（5）S的证据支持φ超过支持ψ。[4]①

因而，从“S的证据证成φ，且φ与ψ不相容”这一假设出发，我们能够推论出“S的证据支持φ超过支持ψ”。即证明了（WCJ′）蕴涵（UP′），因而（WCJ）蕴涵（UP）。

但是，如前所述，在这一论证中，普里查德显然只有预设（UP）才能由（4）推论出（5），因而不是一个有效的论证。

再看一下普里查德基于（WCJ）用反证法得出怀疑论结果的过程：

（1E）如果S的证据证成O，那么S的证据没有证成SH。[WCJ]

（2E）S的证据证成O。[假设，反证法]

---

① 参见Duncan Pritchard, “The Structure of Sceptical Arguments,” *The Philosophical Quarterly* 55 (2005): 48。

(3E) S 的证据没有证成 SH。[1E，2E]

(4E) S 的证据支持 O 超过支持 SH。[2E，3E]

(5E) S 的证据支持 O 不超过支持 SH。[前提]

所以 (6E) S 的证据没有证成 O。[①]

这一论证的逻辑是如果我们假定 S 的证据证成 O，那么依据 (WCJ) 我们会得出与这一假定相矛盾的结论——S 的证据没有证成 O，因而我们应该否定我们的假定，即承认 S 的证据没有证成 O，从而得出怀疑论的结论。不过，诚如我们前面所看到的，在这一论证中普里查德只有预设（UP）才能由（2E）和（3E）的合取推论出 (4E)，因而也不是一个有效的论证。

既然弱演绎闭合论证必须求助于（UP），而布鲁克勒已经表明不充分决定性论证不需要求助于任何其他的认知原理，所以对于怀疑论论证而言，(WCJ) 确实是完全多余的。

四

现在，我们再回过头来看布鲁克勒和科恩关于怀疑论论证到底需要求助于何种认知原理的问题。为此，我必须像科恩那样区分两种类型的怀疑论论证：求助于“整体怀疑论替代项”的怀疑论论证和求助于“限制性怀疑论替代项”的怀疑论论证。[②] 第一种类型的怀疑论论证包括笛卡尔的“梦的论证”“恶魔论证”和普特南的“缸中之脑的论证”等，它所利用的怀疑论假设可以挑战所有我声称知道的命题，在这种情况下，O 与 SH 具有经验证据的等效性，即我们的证据（感觉经验）无法区分这两种假设。而第二种类型的怀疑

① 参见 Duncan Pritchard, “The Structure of Sceptical Arguments,” *The Philosophical Quarterly* 55 (2005): 47–48。

② 参见 Stewart Cohen, “Two Kinds of Skeptical Argument,” *Philosophy and Phenomenological Research* 58(1998): 154–155。

论论证比如抽奖悖论（lottery paradox）所利用的怀疑论假设则不具备这一特征。在那里，我的证据显然更多地支持“我不会中奖”这一声称，因为“我不会中奖”的概率远远高于“我会中奖”的概率。

在第一种类型的怀疑论论证中，不充分决定性论证的第二个前提（我的证据支持 O 不超过支持 SH）显然能得到满足，因而仅仅借助（UP）我们就能得出怀疑论的结论。但问题是在这里演绎闭合论证能否成为一种独立的怀疑论论证。对这一问题的回答依赖于另外一个问题：对“我的证据支持 O 不超过支持 SH”即（2D）的辩护是不是真的像布鲁克勒在论证（B）中所认为的那样必须求助于（3B）（我的证据支持¬SH 不超过支持 SH）？如果回答是，那么我就必须求助于（UP）。而一旦我们必须求助于（UP），正如布鲁克勒所证明的，我们就不必依赖于（CJ）。

科恩认为，为了证明（2D）我们并不一定要求助于（3B）。假设用 E 表示我的证据的集合，很显然，如果怀疑论假设 SH 为真，那么它将能够解释我所有的证据 E。既然如此，我的证据又怎么能证成¬SH 呢？因此，仅仅凭借“怀疑论假设 SH 将能够解释我所有的证据 E”这一事实，我就可以证明（2D）。科恩甚至认为，以这种方式推理的人能够拒绝（3B），而即便是拒绝（3B）的人也必然会接受这一推理。他写道：

> ……假设我认为 E 支持 O 超过支持 SH，因而 E 支持¬SH 超过支持 SH。我不需要认为 E 支持 O 和¬SH 的程度足以证成 O 或者¬SH。但是我看不到为什么一个相信 E 支持¬SH 超过支持 SH 的人，即拒绝（3B）的人不能够进行这样的推理：因为 SH 的真能够解释 E 的真，所以 E 不能证成¬SH。①

① Stewart Cohen, “Two Kinds of Skeptical Argument,” *Philosophy and Phenomenological Research* 58(1998): 147.

在科恩看来，这一推理足以表明我们能够把论证（D）看作一种直接的演绎闭合论证，而不必求助于（UP）。因此，我们没有理由认为（UP）是“规范的怀疑论论证”的核心，而认为（CJ）是多余的。实际上，我们有两种相互独立的怀疑论论证：基于（UP）的不充分决定性论证和基于（CJ）的演绎闭合论证。

在笔者看来，科恩的上述证明是有问题的。对于第一种类型的怀疑论论证而言，从直觉上看，（2C）（我的证据支持 O 不超过支持 SH）具有极大的合理性，一旦我们提出整体怀疑论假设 SH，我们就很容易认识到这一点。而（2D）（我的证据没有证成¬SH）不具有这一特征。同样以“缸中之脑”为例，当我提出这样一种可能性：其实我现在并没有坐在电脑前写作，而只是一个被输入了“我现在坐在电脑前写作”这一经验的缸中之脑，我自然就会意识到“我现在坐在电脑前写作”这一经验证据对“我现在坐在电脑前写作”这一信念的支持程度并不高于它对“我是缸中之脑”这一信念的支持程度。而要认识到“我现在坐在电脑前写作”这一经验证据没有证成“我不是缸中之脑”这一信念，我们可能还得经过一定的逻辑推理才行。连科恩自己都承认，对（2D）的证明需要求助于“怀疑论假设 SH 将能够解释我所有的证据 E”这一事实，而这一事实又需要求助于原理（Z）：

> （Z）对于所有的 S，φ，如果 φ 解释了 S 的证据，那么 S 的证据没有证成¬φ。[①]

问题是这个一般的原理（Z）似乎比（2D）这一特定的声称似乎更不具有直觉的合理性。为此，科恩自己都不得不提出这样一种可能性：一般原理（Z）和特定声称（2D）能够通过反思的平衡

---

① 参见 Stewart Cohen, “Two Kinds of Skeptical Argument, ”*Philosophy and Phenomenological Research* 58(1998): 147。

(reflective equilibrium) 这一过程来互相支持。

因此，即使我们承认演绎闭合论证是一种独立的论证，在直觉上，不充分决定性论证也具有更大的合理性。用科恩自己的话来说，不充分决定性论证具有更大的说服力（cogency）。

进一步考察原理（Z），我们还可以发现，原理（Z）的前件（φ 解释了 S 的证据）实际上是一个比较的概念，其真实的意思是：φ 解释了任何一个¬φ 所能解释的 S 的证据。因此，原理（Z）的准确表述是（Z′）：

> （Z′）对于所有的 S，φ，ψ，如果 φ 解释了任何一个¬φ 所能解释的 S 的证据，那么 S 的证据没有证成¬φ。

然而，原理（Z′）实际上就是不充分决定性原理（UP）的一个特例。

因此，对于第一种类型的怀疑论论证而言，对演绎闭合论证的前提（2D）的证明最终还是需要求助于（UP），演绎闭合论证并不是一种独立的怀疑论论证。

但对于第二种类型的怀疑论论证而言，求助于（UP）并不能得出怀疑论的结论，它必须求助于（CJ）。

我们很容易证明不充分决定性论证不适用于第二种类型的怀疑论。因为在这里，“我的证据支持 O 不超过支持 SH”这一条件不能得到满足。比如在彩票悖论中，对于我的证据而言，“我不会中奖”的条件概率显然远远高于“我会中奖”的条件概率，即我的证据肯定更支持“我没有中奖”这一声称。同样，在德雷斯基的斑马案例[①]中，我过去经验的归纳证据（inductive evidence）也显然更支持“我看见的不是一只伪装巧妙的骡子”，因为在我过去的经验中，动

---

① Fred Dretske, “Epistemic Operators,” *Journal of Philosophy* 67(1970): 1015–1016.

物园把骡子伪装成斑马来戏弄游客的欺骗行为很少发生。既然在这些情况下，我的证据支持 O 超过支持 SH，所以我们不能基于（UP）得出怀疑论的结论。

那么为什么演绎闭合论证能够独立地证明第二种类型的怀疑论呢？因为在这里一旦我们提出限制性怀疑论替代项 SH，那么“我没有证成¬SH”就是显而易见的，它根本不需要进一步的证明。例如在彩票悖论中，如果我们提到你不能排除“我中奖”的可能性，那么我们自然就会意识到“我没有证成我不会中奖”。同样在斑马案例中，如果我们提到我不能排除“动物园以骡子假扮斑马”这一欺骗行为的可能性，那么我似乎就没有证成“我看见的不是一头巧妙伪装的骡子”这一信念。既然如此，依据闭合原理（如果我没有证成“我看见的不是一头巧妙伪装的骡子”，那么“我没有证成我看见的是一匹斑马”），我们就推演出“我没有证成我看见的是一匹斑马”，从而得出怀疑论的结论。

最后，对比一下笔者与布鲁克勒、科恩和普里查德的观点。关于（CJ）和（UP）的关系，布鲁克勒认为（CJ）等价于（UP）；科恩和普里查德则认为（CJ）蕴涵（UP），但反之不然；笔者的观点则是：（UP）不蕴涵（CJ），（CJ）也不蕴涵（UP）。关于怀疑论论证的结构，布鲁克勒认为怀疑论论证只需要求助于不充分决定性原理，演绎闭合原理是多余的；科恩认为存在两种独立的怀疑论论证，但演绎闭合论证是一种比不充分决定性论证更强的怀疑论论证，而且适用范围更广，它既适合于第一类怀疑论论证，也适合于第二类怀疑论论证；与科恩相反，普里查德认为不充分决定性论证比演绎闭合论证更难反驳，不过，最基本的怀疑论论证是一种在逻辑上与不充分决定性论证等价的弱演绎闭合论证；笔者的观点是：“整体怀疑论替代项”的怀疑论论证只需要求助于不充分决定性原理，演绎闭合原理是多余的；但并不能说演绎闭合原理对于怀疑论论证而言是多余的，因为“限制性怀疑论替代项”的怀疑论论证只能采用演绎闭合论证，而不能采用不充分决定性论证。

为了有效地反驳怀疑论，我们首先必须对怀疑论论证的结构有一个准确的理解。本文主要致力于对怀疑论论证的理性重构，至于在这一基础上如何解答怀疑论难题只能留待以后去努力了。